*Hermann Meyer* · Partnerschaft, Gesundheit und Glück

Hermann Meyer

# Partnerschaft, Gesundheit und Glück in der psychologischen Astrologie

## Vorschläge zur eigenen Schicksalsgestaltung

### Ein Lehrbuch der psychologischen Astrologie

Hugendubel

Herausgeber der Reihe „Kailash-Buch": Gerhard Riemann

Umschlaggestaltung: Dieter Bonhorst
Produktion: Tillmann Roeder
Satz: Fotosatz Stummer, München
Druck und Bindung: Franz Spiegel Buch GmbH, Ulm-Jungingen

ISBN 3-88034-170-2

Printed in Germany

# INHALT

# Vorwort

Es war zunächst schwierig, mit diesem Buch ein Werk zu schaffen, das zum einen auf dem Band I der psychologischen Astrologie aufbaut und dessen systematische Fortsetzung darstellt und zum anderen aber auch für diejenigen Leser verständlich ist, die sich mit »Astrologie und Psychologie — eine neue Synthese« noch nicht auseinandergesetzt haben.

Aus diesem Grunde habe ich in der Einleitung die wichtigsten Punkte, die für das System der psychologischen Astrologie charakteristisch sind, zusammengefaßt.

Dieses Buch gliedert sich in 3 Teile — in die Kapitel Partnerschaft, Gesundheit und Glück.

Dabei habe ich versucht,

1. aufzuzeigen, daß all diese Lebensgebiete von denselben Gesetzmäßigkeiten durchpulst werden.

2. durch die abwechselnde tiefenpsychologische und astrologische Betrachtungsweise den Leser in die jeweilige Thematik einzuführen.

3. durch Übungsbeispiele den Lehrstoff wirklichkeitsnaher und anwendbar zu machen.

Auch bei diesem Band stand für den Herausgeber und den Verfasser im Vordergrund, dem Leser praktische Möglichkeiten zur eigenen Horoskopdeutung zu eröffnen.

Abschließend möchte ich bei dieser Gelegenheit all denjenigen herzlich danken, die zur Entstehung dieses Buches beigetragen haben:

Bei Hildegard Chmela für die sprachliche Überarbeitung des Manuskripts, bei Marieluise Petersen für ihre geistigen Anregungen, bei Maria Samal für die zuverlässige Ausführung der Schreibarbeiten und bei Bettina Falkenberg für das Zeichnen der Horoskope.

# Psychologische
# Astrologie

# Denkvoraussetzungen

Reale Partnerschaft und Gleichberechtigung wurden bisher in unserer patriarchalisch strukturierten Gesellschaft nur wenig praktiziert. Über- und Unterordnung, also hierarchische Strukturen kennzeichneten bisher weitgehend die Szenerie in der Schule, am Arbeitsplatz, in der Partnerschaft...

Zurückzuführen ist dieser Umstand auf die weithin verbreitete Eltern-Kind-Beziehung, die auf die Überordnung der Eltern und die Unterordnung der Kinder basierte. Das Kind war nur in den seltensten Fällen gleichberechtigter Partner seiner Eltern.

Es mußte sich meist den Maßstäben, Zielen und Idealen der Eltern unterordnen. Es durfte — selbst wenn es älter geworden war — nicht mitentscheiden und mitbestimmen. Aus diesem Grunde haben die meisten von uns als Kind eine wirkliche Partnerschaft nie kennengelernt, geschweige denn die Möglichkeit gehabt, sie zu erlernen und zu praktizieren.

Da sie nichts anderes kennengelernt haben, bleiben die einen auch später als Erwachsene in der Kindrolle, die durch Unterordnung, Anpassung, Abhängigkeit und Gehorsam gekennzeichnet ist, die anderen hingegen übernehmen die Elternrolle und versuchen, ihr inneres Gleichgewicht, das durch die Einschränkung oder Nichtzulassung der Gleichberechtigung gestört wurde, wiederzuerlangen, indem sie die Kindrollenspieler maßregeln, unterdrücken, hemmen, einschränken, strafen, richten, kritisieren, überwachen, kontrollieren — aber auch fördern, belohnen oder loben.

Dies alles geschieht von einer übergeordneten Position aus, die einer gleichberechtigten Partnerschaft zuwiderläuft. Viele wiederholen also die frühere Eltern-Kind-Beziehung auf einer neuen Ebene und wundern sich, warum am Arbeitsplatz Ärger, Frustration, Haß, Neid und Konkurrenzdenken an der Tagesordnung sind, wundern sich, warum ihre Beziehung zum Partner keine echte Liebe, Wärme, Glück und Geborgenheit beinhaltet. Wie soll jemand, der zu Beginn seines Lebens den Status eines fremdbestimmten Objekts verinnerlicht hat[1]), später zu einem mündigen und kritischen Staatsbürger werden oder zu einer gleichberechtigten Partnerschaft in Ehe und Beruf fähig sein?

Die gleichberechtigte Partnerschaft, die auch innerlich zwischen weiblichen u. männlichen bzw. Yin- u. Yang-Anteilen vollzogen werden muß, ist totales Neuland für ihn, weil er sie noch nie erfahren oder eingeübt hat. Auch verursacht dieses Neuland Unsicherheit und Angst, weil die alte gewohnte Rolle, in der man sich trotz aller Frustrationen und Unbill sicher fühlte, nicht mehr praktiziert werden kann.

Und dennoch heißt es, diesen Schritt zu wagen, wenn man mit dem, was man bisher mit seinem Verhalten, mit seiner Einstellung und mit seinen Maßstäben erwirkt hat, nicht mehr zufrieden ist oder gar zu leiden beginnt.

Den Schritt zu wagen heißt erwachsen zu werden, heißt sich aus der Vergangenheit zu lösen und in das Hier und Jetzt vorzustoßen. Der Erwachsene wächst über die Rollenklischees, Maßstäbe und Ideale der Vergangenheit sowie über das Eltern-Kind-Verhältnis hinaus. Er kann ein freieres und schöneres Leben führen, weil er Fähigkeiten ausbildet, die ihn aus seiner Abhängigkeit und aus seiner komplementären Verflochtenheit zwischen Eltern- und Kindrollenspieler befreien.

Jede Fähigkeit, die er erwirbt oder ausbildet, hat eine Kettenreaktion zur Folge: Lernt er etwa Verantwortung zu zeigen, so wirkt sich das auch z. B. positiv in der Partnerschaft und im Beruf aus. Würden viele Kinder also von Anfang an, d. h. entsprechend ihrer Entwicklungsphase lernen, Verantwortung zu tragen, mitzubestimmen, gleichberechtigte Partnerschaft zu praktizieren etc., könnten sie diese erworbenen Fähigkeiten auf der nächsthöheren Ebene, z. B. in einer Partnerbeziehung oder überhaupt in der Begegnung mit anderen Menschen, anwenden und dabei weiter ausbauen und differenzieren. Sie würden sich einen harten und dornenreichen Umweg über das Schicksal ersparen.

Sie würden als selbständige und unabhängige Wesen nicht in schier ausweglose Abhängigkeitsverhältnisse schlittern und brauchten eine Beziehung nicht deshalb aufrechtzuerhalten, weil sie sich alleine unvollkommen und hilflos vorkommen. Ihre Harmonie basiert dann nicht mehr auf dem jeweiligen Gegenpol, sondern auf der inneren Ausgewogenheit der beiden Partner. Die Harmonie des einen verstärkt die Harmonie des anderen.

Voraussetzung für die Entwicklung einer solchen Harmonie in sich selbst ist aber — und damit sind wir wieder beim Ausgangspunkt: die Gleichberechtigung.

Gleichberechtigung bedeutet gleiche Rechte für alle Menschen in bezug auf alle 12 Lebensprinzipien.

Nur so ist das innerseelische Gleichgewicht auf allen Lebensgebieten (Haus 1 bis Haus 12) gewährleistet. Wer sich nicht gleichberechtigt mit anderen fühlt, wagt weniger, sich durchzusetzen (♂), hat weniger Eigenwert (♀ ☿), ist im Reden (☿ ♓) gehemmt, getraut sich nicht, seine seelische Eigenart (☽) zu zeigen, ist in seiner Handlungsfähigkeit (☉) geschwächt, ist in seiner Wahrnehmung (☿ ♍) blockiert, im Kontakt zu anderen (♀ ♎) zu schüchtern, in seiner Meinungsbildung ([Pl.])* und Sinnfindung (♃) verunsichert, läßt sich von den allgemeinen Normen und Idealen (♄) in seiner Lebensqualität einschränken, wagt nicht, sich zu befreien (♅) und Konventionelles und Althergebrachtes in Frage zu stellen (♆).

*Charakteristika:*

In dieser kurzen Übersicht sind schon wesentliche Aspekte der Planeten aufgeführt. Im folgenden sollen nun die entscheidenden Grundgedanken der psychologischen Astrologie erläutert werden:

1. Die Seele sucht sich entsprechend ihres Entwicklungsstandes und ihrer Konstellation Eltern, Milieu, Zeitepoche und Kulturkreis aus. Die familiäre Situation, in die jemand geboren wird, ist daher nur dazu angetan, innerseelische Konstellationen und Dispositionen zu aktualisieren bzw. zu wecken.

   Dieser Umstand entbindet die Eltern aber nicht ihrer Verantwortung und kann nicht als Entschuldigung für ein destruktives Verhalten gegenüber den Kindern dienen.

2. Angestrebtes Ziel ist die reale Ausbildung von bestimmten Fähigkeiten, die durch die 12 kosmischen Prinzipien

---

*) Pl. = Pluto

von Widder bzw. Mars bis zu Fisch bzw. Neptun symbolisiert werden.

Die Planeten in einem Horoskop stellen spezifische Energien dar, die miteinander in steter Wechselwirkung stehen. Auf der körperlichen Ebene sind das die Organe und Organsysteme, die den körperlichen Organismus ausmachen. Auf der seelisch-geistigen Ebene sind es die oben erwähnten Fähigkeiten, die zusammen den seelischen und geistigen Organismus bilden. Sie stehen analog zu der Funktion der körperlichen Organe: Wie die Nieren u. a. die Funktion haben zu selektieren, was zurückbehalten und was ausgeschieden wird, so heißt es auch auf seelisch-geistiger Ebene, die Selektionsfähigkeit auszubilden, um das, was einem selbst entspricht, auswählen zu können. Wie die Leber u. a. die Aufgabe hat, aus Traubenzucker Glycogen aufzubauen, so ist diese Fähigkeit, aufzubauen und weiterzuentwickeln, auf seelisch-geistigem Gebiet von eminenter Bedeutung. Wie die Reinigung des Körpers u. a. über den Darm geschieht, so gibt es analog dazu auch eine Fähigkeit zur seelischen Reinigung, die notwendig ist, um auch die seelische Gesundheit des Menschen aufrechtzuerhalten.

3. Da Leben Wachstum ist, repräsentieren die 12 kosmischen Prinzipien nicht etwas Statisches, sondern beinhalten Entwicklungsprozesse — wie z. B. den Prozeß der Identitätsfindung (☾), den Prozeß des Findens des eigenen Weges ([Pl.]) oder den Prozeß der Sinnfindung (♃)...

4. Die Planeten (Anlagen) werden häufig durch die Normen und Ideale der Familie, des Milieus, der Kultur und der Zeitepoche fremdbestimmt. Sie sind deshalb nicht der Eigenart des einzelnen entsprechend ausgebildet, sondern sind »verwunschen« und »verzaubert« und können sich nicht mehr in der ursprünglichen Form entfalten. Paßt sich eine Frau mit ihrer ☾-Anlage der normierten Frauenrolle an, kann sie oft nicht ihre eigenen Anlagen und Fähigkeiten ausleben. Ebenso ist eine ♃-Anlage »verzaubert«, wenn sich die Bildungsfähigkeit nur im vorgegebenen Rahmen entwickeln konnte, der einschränkte und

beschnitt. Indem nur das mit der jeweiligen Anlage ausgedrückt wird, was »man« zu denken, zu sprechen und zu
tun hat, kann der einzelne nicht entsprechend der der eigenen Natur gemäßen Art sich durchsetzen (♂), genießen
(♀ ♀), sich ausdrücken (☿ ♓), empfinden (☾), handeln
(☉), wahrnehmen (☿ ♍), lieben (♀ ♎), planen) ([Pl.]),
sich bilden (♃) und nicht zu einer eigenen Art der Verantwortung (♄), Freizeitgestaltung (♦) und Bewußtseinserweiterung (♇) finden.

5. Jede dieser Fähigkeiten oder Anlagen kann in der verzauberten Form, also in der Kindrolle (durch Normen, Ideale,
Gebote, Verbote, Rollenklischees etc. gehemmt) oder in
der Elternrolle (Verkörperer der Normen und Ideale), und
in der erlösten, d. h. in der erwachsenen Form (= die
Normen und Ideale transzendierend) erlebt werden.

6. Der Kindrollenspieler (der Gehemmte) und der Elternrollenspieler (der Kompensator, der die Hemmung auszugleichen versucht, indem er die Norm oder das Ideal zu
verkörpern versucht) ziehen sich an. Sie sind jeweils alleine nicht existenzfähig, beide sind fixiert auf die Vergangenheit und leben nicht wie der Erwachsene in der
Gegenwart.

7. Wenn Anlagen ausgebildet werden, erfährt der einzelne
proportional dazu eine positive Verstärkung von außen.
Hat jemand z. B. mehr Selbstbewußtsein ausgebildet,
wird er auch von außen bestätigt, während derjenige, der
ohnehin wenig Selbstbewußtsein hat, starke Tendenzen
aufweist, noch weiter darin geschmälert zu werden (negative Verstärkung des Schicksals).

8. Die Fähigkeiten, aber auch die Hemmungen, Kompensationen und innerseelischen Konflikte erscheinen immer
wieder auf neuen Symbolebenen.
Dabei sind die psychoanalytischen Begriffe der Übertragung und des Wiederholungszwangs zu beachten. Als
Übertragung bezeichnet man in der Psychoanalyse denjenigen tiefenpsychologischen und sozialpsychologischen
Vorgang, in dem ein Individuum Gefühle, Affekte und

Einstellungen gegenüber einer Beziehungsperson seiner Lebensgeschichte auf andere Menschen überträgt[2]. Etwa, wenn ein Angestellter in unbewußter Übertragung seinen Vorgesetzten als seinen Vater sieht und mit jenem seine Vaterproblematik, d. h. seinen Saturn auf neuer Ebene wiedererlebt. Von Wiederholungszwang spricht man, wenn jemand auf ähnliche Reize immer wieder mit demselben Verhaltensmuster oder denselben unbewußten Abwehrmechanismen reagiert. Übertragen auf das Horoskop kann dies z. B. bedeuten, daß jemand mit seinem Mars immer wieder auf dieselbe aggressive Art und Weise reagiert wie damals als Kind.

9. Entsprechend dem Spruch von Heraklit »Charakter ist Schicksal« hat unsere psychische Struktur (Horoskop) bestimmte Entsprechungen in der Außenwelt. So symbolisiert z. B. die jeweilige Wohnung oder das Haus, in dem jemand gerade lebt, die innerseelischen Konstellation des Horoskopeigners. Jeder schafft sich unbewußt die Umwelt, die Probleme, die Situationen und Zwangslagen, die seinem persönlichen Weg gemäß sind und die er zur Bewußtwerdung des eigenen Selbst braucht.[3]

10. Jede Konflikt-Konstellation in der psychischen Stuktur eines Menschen sucht nicht nur ihre Identität in der Außenwelt, sondern auch in den Organen bzw. Körperteilen, die symbolisch dem seelischen Problem entsprechen. Man spricht hier von einer Somatisierung. (Siehe auch Kapitel Gesundheit.)

## Schicksalsbegriff

Die psychologische Astrologie will aufzeigen, daß der Mensch nicht ohnmächtig seinem Schicksal ausgeliefert sein muß. Durch Einsicht in die eigene psychische Struktur ( = Horoskop) und in die Gesetze des Schicksals eröffnen sich dem einzelnen Wege zur eigenen Schicksalsgestaltung. Er beginnt zu verstehen, daß das Schicksal (Karma) weder belohnt noch straft, sondern lediglich das verlorengegangene Gleichgewicht wiederherstellt. Das Schicksal muß also *ersatzweise* einschreiten, wenn der Mensch nicht selbst das Gleichgewicht im körperlichen, seelischen und geistigen Organismus sowie in der Allnatur herstellen kann.

Jede Störung dieses Gleichgewichts ruft bestimmte Reaktionen in der Natur des Menschen und der Allnatur hervor — körperliche, seelische und geistige Erkrankungen sowie Naturkatastrophen. Nach der psychologischen Astrologie sind Kankheiten und Katastrophen im Grunde nichts anderes als Gesundungsprozesse, als Versuche der menschlichen Natur und der Allnatur, das Gleichgewicht bzw. die Harmonie wiederherzustellen. Je mehr die Harmonie gestört ist, desto stärker wird die Reaktion sein, ähnlich wie jede Bewegung eines Pendels eine gleichförmige, aber entgegengesetzte Gegenwirkung hat.

Dieses Gesetz, das stets darauf bedacht ist, Ausgleich zu schaffen, zeigt sich jedoch nicht nur in Form von Krankheiten und Naturkatastrophen, sondern auch im täglichen Leben — in der Begegnung, Partnerschaft, im Beruf...

Die Störung des Gleichgewichts in der eigenen Natur ruft bestimmte Reaktionen in der Umwelt hervor, da jedes Lebewesen in steter Wechselwirkung zu anderen steht. Das Gesetz des Ausgleichs bewirkt eine Anziehung des Gegenpols. So ist immer der Gegenpol dazu angetan, die Harmonie wieder herzustellen. So stabilisiert sich der Helfer am Hilflosen, der Mächtige am Machtlosen, der Unterdrücker am Unterdrückten, der Sadist am Masochist, der Heilige am Sünder, der Reiche am Armen, der Altruist am Egoist, der Bescheidene am Prahler... und umgekehrt. Es mag für manche zunächst befremdend klingen, wenn hier zum Ausdruck gebracht wird, daß z. B. die Frau, die unter der Trunksucht ihres Partners so sehr leidet, sich unbewußt diesen Mann gesucht hat, um zur »Harmonie« zu kommen, daß die Krankheit des anderen auch eine Reaktion auf ihre Einstellung und ihr Verhalten ist, daß sie komplementär mit diesem Manne im Unbewußten verflochten ist und somit als »Co-Alkoholiker« bezeichnet werden kann. Auch wird derjenige, der zeitlebens unter seinem Unterdrücker große seelische Qualen erleiden mußte, tief betroffen sein, wenn ihm gesagt wird, daß er sich nur über letzteren ausgleichen konnte, daß nur der Machthaber und Sklaventreiber ihn zur »Harmonie« brachte.

Solange in all diesen Fällen der einzelne die Schuld für sein hartes Karma den anderen aufbürdet, hat er keine Möglichkeit, die »Schicksalsmaschinerie« abzustellen. Solange er im Glauben ist, es würde alles besser werden, wenn der Unterdrücker aufhören würde zu unterdrücken, wenn der Reiche ihm etwas schenken würde, wenn die anderen ihm mehr behilflich wären... ist er abhängig von den anderen und kann daher nicht in sein eigenes Schicksal eingreifen.

Erst wenn er einsieht, daß die Ursachen für die Krankheit und das Leid in ihm selbst liegen, hat er die Möglichkeit, diese Ursachen zu beseitigen und somit ein neues, unbeschwerteres und freieres Leben zu führen. So kann sich eine Frau fragen, warum sie ständig angegriffen wird — und findet schließlich als Ursache ihre Durchsetzungsschwäche, oder ein Mann, der ständig von seiner Frau gemaßregelt wird, beginnt nachzudenken und erkennt, daß seine innere Rechtsordnung noch nicht gefestigt ist. Dieser Erkenntnisprozeß ist die Voraussetzung für den nächsten Schritt: die Ausbildung der Anlage bzw. des kosmischen Prinzips, an dem der einzelne leidet. Lernt die obengenannte Frau sich durchzusetzen, so manövriert sie sich aus dem Defizit heraus und muß daher nicht mehr durch den diesem Defizit entsprechenden Gegenpol ausgeglichen werden. Die Aggressoren in der Außenwelt verschwinden.

Wichtig in diesem Zusammenhang mit dem Schicksalsbegriff ist ferner zu erkennen, daß in unserer patriarchalisch strukturierten Gesellschaft, d. h. einer Gesellschaft, die aus dem Gleichgewicht zwischen dem weiblichen und dem männlichen Pol gefallen ist, die Normen und Ideale meist nicht den Lebensgesetzen entsprechend sind.

Nach der psychologischen Astrologie sind es also primär diese Normen und Ideale, welche die innerseelische Harmonie des einzelnen verletzen und deshalb nach dem Gesetz von Ursache und Wirkung ungeheure Kettenreaktionen auslösen.

So versucht ein Kind, das in seinem Eigenwert geschmälert wurde, weil es der Norm der Eltern nicht entsprach, oft während seines ganzen Lebens dieses Manko, das real gesehen eigentlich gar nicht existent ist, auszugleichen, indem es ständig nach Status und Prestige strebt. Um zu beweisen, daß er auch etwas wert ist, muß sich der Betreffende wie unter Zwang immer wieder die neuesten Automodelle anschaffen, muß teure Wohnungseinrichtungen kaufen, exklusive Kleidung tragen. Um sich diese Gegenstände kaufen zu können, ist er gezwungen, mehr als notwendig zu arbeiten.

Oder: Solange sich z. B. eine Frau mit dem überkommenen Ideal identifiziert, eine Frau müsse ihrem Manne dienen u. ihm untertan sein, kann sie kein Eigenleben entwickeln. Sie muß immer und immer wieder dieses Ideal zu erfüllen versuchen und erschöpft sich dabei. Nur indem der einzelne diese Normen und Ideale, die die innerseelische Harmonie zerstören und damit das Schicksal machen, in Frage stellt und an deren Stelle *eigene* Maßstäbe setzt, die seiner Eigenart und seinem Wesen entsprechend und seiner jeweiligen Entwicklung angepaßt sind, kann er sein Leben so gestalten, daß es sowohl für ihn als auch für andere angenehm und akzeptabel ist.

## Möglichkeiten und Ziele

1. Tritt bei einem kranken Menschen nach längerer Behandlung beim Hausarzt noch keine Besserung ein, so wird jener darauf hinweisen, daß der Patient zu seiner Gesundung selbst auch beitragen müsse. Über das, was getan werden soll, existieren jedoch bei nur wenigen Ärzten und noch weniger bei den Patienten klare Vorstellungen. Allgemeine Ratschläge, wie »schonen Sie sich« oder »regen Sie sich nicht mehr so auf«, zeigen selten die erhofften Wirkungen. Dieses Wissensdefizit, was zu tun ist, um die Voraussetzungen für eine erfolgreiche Therapie und eine dauerhafte Gesundung zu schaffen, versucht die psych. Astrologie zu schließen.

Insbesondere kann sie bei psychosomatischen Erkrankungen Lösungsmöglichkeiten für das Lebensproblem aufzeigen, das somatisiert wurde, weil es für den Patienten bisher nicht anders als über den Körper zu lösen war.

2. Ähnlich gelagert ist die Situation im Versicherungswesen. Der Abschluß einer Versicherung für Krankheit, Unfall oder Altersversorgung entbindet den einzelnen nicht von aktiver Gesundheitsvorsorge, aktiver Unfallprophylaxe und aktiver Altersvorsorge. Aktive Vorsorge heißt weitgehend zu verhindern, daß Krankheit, Unfall oder Gebrechlichkeit überhaupt eintreten. Wenn der Mensch die Verantwortung für seinen Körper, seine Seele, seinen Geist und seine Lebensweise ausschließlich auf andere delegiert, hat er keine Gewalt mehr über sein Schicksal. Er konsumiert sein Schicksal wie bestimmte Waren eines großen Kaufhauses. Diese Konsumentenideologie verstärkt den irrealen Glauben, daß alles »Zufall« sei.
Die psychologische Astrologie gibt Hilfe zur Selbsthilfe: Der einzelne kann versuchen, jene Persönlichkeitsanteile, die er auf Institutionen und andere Menschen projiziert hat, selbst zu leben. Dadurch gewinnt er die Macht über sich selbst und über sein Schicksal zurück.

3. Die psychologische Astrologie kann Wege aufzeigen, wie der einzelne seine Vergangenheit bewältigen kann. Sie hilft alte Verhaltensmuster und Einstellungen, die vorwiegend negative Feedbacks verursachten, aufzulösen. Der Mensch bekommt die Chance, die alte Schicksalszwangsjacke abzulegen. Er wächst über die engen Maßstäbe seiner Familie, seines Milieus, seiner Kultur, und seiner Zeitepoche hinaus und damit in den Kosmos und in die ewigen Gesetze hinein. Er wird mehr und mehr ein kosmisches Wesen. Er läßt sich nicht mehr leben, sondern lebt selbst. Jeder einzelne muß diesen Weg von der Fremdbestimmung zur Selbstbestimmung selbst gehen. Das Horoskop ist hierbei nur ein Wegweiser.

4. Das Horoskop zeigt sowohl die primäre Natur des Menschen als auch seine 2. Natur, die sein wahres Wesen überlagert, an (siehe Kapitel erste und zweite Natur). Durch

Einsicht in seine psychischen Strukturen kann er frei zwischen einem Leben, das gegen seine Natur gerichtet ist (patriarchale Entwicklungsphase), und einem, das mit seiner primären Natur kongruent ist, wählen. Die psychologische Astrologie bietet hierbei die Chance zu erkennen, wie bisher destruktiv erlebte Persönlichkeitsanteile in konstruktive umgewandelt, wie verzauberte Anlagen erlöst werden können. Diese Möglichkeit haben sich bereits einige Psychotherapeuten zunutze gemacht.

Die psychologische Astrologie gibt durch das Aufzeigen der psychischen Struktur bzw. der wirklichen Natur Antwort auf die Frage: Therapie *wohin?*

5. Nur wenige Menschen wissen, daß es außer den von Menschen geschaffenen Gesetzen und den naturwissenschaftlichen (also rein materiellen) Gesetzmäßigkeiten auch noch andere Gesetze gibt: die Gesetze des Lebens, der Psyche, des Geistes, des Schicksals und des Kosmos. Diese Gesetze geben u. a. Antwort auf die Fragen:
*Warum* bin ich krank? *Warum* erfüllen sich nie meine Wunschträume? *Warum* ziehe ich immer wieder denselben Partnertypus an? *Warum* werde ich immer wieder das Opfer von Intrigen? Oder grundsätzlich: *Warum* habe ich dieses Schicksal?
Durch Einsicht in die Gesetzmäßigkeiten, die das Leben und das Schicksal des einzelnen bestimmen, wird das Schicksal nicht mehr als etwas Numinoses und Fremdes oder gar als Feind erfahren, sondern als Freund, der einem auf dem Weg zu seinem Selbst behilflich war, indem er einem ehrliche Rückmeldungen erteilte. Indem man um die Gesetze weiß, besteht die Möglichkeit, sich in diese Gesetze zu integrieren. Integration in ein Gesetz bedeutet, ihm nicht mehr ausgeliefert zu sein, ihm nicht mehr ohnmächtig gegenüberzustehen. Die Freiheit des Menschen besteht deshalb nur in der Integration in das Gesetz. Er wird freier, weil er sich die Gesetze zunutze macht und ihnen entsprechend sich entfaltet. Vorher mußte er stets die negativen Wirkungen bekämpfen, die er durch die unbewußten Gesetzesübertritte verursacht hatte.

6. Hat der einzelne gesehen, daß die Schicksalsschläge nicht etwas Negatives darstellen, sondern nur das Ziel haben, ihm seine wahre Natur und deren Gesetzmäßigkeiten bewußt zu machen, kann er sich auch mit seiner Vergangenheit, mit seinen Eltern, Erziehern und Lehrern sowie mit der gesellschaftlichen Situation, in die er geboren wurde, aussöhnen. Er beendet das endlose Unterfangen, seine Hemmungen, die durch alte gegen das Leben gerichtete Maßstäbe verursacht wurden, ausgleichen zu wollen. Wenn er von den alten Zielen, die seine Kindheitsschäden ausgleichen hätten sollen, Karriere, Status, Prestige, Macht, äußerer Reichtum, Geld, Ruhm und Ansehen, losläßt, kann er einen neuen Weg beschreiten: den Weg der Selbstverwirklichung, der auf der Gleichberechtigung von den männlichen und weiblichen Persönlichkeitsanteilen aufgebaut ist. Indem er sich verwirklicht, trägt er zur Selbstverwirklichung der Gesellschaft bei. Je mehr Menschen sich verwirklichen, desto näher rückt nach dem Matriarchat und dem Patriarchat das Zeitalter der Gleichberechtigung und der Selbstverwirklichung.

Die Menschen begreifen das Böse nicht als die Hauptkonsequenz aus der Frustration des Guten.          W. Reich

## Erste und zweite Natur

Liz K. wuchs in einem Elternhaus auf, das ihr aufgrund der finanziell prekären Lage wenig Annehmlichkeiten bieten konnte.

Die Familie konnte während der Phase des Wirtschaftswunders nicht, oder nur wenig, mit andern konkurrieren. Das hübsche Mädchen litt sehr darunter, zumal seine Schulkameradinnen und Freundinnen immer modisch gekleidet waren (♀ Herrscher* von 1 in 10 in der Hemmung), Süßigkeiten mit in die Schule brachten und in schönen Wohnungen lebten. Besonders hart empfand Liz ihre Benachteiligung im

* Siehe Anhang: Die Herrscher von Haus 1 bis Haus 12

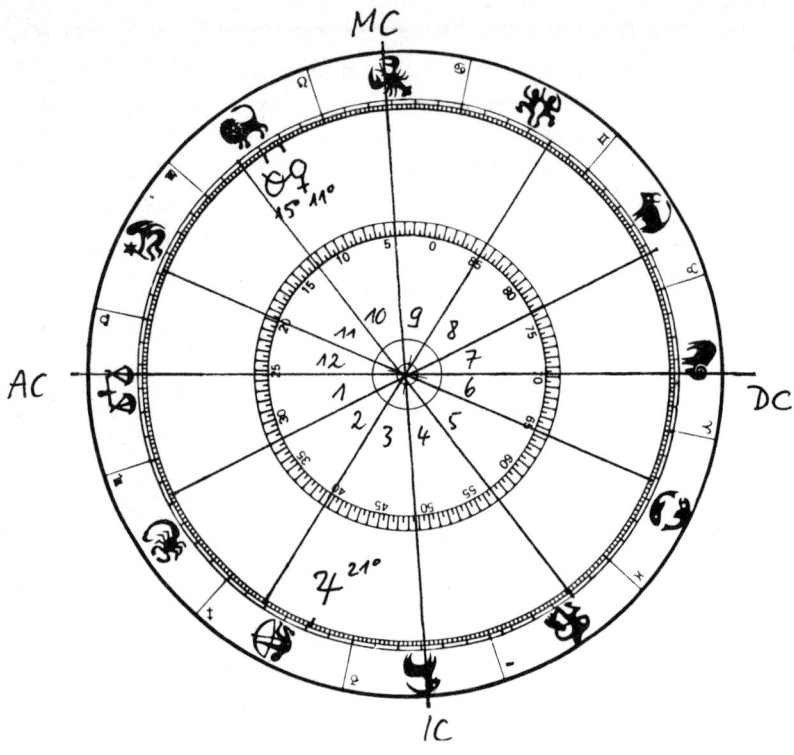

Vergleich mit ihrer Freundin Brigitte, zu der sie teils bewundernd, teils neidvoll aufblickte.

Diese Erfahrungen als Kind beeinflußten maßgebend ihre Berufswahl. Liz begann eine Lehre in einem großen Modehaus und arbeitete sich im Laufe der Jahre bis zur Einkäuferin empor. So gelang es ihr, die ärmlichen Verhältnisse in der Vergangenheit zu kompensieren ([Pl.] Herrscher von H 2 in 10 in der Kompensation). Liz trug nur noch teure Kleider, legte Wert auf teures Essen und Trinken, verkehrte nur in den besten Kreisen und lebte — wenn auch im Haus der Schwiegereltern — in einer großzügig eingerichteten Wohnung. Gleichzeitig hatte sie aufgrund ihres Berufes Gelegenheit, bedeutende europäische Städte zu besuchen. So rief Liz des öfteren ihre Mutter und ihre Schwester aus London, Wien, Paris, Stockholm etc. an und stellte sich als Dame von Welt dar (♃ in Haus 3). Über ihren beruflichen und privaten Alltag hinaus hatte sie jedoch nur wenig Interessen.

Die Lebensgeschichte der jungen Frau zeigt, daß diese nur ihre leidvollen Erfahrungen aus der Vergangenheit zu kompensieren versucht. Ihr Leben ist eine *Reaktion* auf die Hemmung und Unterdrückung von ♀-Belangen in der Kindheit. Zwanghaft muß sie immer wieder zeigen, daß sie nicht mehr arm ist, und hofft dabei auf Anerkennung und Bewunderung für ihre (Charakter-)Rolle als erfolgreiche, modisch gekleidete junge Frau (♀ Herrscher von 1 in 10 und [Pl.] Herrscher von 2 in 10 in der Kompensation). Zugleich verletzt sie mit ihrem Verhalten all jene seelisch, die ihr gerne entsprechen würden, dies aber aufgrund von ungünstigen Umständen nicht verwirklichen können. Letztere erleben also die gleiche Situation, wie Liz in ihrer Kindheit. Liz hat nur die Rollen getauscht, ist aber nicht frei geworden, sondern in einem Schicksalszwang gefangen, da sie ständig kompensieren muß. Im Akt der Kompensation der Vergangenheit unterdrückt sie immer wieder aufs neue ihr eigentliches Wesen.

Das Beispiel von Liz ist kein Einzelfall, wie sie sind viele von uns von ihrem wahren Selbst getrennt und leben nur entsprechend dem *Reaktionsmuster*, das sich als Folge frühkindlicher Einflüsse herausgebildet hat.

Dieses überlagert als ihre zweite Natur ihre erste Natur, ihr eigentliches Wesen, und behindert diese in ihrer Entwicklung. Wilhelm Reich nennt diese zweite Natur »die Falle«:[4]

»Wohin wir uns auch wenden, wir sehen den Menschen im Kreis umherlaufen, wie in einer Falle, deren Ausgang er in Verzweiflung vergeblich sucht.

Es ist aber möglich, aus einer Falle herauszukommen. Um jedoch aus einem Gefängnis ausbrechen zu können, muß man erst einmal zugeben, daß man in einem Gefängnis sitzt. Die Falle ist die emotionale Struktur des Menschen, seine Charakterstruktur. Es hat wenig Sinn, Denksysteme über das Wesen der Falle zu entwerfen, wenn das einzige, was man zu tun hätte, um aus der Falle herauszukommen, darin besteht, daß man die Falle erkennt und ihren Ausgang findet. Alles andere hat überhaupt keinen Sinn: Hymnen darüber zu singen, wie sehr man in der Falle leidet, wie es der versklavte Neger tut; oder Gedichte über die Schönheit der Freiheit außerhalb der Falle zu schreiben, von der man in der Falle träumt; oder ein

Leben außerhalb der Falle nach dem Tode zu versprechen, wie es der Katholizismus seinen Gläubigen verspricht; oder sich zu einem Semper ignorabimus zu bekennen, wie es resignierte Philosophen tun; oder ein philosophisches System um die Verzweiflung am Leben in der Falle zu errichten, wie es Schopenhauer getan hat; oder sich einen Übermenschen zu erträumen, der sich von dem Menschen in der Falle total unterscheidet, wie es Nietzsche getan hat, bis er, selbst in der Falle eines Irrenhauses gefangen, endlich die volle Wahrheit über sich selber schrieb — zu spät ... Allererste Aufgabe ist es, den Ausgang aus der Falle zu finden. Wie die Falle beschaffen ist, interessiert überhaupt nicht, abgesehen von dieser einen entscheidenden Frage: *Wo ist der Ausgang aus der Falle?*

Man kann eine Falle ausschmücken, um das Leben darin angenehmer zu gestalten. Das haben z. B. Michelangelo, Shakespeare und Goethe getan. Man kann sich irgendwelche Hilfsmittel ausdenken, um das Leben in der Falle zu verlängern. Das haben die großen Naturwissenschaftler und Ärzte getan, z. B. Meyer, Pasteur und Fleming. Man kann auch eine große Kunstfertigkeit im Heilen von gebrochenen Knochen entwickeln, für die, die in der Falle stürzen.

Doch der entscheidende Punkt ist und bleibt: den Ausgang aus der Falle zu finden. *Wo ist der Ausgang in den freien, endlosen Raum?*

Der Ausgang bleibt verborgen. Das ist das größte aller Rätsel. Das Lachhafteste und zugleich Tragischste aber ist dies: *Der Ausgang ist für alle in der Falle deutlich sichtbar, und dennoch scheint niemand ihn zu sehen. Jedermann weiß, wo der Ausgang ist, und dennoch scheint niemand auf ihn zuzugehen. Mehr noch: Wer immer auch auf den Ausgang zugeht oder auf ihn zeigt, wird für verrückt erklärt, oder man nennt ihn einen Verbrecher oder einen Sünder, der in der Hölle braten sollte!*

Es zeigt sich, daß das Problem nicht die Falle ist und auch nicht die Schwierigkeit, den Ausgang zu finden. Das Problem liegt *bei denen, die in der Falle sitzen.*

All dies ist — von außen gesehen — für ein schlichtes Gemüt schier unverständlich. Es ist sogar irgendwie verrückt. Warum erkennen sie den deutlich sichtbaren Ausgang nicht und gehen zu ihm hin? Sobald sie in die Nähe des Ausgangs kommen, fangen sie an zu schreien und laufen weg. Sobald einer unter ihnen versucht, ins Freie zu gelangen, schlagen sie ihn tot. Nur ganz wenige schlüpfen in dunkler Nacht, wenn alles schläft, aus der Falle heraus.«

Wie ein Mensch in eine solche Falle geraten kann, haben wir am Beispiel von Liz K. gesehen.

In der Terminologie der Transaktionsanalyse wird die »Falle« als »Skriptzwang« bezeichnet. Unter dem Einfluß eines unbewußten Lebensplans oder Skripts steht jemand, dessen Leben unumkehrbar nach einem Programm abläuft, das sich in der Kindheit überwiegend unter dem Einfluß der Eltern gebildet hat und das das individuelle Verhalten in den wichtigsten Bereichen des Lebens — Beruf, Heirat, Ehe, Elternschaft und Todesart — bestimmt. Vergleicht man das Leben mit einem Theater, so bildet im allgemeinen also das Familienleben die Bühne und damit den Hintergrund und die Atmosphäre zur Gestaltung des Lebensplans. In manchen Familienmitgliedern erlebt das Kind Vorbilder, in anderen typische Vertreter des »guten« oder des »bösen« Prinzips. Die Kulissen bestehen aus den Räumen des Hauses, in dem das Kind aufwächst, oder aus seiner näheren Umgebung.[5]

Entscheidend ist nun, welche Rolle einem in diesem Familientheater zugewiesen wird. So kann eine Mutter ihr Kind in die Rolle einer kleinen Prinzessin drängen. Ein anderes wiederum nimmt innerhalb des Familiendramas mehr die Rolle eines Clowns ein. Oft bleibt einem Kind nichts übrig, als die Rolle zu übernehmen, in die es gedrängt wird, sonst würde es Gefahr laufen, abgelehnt oder ausgestoßen zu werden. Die Übernahme der Rolle bedeutet, sich einen Platz im Familienverband zu sichern, um doch noch — wenn auch über einen Umweg — akzeptiert und geliebt zu werden — in manchen Fällen auch, um bei der destruktiven Aggressivität der Eltern überleben zu können. Weil das Kind den Eltern sichtlich Freude bereitet und von ihnen gelobt wird, setzt es sich ans Klavier und spielt das Werk eines Klassikers, büffelt es Vokabeln, um gute Noten zu erzielen...

Das Leben wird erträglicher, wenn man sich den Erwartungshaltungen bzw. den Projektionen der Eltern anpaßt, denn nun können sich Vater und Mutter mit dem Kind identifizieren. Solange diese Anpassung nicht geglückt ist, ist die Natur des Kindes etwas Fremdes für sie. Da viele Eltern selbst ihre primäre Natur nicht leben durften, müssen sie als Konsequenz diese auch im Kind bekämpfen. Da sie selbst in sich die erste Natur unterdrücken, können sie diese auch nicht in ihrem Kind entwickeln lassen, da sie selbst bei sich verschiedene Anlagen, wie z. B. den Drang nach Freiheit und Unabhängigkeit, nicht zulassen, müssen sie auch jede unabhängige Aktion des Kindes maßregeln oder gar bestrafen. Dieses Reaktionsmuster wird der »Erbsünde« vergleichbar, von Generation zu Generation in fast endlos scheinender Folge weitergegeben. Immer wieder vollzieht sich das Urtrauma der Vertreibung aus dem Paradies, d. h. aus der ersten Natur. Es ist das Trauma, aufgrund von Anpassung an bzw. Reaktion auf die Gegebenheiten der Umwelt ein anderes Leben als das den eigenen Anlagen entsprechende führen zu müssen.

Ein Kind wird nur selten Gelegenheit erhalten, seine erste Natur kennenzulernen und auszubilden: Die Lernerfahrungen, die es vorgesetzt bekommt, beziehen sich ja in der Regel nicht auf sein wirkliches Selbst, sondern auf jene Rolle, die ihm im Symbol-System (vgl. Horoskop) seiner Eltern zugewiesen wird. Hierbei ist besonders entscheidend, welcher Planet sich in der innerseelischen Entwicklung und Reifung bei den Eltern ausgelöst hat, als das Kind zur Welt kam.

Hat eine Mutter z. B. das Kind unter ♃ in 10 geboren, so kann es sein, daß sie bestrebt ist, sich stets mittels des Kindes in den Mittelpunkt zu stellen. Sie wird also das Kind in eine Rolle drängen, die ihrem innerseelischen Persönlichkeitsanteil ♃ entspricht. Sie projiziert ihren ♃ auf das Kind, das stellvertretend für sie diese Anlage ausleben muß.

Im vorliegenden Beispiel wurde Heinz S. unter ☾ in H 2 (im Horoskop der Muter) geboren. Er hatte für die Mutter die Funktion, ihren Eigenwert (H 2) als Frau (☾) zu stärken, schränkte aber andererseits zugleich deren Freiheit ein (♄ in H 11!).

Besonders schwer in ihrem Schicksalsweg haben es Kinder, die abgespaltene oder verdrängte Persönlichkeitsanteile ihrer Eltern symbolisieren, etwa wenn ein Kind den Teil von Vater

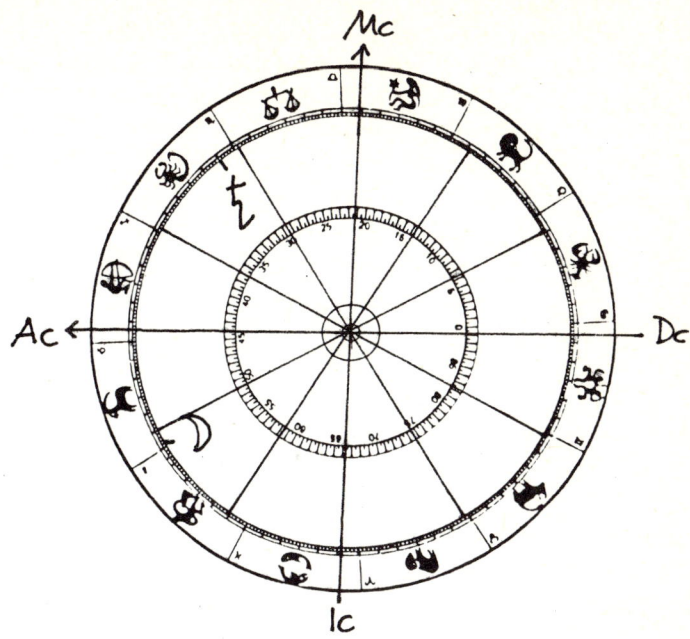

oder Mutter auslebt, den jene bei sich nicht wahrhaben wollen.

Ferner werden Kinder manchmal auch als Objekt benötigt, um eigene Spannungen und Aggressionen ableiten zu können.

In diesem Zusammenhang schreibt H. E. Richter in »Patient Familie«[6]:

»Viele Familien drängen ein oder mehrere Kinder in eine innerfamiliäre Außenseiterposition. Das Opfer wird zu einem Leistungsversager unter Tüchtigen, zu einem Pechvogel unter Erfolgreichen, zu einem Kranken unter Gesunden, zu einem Mutlosen unter Zuversichtlichen organisiert. Die übrigen Familienmitglieder nutzen den wenig widerstandsfähigen Partner als Projektionsfläche für die jeweiligen eigenen verleugneten Defekte aus, aber sie halten ihn in dieser Funktion in der Familie fest. Die übrige Familie fühlt sich insgesamt ›anders‹ als das von ihr isolierte Opfer. Man fühlt sich besser, stärker, gesünder, nämlich weil man die eigenen verleugneten Schuldvorstellungen, Ohnmacht- und Insuffizienzgefühle bei dem ausgegrenzten Mitglied deponiert hat. Aber als wehrloser Speicher und zugleich Ausscheidungsventil ist der Symptomträger so wichtig für die Restfamilie, daß diese ängstlich bedacht bleibt, ihn in seiner Rolle zu konservieren.«

Bei der Deutung des eigenen Horoskops sollte man sich also immer die Frage stellen: Welche Rolle habe ich in dem Familienverband, in dem ich aufwuchs, gespielt? War ich der seelische Schuttabladeplatz oder Sündenbock für die übrigen Mitglieder (Rolle des negativen Selbst[6])? War ich der Stolz der Familie? Hatte ich die Funktion, den Eigenwert von Vater und Mutter zu stabilisieren? War ich Partnerersatz für meine Mutter (etwa nach Scheidung etc. — Rolle eines Partnersubstituts[6])? Sollte ich ein Ideal erfüllen, dessen Realisierung meinem Vater oder Mutter mißlungen ist (Rolle des idealen Selbst[6])? Oder hatte ich mehr die Rolle eines Bundesgenossen[6], z. B. im Kampf meiner Mutter gegen den Vater? usw. Im Zusammenhang mit der Übernahme einer Rolle heißt es auch noch zu unterscheiden zwischen der Rolle, die man für die werdende Mutter gespielt hat, etwa wenn die Schwangerschaft den Sinn und Zweck hatte, sich endgültig von den Eltern zu trennen, den Beruf aufgeben zu können, den Partner fester an sich zu binden oder sich endlich verehelichen zu können etc., und der Rolle, die man dann als Kind für die Eltern spielte — wie in den obigen Ausführungen dargelegt. Bricht das Kind aus der ihm aufgezwungenen Rolle aus, muß es gemaßregelt, bestraft, unterdrückt oder mit subtilen Mitteln (auch mittels Lob etc.) dazu veranlaßt werden, das von ihm erwartete Rollenspiel wieder aufzunehmen. Hat der Vater eine andere Erwartungshaltung als die Mutter, kann es zu sog. Rollenkonflikten kommen, die dann im Horoskop des betreffenden Menschen in Form eines Quadrats oder einer Opposition in Erscheinung treten.

Hierzu ein Beispiel:
Gerd K. wurde von seiner Mutter in die Rolle eines künstlerisch begabten Kindes gedrängt (♂ in H 5), aber von seinem Vater ständig in seinem Eigenwert geschwächt (♆ in H 2).
Oder: Richard S. war für seine Mutter ihr süßer Prinz, den sie verwöhnte (♀ in 1). Dies widersprach (Quadrat) jedoch dem Ideal (H 10) seines Vaters, der gerne einen frechen Lauser (♂) als Sohn gehabt hätte.

28

Gerd. K.:

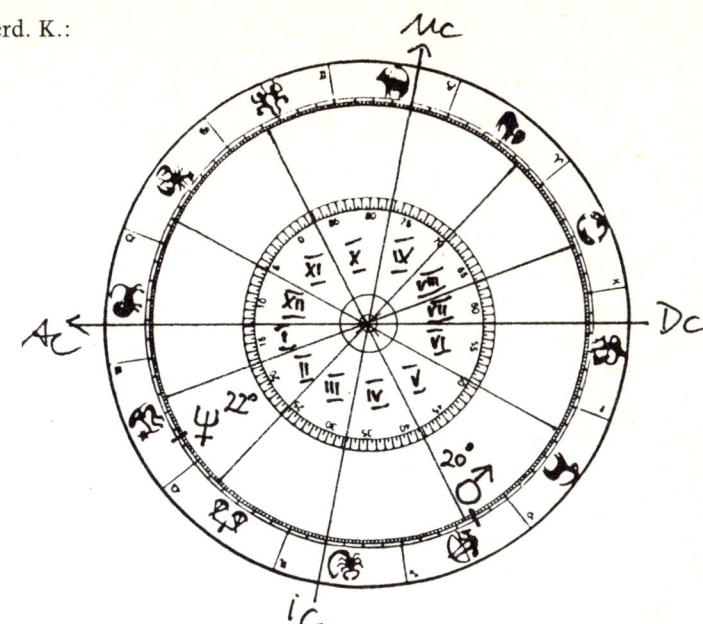

Bei der Geburt von Richard wurde im Horoskop seines Vaters die Konstellation ♀ in 12 □ ♂ in 3 aktualisiert. Richard war also für seinen Vater quasi die Materialisation bzw. Inkarnation seines verdrängten Wohllebens (♀ in 12), das er

Richard S.:

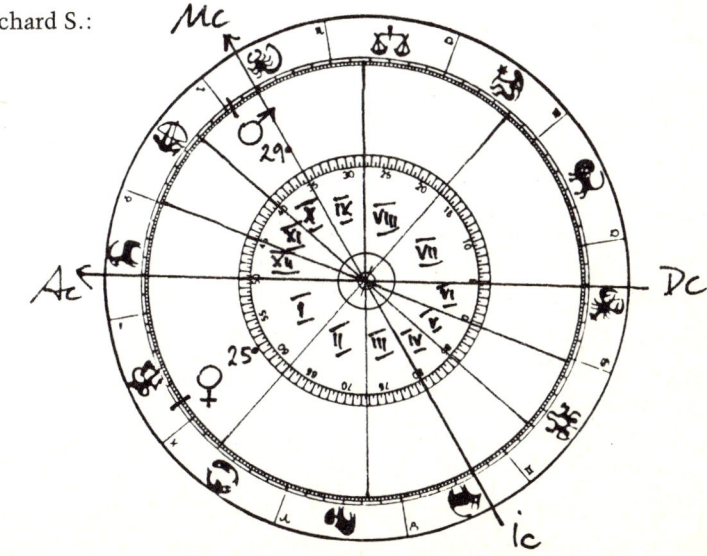

Vater:

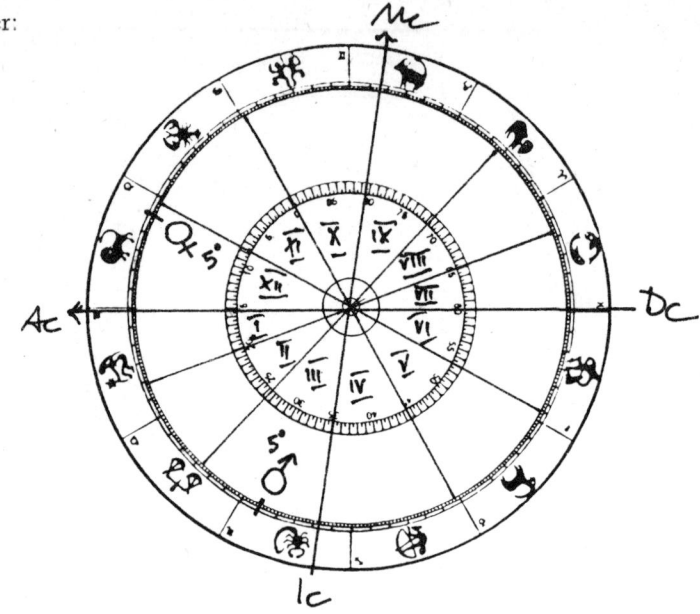

dann mit heftigen verbalen Angriffen (♂ in 3) im Kind bekämpfte.

Diese Rollen haben als Bestandteile des Lebensplans oder Skripts für das Schicksal des einzelnen eine tragende Bedeutung, da sie meist im Erwachsenenalter weiter beibehalten werden und somit entscheidend die Beruf- und Partnerwahl mitbestimmen. Gar mancher spielt auf einer neuen Symbolebene (Kulisse) jene Rolle wieder, die er schon im Elternhaus innehatte. So kann es sein, daß jemand als Kind stark isoliert war und dies nun im Berufsleben wiedererlebt. Aufgrund seiner innerseelischen Disposition und seines Verhaltensmusters (unsicheres Auftreten etc.) wird er fast »automatisch« in einer Abteilung der Firma eingesetzt, deren Personalzusammensetzung so konstelliert ist, daß er seine ursprüngliche Rolle erneut erleben kann. Die Kollegen bilden vielleicht eine Clique, in die er nicht einbezogen wird, oder sie machen sich über ihn lustig — wie er sich bewegt, wie er steht, wie er spricht. Ein anderer, der eine ähnliche Rolle als Kind gespielt hat, wählt unbewußt einen Beruf, bei dem er die Außenseiterposition wieder empfinden kann, oder wird Mitglied einer Partei, die nur unter »Splittergruppen« aufgeführt wird.

Oder: War sie als kleines Mädchen im Elternhaus das »Dummchen« ( d. h. es mußte sich dummstellen, um im Familienverband existieren zu können), so sucht es sich als junge Frau unbewußt einen Partner, der sie wieder in dieselbe Rolle drängt, um auf diese Art und Weise sein eigenes seelisches Gleichgewicht zu stabilisieren.

Nach Eric Berne enthält der Lebensplan oder das Skript nämlich nicht nur Anweisungen, wie man etwas erleben und sich verhalten wird, sondern beinhaltet auch bestimmte Erwartungen hinsichtlich der Mitspieler. Unbewußt wählt man sich auf seinem Lebensweg Menschen aus, die sich als Mitspieler eignen, und jene wählen einen, weil man ihnen geeignet erscheint, eine in ihrem Lebensplan vorgesehene Rolle als Mitspieler gut erfüllen zu können.

Die bisherigen Ausführungen haben als entscheidendes Kriterium für das Schicksal des einzelnen die Prägung in der Vergangenheit aufgezeigt. Wir sind jedoch noch nicht darauf eingegangen, welche seelischen Mechanismen bei dieser Prägung am Werk waren. Die Psychoanalyse gibt hier wertvolle Hinweise; sie spricht von sog. Anpassungsmechanismen. Letztere ermöglichen es dem einzelnen, sich an die soziale und physikalische Wirklichkeit der Umwelt oder an die innere »Wirklichkeit« des Gewissens anzupassen. Das bedeutet, daß die natürlichen Anlagen, also die erste Natur eines Kindes, sich in den Rahmen eingliedern müssen, den die Maßstäbe, Normen und Ideale der Familie, des Milieus, der Kultur und der Zeitepoche vorgeben. Astrologisch ausgedrückt: Ein Kind kann seine Anlagen nur innerhalb seines Saturns ausleben.

Da im Zeitalter des Patriarchats fast alles unverrückbar feststeht, kann ein Kind meist nur auf das Vorgegebene *reagieren* und sich darin nur integrieren.

Die Kinder wachsen in eine vorgefertigte Welt (zweite Natur in der Außenwelt) hinein. Ihre natürlichen Anlagen und Energien müssen sich daher dieser zweiten Natur anpassen und werden ihrer realen Entwicklungsmöglichkeiten beraubt. Die Anlagen können meist nur noch symbolisch, d. h. verzaubert erlebt werden.

Alles ist bereits festgelegt: die Religion oder Weltanschauung, die politische Richtung, die Rolle als Frau oder Mann, die Form der Partnerschaft, die Bildung usw.

Die Kinder werden im Glauben ihrer Eltern erzogen, sie erleben ihre Eltern als Vorbilder in bezug auf die Geschlechterrollen, sie werden in Schulen geschickt, die dazu angetan sind, die Maßstäbe und Ziele der Eltern zu bestätigen und zu verstärken. Auch wacht der Saturn im Inneren der Seele als der »Hüter der Schwelle« darüber, daß z. B. ein übernommenes Feindbild aufrechterhalten bleibt, daß die Andersgläubigen, die politisch Andersdenkenden und die zur Polygamie Neigenden als »Bösewichte« gelten. Und damit sind wir inmitten der Abwehr- und Anpassungsmechanismen angelangt.

Der Psyche steht eine Vielzahl von Anpassungsmechanismen[2] zur Verfügung: die Sublimierung (z. B. wenn sexuelle Triebe in schöpferische Leistungen umgewandelt werden), die Regression (Rückfall in eine frühere psychische Entwicklungsphase), die Verdrängung (z. B. weil ein Wunsch mit dem inneren Maßstab, mit Sitte und Moral etc. nicht zu vereinbaren war, wird er verdrängt), die Konversion (Umwandlung von verdrängten, mit Energie besetzten psychischen Inhalten in körperliche Symptome), die Verschiebung (z. B. wenn eine seelische Energie von einem Ziel auf ein anderes verlagert wird), die Imitation (wenn z. B. ein Kind die Eltern imitiert und Eigenheiten der Mimik, der Gestik oder der Haltung übernimmt, die dann zu den bekannten Feststellungen führen, das Kind bewege sich ganz wie der Papa oder die Mama), die Identifikation (mit einer sozialen Rolle, Geschlechtsrolle oder Berufsrolle — z. B lernt eine Tochter von ihrer Mutter über den Lernmechanismus der Identifikation, wie man als Frau zu sein hat), die Projektion (das Nach-außen-Verlagern von unbewußten Wünschen und Konflikten) und die Reaktionsbildung (die Verwandlung von Bedürfnissen in ihr Gegenteil).

Bei all diesen Anpassungsmechanismen können die Anlagen nicht wachsen — sie können sich nicht in ursprünglicher Form, d. h. so wie sie von Natur aus angelegt sind, entwikkeln — sie können nicht mehr real wachsen, wenn sie sublimiert, regressiv, als körperliche Krankheit, verschoben oder in der Projektion erlebt werden. Ebenso ist es bei Imitation, Identifikation und Reaktionsbildung.

Diese Vielzahl von Anpassungsmechanismen erschwert die Interpretation eines Horoskops wesentlich.

Soll man nun z. B. den ♂ in Haus 5 in sublimierter Form oder in der Projektion (z. B. das Kind [H 5] des Horoskopeigners ist aggressiv [♂]) deuten oder soll man ihn so interpretieren, als ob er somatisch ausgelebt werden würde?

Um sowohl in der Beratung wie in der Selbstanalyse zu treffenden Ergebnissen zu kommen, muß immer der jeweilige Level, d. h. die Erlebnisebene bestimmt werden, auf der die jeweilige Anlage zum Ausdruck kommt.

So kann es sein, daß jemand mit seinem ☿ seinen Vater *imitiert*, seine ♀ hat er *verdrängt*, mit seinem ♂ *identifiziert* er sich mit der gesellschaftlich anerkannten Rolle als Mann, seinen ☉ erlebt er in der *Projektion* als Kind, das ihn nervös (☉) macht, seine ♄♆-Konstellation hingegen, die sich als Angst-Reaktion (♆) auf einen autoritären Vater (♄) herausbildete, wird als Alkoholsucht (♆) ausagiert (in diesem Fall ist die Sucht eine Flucht [♆] vor dem angsteinflößenden [♆] Vater [♄], später eine Flucht vor allen ♄-Symbolen (wie Verantwortung, Pflicht, etc.), usw.

Interessant ist es, in einem Horoskop zu verfolgen, wie sich die Konstellationen in der Kindheit gezeigt haben und wie sie sich später im Erwachsenenalter in der Fortleitung bzw. auf neuer Symbolebene auswirken. Hierzu ein Beispiel:

Die Mutter von Fred K., eine konservativ eingestellte Frau (☽ Herrscher von Haus 3 in Haus 9 Konjunktion ♄) setzte große Erwartungen (Pl) in Freds verbale und schriftliche Ausdrucksweise (H 3). Fred K. mußte sich stets sprachlich und schriftlich so ausdrücken, wie es der Vorstellung[8] ([Pl.]) seiner Mutter entsprach.

Später äußerte Fred K. den Wunsch, Journalist (H 3) zu werden. Er erhielt eine Anstellung bei einem konservativ (♄) geprägten Lokalblatt (Heimat = ☽) und war zuständig für Feuilleton (H 9 = Bildung). Auch hier mußte Fred K. so sprechen und schreiben, wie es der Vorstellung von anderen entsprach. Fred K. erlebte den [Pl.] also stets in der Projektion.

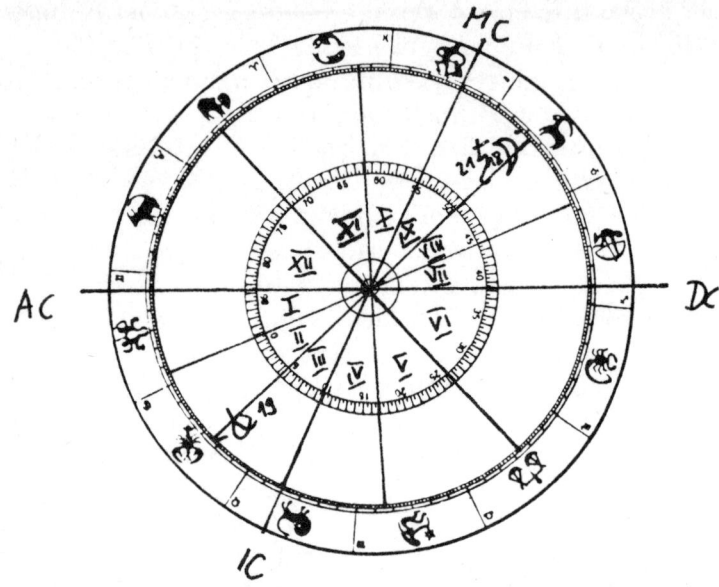

Oder ein anderes Beispiel:

Martha L. wuchs in einem Elternhaus auf, in dem kein Wert auf Schönheit und Ästhetik gelegt wurde. Ihre Eltern waren einfache Bauern, deren wichtigster Maßstab und oberstes Gebot die Arbeit war (♄ in 6). Weder in ihrer Kleidung noch in der Wohnung kam das ♀-Prinzip zum Ausdruck. Marthas Mutter beachtete ihr Äußeres kaum. Martha L. bemerkte nie eine erotische Anziehungskraft zwischen Mutter und Vater. Ihre Tendenz zu Wohlleben (♀) und Vergnügungen (♀) sowie ihre Liebe zu den schönen und angenehmen Dingen des Lebens mußte Martha L. aufgrund des Maßstabs in H 6 völlig verdrängen. Später hatte diese Problematik zur Folge, daß Martha L. stets nur selten und wenn, dann nur heimlich (H 12), Liebschaften (♀) pflegen konnte. Das schlechte Gewissen, das sie jeweils dabei hatte (Opposition ♄), beeinträchtigte sie zusätzlich. Da sie als Kind keine Möglichkeit gehabt hatte, ihre ♀-Anlage auszubilden, konnte sie diese kaum positiv erleben.

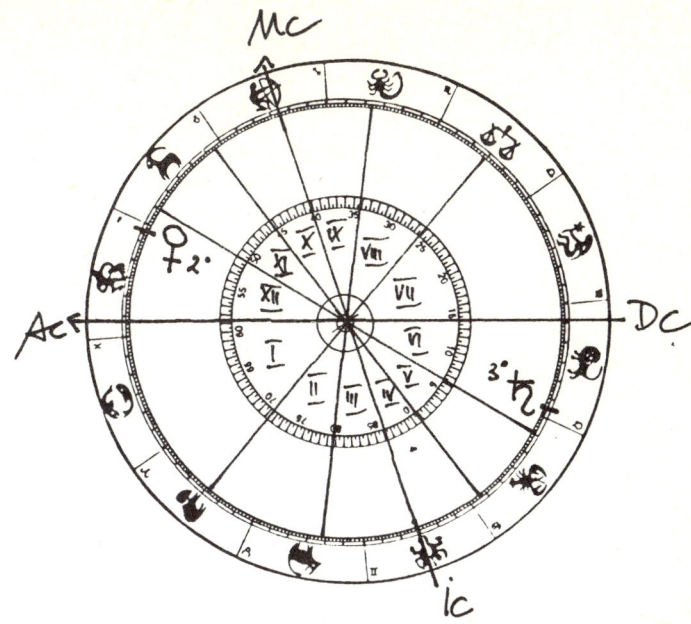

Wir haben bereits von den verschiedenen Rollen gesprochen, die der einzelne übernimmt, um innerhalb der Familie
eine Existenzberechtigung zu haben und anerkannt zu werden. Nun erschöpft sich jedoch das Leben eines Menschen
nicht nur in einer Rolle (die Rolle ist nur ein Bestandteil des
Persönlichkeitssystems — ähnlich wie Leber-Galle-System
oder Herz- und Kreislaufsystem nur ein Bestandteil des ge-
samten Systems des Organismus sind), sondern umfaßt auch
noch andere Bereiche.

Einige Anlagen im Horoskop stehen also im Dienste einer
Rolle, z. B. der Rolle eines Clowns, andere aber werden — wie
die Anpassungsmechanismen aufzeigten — auf andere Art
und Weise ausgelebt. Sie sind jedoch alle miteinander verbunden und ergänzen einander. Die psychische Struktur bzw. das
Horoskop eines Menschen stellt daher immer ein in sich ge-
schlossenes und folgerichtiges System dar. So wird die seelische Natur des Clowns — um bei dem Beispiel zu bleiben,
sich so organisieren, daß sein Persönlichkeitssystem trotz
Frustration und Hemmung stabil bleibt und immer wieder
Ausgleichsmöglichkeiten geschaffen werden. Dies ist z. B.
dann der Fall, wenn der Betreffende seinen Freiheitsdrang,

d. h. seinen ☉ symbolisch über Segelfliegen auslebt oder seine Aggressionen (♂) beim Fußball- oder Tennisspielen ausagiert. Die Aggressionen, die er vielleicht seinen Kollegen gegenüber hegt, verschieben sich auf einen anderen »ungefährlichen« Bereich, der zudem sozial anerkannt und erlaubt ist. Der Anpassungsmechanismus der Verschiebung, ein geschicktes Arrangement der Seele, ist in Kraft getreten. Unbewußt sucht sich der Betreffende außen die seinem inneren System (Skript) entsprechende Lebensform und Möglichkeiten, dieses auszuagieren. Mit sicherem Instinkt wählt er die Sportart, das Hobby oder auch die Krankheit, die ihm die Möglichkeit bieten, einen innerseelischen Ausgleich wieder herzustellen.

So hat jeder Mensch andere Beziehungspunkte bzw. Kanäle und Möglichkeiten, seine Planeten (Energien) auszuleben, die zudem untereinander in steter Wechselwirkung stehen und sich gegenseitig bedingen.

Diese Beziehungspunkte sind der Spiegel von ihm selbst. Sie zeigen an, inwieweit und auf welche Art und Weise die Anlagen des Betreffenden ausgebildet sind.

Die Gesamtheit aller Anlagen ist einem eigenen Regelkreis vergleichbar, der das Leben des einzelnen zuerst in seiner Familie und dann in der Fortsetzung in unserer Gesellschaft ermöglicht.

Das jeweilige Anpassungsmuster fungiert als *Ersatz* für die wirkliche Natur des Menschen. Es ist ein raffinierter Kompromiß, ein ausgeklügeltes System der Seele, um auf Umwegen doch noch die in uns wohnenden Energien ausleben zu können — wenn es real nicht möglich ist, dann eben auf *symbolische* Art und Weise. Die Schwierigkeit liegt nur darin, daß das Ersatzsystem, die zweite Natur, auf der ersten Natur aufgebaut ist, daß die zweite Natur von den Energien, der Lebenskraft und den Substanzen der ersten Natur lebt analog der Zivilisation, die die Ressourcen der Allnatur aufzehrt. Die zweite Natur existiert auf Kosten der ersten Natur, verleugnet aber paradoxerweise die erste Natur, von der sie lebt.

Es ist faszinierend, wieviele Möglichkeiten der Abwehr die Seele schafft, um das wirkliche Leben, die wahre Natur zu tarnen. Die Abwehr- und Anpassungsmechanismen sind nichts anderes als Reaktionen der Seele auf die zweite Natur der Mitmenschen und der Umwelt und dienen damit als *Überleben*smechanismen, obwohl sie vom Gesichtspunkt einer realen, gesunden Welt aus gesehen, krankhaft sind.

In *Astrologie und Psychologie — eine neue Synthese —* wurde diese Problematik anhand des Merkur-Jungfrau-H 6-Prinzips aufgezeigt. Wir sprachen in diesem Zusammenhang davon, daß die menschliche Natur sich verbraucht (H 6 in der verzauberten Form), in dem steten Anpassungsprozeß (H 6), in der steten Arbeit (H 6) die erste Natur, das wahre Wesen, niederzuhalten.

Real gesehen würde H 6 jedoch bedeuten: Hege und Pflege, Entfaltung, Weiterentwicklung und Differenzierung der eigenen Natur und der Allnatur.

Doch was ist die wahre Natur des Menschen?

Während die zweite Natur in uns analog zur äußeren Zivilisation (Normen, Betonwüsten etc.) und ihrem künstlichen Regelkreis bzw. Abwehrsystem steht, ist die erste Natur vergleichbar mit den rauschenden Wäldern, den bunten, duftenden Blumen, den saftigen Wiesen, den reißenden Flüssen, mit den Bergen und Seen, mit der Flora und Fauna, kurzum mit der ursprünglichen, unverfälschten Natur und ihrem ökologischen Regelkreis. Die physiologische Funktion des menschlichen Organismus entspricht auf der körperlichen Ebene der ersten Natur des Menschen.

Doch was ist seelisch-geistig der Natur des Menschen gemäß? Nach der psychologischen Astrologie stellen die 12 kosmischen Prinzipien die allen Menschen gemeinsame Natur dar.

Die nachfolgende Gegenüberstellung von erster und zweiter Natur eines Menschen oder — um mit Arthur Janov zu sprechen — von real und irreal soll deutlich machen, welche Fähigkeiten in jedem Menschen schlummern und wie diese Fähigkeiten durch Anpassung an die Gegebenheiten der Umwelt verfälscht wurden.:

| | erste Natur:<br>Anlage wird real erlebt | zweite Natur:<br>Anlage wird irreal (verzaubert) erlebt |
|---|---|---|
| Mars-Widder-Haus-1-Prinzip | Ausleben der natürlichen körperlichen Triebe. Durchsetzungsfähigkeit — Selbstbehauptung — Aktivität, Mut, Fähigkeit, Initiative zu ergreifen — Impulse zu setzen — Energien konstruktiv einzusetzen, natürliche Männlichkeit<br><br>Körper: körperliche Energie<br>Kopf<br>Galle | Egoismus ($\delta$ in der Kompensation), Aggressionen erleiden ($\delta$ in der Hemmung), Aggressionen ausagieren ($\delta$ in der Kompensation), Angreifen, Krieg, Streit, starker Held ($\delta$-Komp.); Somatisierung: Kopfschmerzen, Gallenbeschwerden, Fieber, Entzündungen |
| | Fähigkeit, sich abzugrenzen u. abzusichern — Schaffen von materieller Sicherheit — Vorrathaltung, Fähigkeit, sich einen Eigenraum (materiell und seelisch) zu schaffen, eigener Lebensstil, Eigenwert entwickeln, Genußfähigkeit<br><br>Körper: Hals und Rachen, Nacken | Reichtum, Luxus (Kompensation), Armut, Besitzlosigkeit (Hemmung), Schlemmertum (Kompensation), Askese (Hemmung); Somatisierung: Hals- und Rachenbeschwerden, Fettsucht, Magersucht |
| Zwilling-Merkur-Haus-3-Prinzip | Ausdrucksfähigkeit (Mimik, Gestik, Auftreten etc.) — Lernfähigkeit, Rhetorik, Fähigkeit zu verbalisieren und zu schreiben. Kommunikationsfähigkeit, fähig, bei einer Diskussion aktiv teilzunehmen, | Intellektueller (Kompensation), Technokrat (Kompensation), Analphabet (Hemmung), Lernbehinderter (Hemmung), Sprachgehemmter (Hemmung), in technischen Belangen unbeholfen (Hemmung); |

— Logik — praktische und technische Fähigkeiten, Ausbildung des Intellekts — fähig, Informationen aufzunehmen, zu verarbeiten u. weiterzugeben

Körper: Luftröhre
Bronchien
Lungen
Hände,
Arme, Beine

Somatisierung: Asthma bronchiale, Erkrankungen in Luftröhre, Bronchien, Lungen

**Krebs-Mond-Haus-4-Prinzip**

Empfindungsfähigkeit, fähig, die eigenen Gefühle aufkeimen zu lassen u. das eigene Wesen bzw. die eigene Identität zu entdecken. Fähig, seelische Liebe u. Zärtlichkeit zu schenken u. zu empfangen. Fähig, die Stimme des Lebens bzw. das ewige Gewissen zu hören. Fähig, Geborgenheit zu vermitteln und zu empfangen. Fähigkeit, seelische Verwandtschaft zu erkennen u. andere Menschen anzunehmen und zu akzeptieren

Körper: Magen
Brust
Prostata
Vagina

Gefühlsüberschwang (Komp.), Fühlen nach Norm (Komp.), seelische Kälte (Hemmung), Zärtlichkeitsdefizit (Hemmung), Depression (Hemmung); Somatisierung: Magenbeschwerden (Gastritis, Magengeschwüre etc.), Schleimhautaffektionen, Prostatabeschwerden beim Mann, Brust- u. Unterleibsbeschwerden bei der Frau

**Löwe-Sonne-Haus-5-Prinzip**

Fähigkeit zur Selbständigkeit, fähig, selbständig zu handeln, Fähigkeit, sich selbst zu managen, fähig, ein Unterneh-

Prahlen (Kompensation), Licht unter den Scheffel stellen (Hemmung), überdimensionierter Unternehmensdrang,

men aufzubauen, sexuelle Fähigkeiten, Orgasmusfähigkeit, schöpferische Fähigkeiten, pädagogische Fähigkeiten, fähig zur Selbstverwirklichung

Körper: Herz- und Kreislaufsystem

schwacher Unternehmungsgeist, Insensitivität;
Somatisierung: Herz- und Kreislaufbeschwerden, Nachlassen der Lebenskraft

| Jungfrau-Merkur-Haus-6-Prinzip | Fähigkeit, Gefühle zu zeigen, Adaptionsfähigkeit, Wahrnehmungs- u. Beobachtungsfähigkeit — Fähigkeit, zu analysieren und sich seelisch zu reinigen, ökonomische Fähigkeiten, Fähigkeiten, die eigene Natur zu hegen und zu pflegen u. weiterzuentwickeln, Arbeit, die dem eigenen Wesen gemäß ist | Anpassung an die Normen u. Ideale der Umwelt (Kompensation), Arbeit i. S. von Knechtschaft, Unterordnung, Sklaverei, Abhängigkeit, überdimensionierter Reinlichkeitsdrang, Kritiksucht; Somatisierung: Darmbeschwerden, Gehörleiden, Sehschwäche |
|---|---|---|

Körper: Darm
      Gehör
      Sehkraft

| Waage-Venus-Haus-7-Prinzip | Kontaktfähigkeit, Partnerfähigkeit, Kompromißfähigkeit, Friedensfähigkeit, Selektionsfähigkeit, Fähigkeit, einen Ausgleich in der Innenwelt u. in der Außenwelt zu schaffen — Fähigkeit, das richtige Maß zu finden — erotische Fähigkeiten — eigener Geschmack — eigener Schönheitstyp | Kontaktarmut (Hemmung), erotische Tabus (Hemmung), Kompromißlosigkeit (Hemmung), Modediktat (Kompensation); Somatisierung: Nieren- und Blasenleiden |
|---|---|---|

|  | Körper: Nieren- und Blasensystem |  |
| --- | --- | --- |
| Skorpion-Pluto-Haus-8-Prinzip | Beziehungsfähigkeit, Fähigkeit, zu planen u. Konzepte[8]) zu entwerfen. Fähig, eigene Meinung zu bilden. Fähigkeit, sich zu wandeln, fähig, einen eigenen Weg zu gehen. Fähigkeit, exakt und gründlich zu arbeiten (der Forscher)<br><br>Körper: Sexualsystem | Unterdrückung (Hemmung), Unterdrücker (Kompensation), Macht (Kompensation), Autorität (Komp.), autoritätsgläubig (Hemmung), Erwartungshaltung (Komp.), Erwartungsdruck ausgesetzt sein (Hemmung), Fanatismus, Eifersucht; Somatisierung: Sexualleiden, Spasmen[8]) |
| Schütze-Jupiter-Haus-9-Prinzip | Bildungsfähigkeit, Fähigkeit, sich geistig auszudrücken, geistige Offenheit u. Toleranz. Fähig, eine Partnerschaft aufzubauen, auszubauen u. weiterzuentwickeln, — eigene Weltanschauung im Rahmen der Lebensgesetze — fähig, seinen Sinn in der Welt zu finden<br><br>Körper: Leber<br>Hüften<br>Becken-<br>bereich | Mäzen (Komp.), Günstling (Hemmung),konventionell gebildet (Komp.), ungebildet (Hemmung); Somatisierung: Leberleiden, Hüftleiden |
| Steinbock-Saturn-Haus-10-Prinzip | Rechtsfähigkeit, Entdeckung der Gesetze des Lebens. Bewußtseinsfähigkeit — Fähigkeit, sich Ziele zu stecken, Konzentrationsfähigkeit — Fähigkeit, in der eigenen Seele eine »Regierung« zu bilden und | Streben nach Anerkennung (Komp.), Ehrgeiz (Komp.), Maßregeln (Komp.), Richten (Komp.), Strafen (Komp.), Schuldgefühle (Hemmung), Selbstbestrafung (Hemmung), |

|  |  |  |
|---|---|---|
|  | »Gesetzesinitiativen« einzubringen — Fähigkeit, eigene Maßstäbe zu entwerfen, Stabilität, Kontinuität | gehemmt sein (Hemmung); Somatisierung: Wirbelsäule und Knochenleiden |
|  | Körper: Knochengerüst Wirbelsäule Milz |  |
| Wassermann-Uranus-Haus-11-Prinzip | Fähigkeit zur Freiheit und Unabhängigkeit — Fähigkeit, sich zu befreien, Fähigkeit, sich zu emanzipieren, fähig, sich zu ändern, Brüderlichkeit | Provokation (Komp.), Übertritt (Komp.), Individualismus als Selbstzweck, Aufregungen, Unfälle; Somatisierung: Nervenleiden |
|  | Körper: Nervensystem |  |
| Fisch-Neptun-Haus-12-Prinzip | Ahnungsvermögen — seelische Antenne — Fähigkeit, die eigenen Rechte u. die eigene Verantwortung zu artikulieren, Fähigkeit, zu entlarven. Fähig, Überkommenes aufzulösen, Fähigkeit, aktiv sein Bewußtsein zu erweitern, kosmische Fähigkeiten | Flucht (Komp.), Sucht (Komp.), Lüge (Komp.), Schein (Hemmung), Helfersyndrom (Komp.), Hilflosigkeit (Hemmung), Auflösung der alten Normen u. Ideale durch das Schicksal (Hemmung); Somatisierung: Störungen der innersekr. Drüsen und der Hypophyse, Pilzerkrankungen, Fußleiden |
|  | Körper: Füße Hypophyse innersekr. Drüsen |  |

Die Ausbildung und das Praktizieren dieser realen Anlagen entspricht dem Prozeß der Selbstverwirklichung.

Wenn wir die Aufstellung mit dem täglichen Leben vergleichen, können wir jedoch beobachten, wie häufig reale Anlagen bei uns selbst wie auch bei den Mitmenschen von irrealen bzw. verzauberten Anlagen *überlagert* sind, wie das Irreale als

*Ersatz* für das Reale (= der Gegenwart und der Wirklichkeit entsprechend) fungiert.

| | |
|---|---|
| Aggression (♂) | überlagert die reale Durchsetzungs- fähigkeit |
| Luxus (♀) | den realen Eigenwert |
| Intellektualität (☿) | die reale Lernfähigkeit |
| Depression (☾) | die realen Gefühle |
| Prahlerei (☉) | das reale Selbstbewußtsein |
| Unterordnung (☿) | die Fähigkeit, Gefühle zu zeigen und real wahrzu- nehmen, |
| Modediktat (♀) | den eigenen Geschmack |
| Machtstreben ([Pl.]) | die Fähigkeit, einen eigenen Weg zu finden, und die Beziehungsfähigkeit |
| Konventionelle Bildung (♃) | die eigene Bildungsfähigkeit |
| das Ideal des Milieus (♄) | die eigene Zielrichtung |
| Nervosität (♅) | die eigene Freiheit und Unabhängigkeit |
| Sucht (♆) | die Fähigkeit, Verantwor- tung zu zeigen und aktiv sein Bewußtsein zu erwei- tern. |

Viele hatten in ihrem Elternhaus und in ihrer unmittelbaren Umwelt nur wenig Möglichkeiten, die Anlagen auf reale Art und Weise kennenzulernen und zu erlernen.

Sie konnten z. B. bei ihren Eltern nie die Fähigkeit, sich und anderen Freude zu bereiten, beobachten, geschweige denn, jene bei ihnen erlernen, sie konnten nicht lernen, wie eine reale Diskussion abläuft, weil im Elternhaus nur der Vater das Wort hatte, sie konnten auch keine reale Beziehungsfähigkeit ausbilden, wenn zuhause Über- und Unterordnung herrschte, etc.

Wie sollten sie einen realen ♆ kennenlernen, wenn ihre Eltern diesen Persönlichkeitsanteil nur als Sucht auslebten? Wie sollten sie fähig werden, eine eigene Meinung ([Pl.]) auszubilden, wenn zu Hause der [Pl.] nur als Macht und Unterdrückung in Erscheinung trat? Und wie soll der einzelne sich später eine eigene Meinung bilden können, wenn er ständig der Manipulation der Werbung und der Meinungsmache der Medien ausgesetzt ist?

Wie soll er ein offenes, reales Verhältnis zur Erotik (♀) bekommen, wenn seine Eltern dieses Lebensgebiet tabuisiert oder verdrängt haben?

So hat mancher auf vielen Lebensgebieten nur Bekanntschaft mit der pervertierten Form der Anlagen gemacht. Die reale Form ist ihm fremd geblieben. Er hat nur die zweite Natur kennengelernt und hält daher nur diese für wirklich. Dieser Glaube wird noch dadurch erhärtet, daß diese zweite Natur an allen Ecken und Enden *bestätigt* wird, während die erste Natur kaum von außen verstärkt wird. Deshalb wissen nur wenige, daß es noch eine *andere* Wirklichkeit gibt, daß man außer dem Anpassungs- bzw. Reaktionsmuster der Vergangenheit noch ein anderes Leben leben kann.

Es muß nicht sein, daß man dem Wiederholungszwang bzw. dem Schicksal vollkommen ausgeliefert ist. Durch das Wissen um die erste und zweite Natur erhält der Mensch plötzlich eine Wahlmöglichkeit und damit eine Chance, sein Schicksal mehr und mehr selber zu gestalten. Er wird gewahr, daß er bisher Anlagen und Energien, mit denen er soviel anfangen könnte, »verschenkt«, verschleudert oder falsch eingesetzt hat für Krankheit, für Destruktives, für Ineffizientes. Zu einigen Anlagen hatte er gar keinen Zugang. So hat jemand, der seinen ♄ nur in der Projektion erlebt, z. B. als ständige Maßregelung von seiten seines Partners, den ♄ nicht selbst zur Verfügung. Und wie wertvoll könnte eine solche Saturnanlage sein! Ein Saturn, den man konstruktiv einsetzen kann, ist günstiger als ein Jupiter, der nur in verzauberter Form, z. B. als Förderung (♃) von seiten eines Onkels, erlebt wird. Wie wichtig ist es, eigene Ziele (♄) anstreben zu können und nach eigenen Maßstäben (♄) leben zu dürfen! Wie sehr steigert sich damit das Wohlbefinden und die Lebensqualität! Oder: Viele Frauen projizieren z. B. ihre ☉ auf ihren Mann. Sie suchen sich im Mann zu verwirklichen (☉). Er soll ihre Anlage Selbständigkeit (☉) und Handlungsfähigkeit (☉) stellvertretend für sie ausleben. Die Erwartungshaltung, die damit verbunden ist, läßt den Mann jedoch nicht zu einer eigenen Selbstrealisation kommen und verhindert, daß sie selbst nach einer eigenen Verwirklichung suchen.

So beschneidet die Projektion sowohl die reale Ausbildung der Anlage beim Projizierenden als auch bei dem, der unter Erwartungsdruck steht. Keiner von beiden kann wirklich mit dieser Anlage leben.

Wenn die Anlagen nicht real ausgebildet werden, kann auch die Ereignisauslösung in einem Horoskop nicht das bringen, was der einzelne sich insgeheim erwartet: Liebe, Erfolg, Geborgenheit, Freiheit...

So hoffen viele ständig auf das große Glück und erfahren immer wieder große Enttäuschungen — etwa, wenn sie den ♂ nur als Entzündung erleben, den ☋ nur als Trennung vom Partner, den ♇ als Schulden, den ♃ nur als »Vier Richtige« im Lotto... (siehe auch Kapitel Ereignisauslösung).

Was hindert nun aber den Menschen, seine Anlagen auszubilden? Wenn er um diese Möglichkeit weiß, könnte er doch sofort zur Tat schreiten und Versäumtes nachholen! Doch der Mensch hält an dem fest, was sich »bewährt« hat. Und bewährt hat sich damals als Kind das Anpassungsmuster. Der einzelne hat sich damit immerhin eine Existenzberechtigung geschaffen und später in der Fortleitung hat er sich immerhin mit diesem Muster einen Platz in der Gesellschaft gesichert.

Wer weiß, ob sein Leben mit einem anderen Denken und einem anderen Verhalten nicht noch schlechter wird? Wer weiß, ob er dann überhaupt imstande ist, seine Familie zu ernähren?

Diese und andere Fragen lassen auf eine starke innerseelische Abwehr schließen. Um diese zu überwinden und zur wirklichen Natur vorstoßen zu können, sollten folgende Gesichtspunkte bedacht werden:

1. Man muß sich zuerst — wie wir bereits bei W. Reichs Beispiel von der Falle gesehen haben — eingestehen, daß man in einer Falle sitzt.
   Hierzu ist es notwendig, den Anspruch auf Vollkommenheit aufzugeben und sich selbst für sein Schicksal verant-

wortlich zu zeigen. Es heißt also, die Fiktion, man hätte alles im Griff, wäre partnerfähig, liebesfähig, glücksfähig, friedensfähig, fähig zur Freiheit usw., als solche zu entlarven. Im Patriarchat wird meist vorgegeben, man hätte das Ziel bereits erreicht. Daher ist man überzeugt, es sei nicht mehr notwendig, zu wachsen und sich weiterzuentwikkeln, weil man sich bereits als fertige Persönlichkeit betrachtet. So heiraten z. B. viele in dem Glauben, beziehungsfähig zu sein, ohne diese Beziehungsfähigkeit vorher erlernt zu haben. Anstatt diese Fähigkeiten auszubilden und einzuüben, also einen *Weg* zurückzulegen, beanspruchen sie, schon am *Ziel* angelangt zu sein.

2. Die zweite Natur darf nicht nur negativ gesehen werden. Durch den Gegenpol, den sie darstellt, ist die erste Natur erst bewußt geworden.

Sie wäre unbewußt geblieben, wenn Krankheit, Leid und Unglück nicht gewesen wären, wenn der Übertritt über die Lebensgesetze nicht erfolgt wäre, wenn man nicht von dem Baum der Erkenntnis gegessen hätte. Die jetzt bewußt gewordene Natur des Menschen ist anders als die ursprüngliche Natur.

3. Dies bedeutet keinen Rückschritt, führt zu keinem Ausgeliefertsein an die Naturgewalten. Anstelle der elterlichen Programmierung wird nicht ein Programm der Natur mechanisch abgespult, sondern der einzelne hat die Chance, als selbstverantwortliches Subjekt sein Schicksal bewußt im Rahmen der Lebensgesetze zu gestalten.

Auch heißt es, von Schuldprojektionen auf die Eltern und Umwelt Abstand zu nehmen. Denn sie konnten nicht anders handeln, weil sie wieder durch ihre Eltern, ihre Umwelt und ihre Zeitepoche so geprägt wurden.

Auch auf kollektiver Ebene kann von keiner Regression gesprochen werden. Das in der Entwicklungsphase des Patriarchats erworbene Wissen sowie die technischen und praktischen Fähigkeiten werden nun *für* die Allnatur und die menschliche Natur eingesetzt. Z. B. leben dann die Menschen weder in Höhlen (ursprüngliche Natur) noch in inhumanen, sterilen Hochhäusern (zweite Natur), sondern in Häusern und Wohnungen, die sowohl technisch ausgereift sind als auch gesundheitliche und ästhetische Gesichtspunkte berücksichtigen. (bewußtgemachte erste Natur bzw. *dritte Natur* als Synthese zwischen erster und zweiter Natur)

Ähnlich diesem Beispiel kristallisiert sich auf allen Gebieten des Lebens — Landwirtschaft, Medizin, Ernährung, Kleidung, Partnerschaft, Pädagogik, Rechtswissenschaften etc. — eine neue Kultur heraus.

Während im Zeitalter des Patriarchats die männlichen Persönlichkeitsanteile bzw. die Materie, das Außen, das Sichtbare (I. Quadrant) mehr Gewicht hatten, werden in der neuen Ökologischen Kultur auch die weiblichen Persönlichkeitsanteile verwirklicht. Dies bedeutet vor allen Dingen, daß dadurch alle Gebiete des Lebens »beseelt« werden. Die Natur wird Partner und nicht mehr Ausbeutungsobjekt. (Seele, Natur = II. Quadrant)

Diese Synthese zwischen dem Männlichen und Weiblichen wird besonders auf dem medizinischen Sektor deutlich, wo immer mehr psycho-(II. Quadrant)somatische (I. Quadrant) Gesichtspunkte beachtet werden und immer mehr natürliche (II. Quadrant) Arzneimittel eingesetzt werden. Die Medizin ist dadurch aus ihrer seelenlosen und naturfeindlichen Entwicklungsphase entwachsen, ohne in ein unbewußtes und unwissendes »Kurpfuschertum« zu regredieren. Wie beim Wohnungsbau die Gesetze der Statik usw. beachtet werden, so wird in der Medizin das Wissen um Anatomie, Physiologie, Pathologie, Immunologie etc. eingesetzt. Da Außenwelt und Innenwelt in steter Wechselbeziehung zueinanderstehen, wirkt die dritte Natur bzw. die neue Kultur außen verstärkend auf die innere dritte Natur der Menschen. Und die dritte Natur innen verstärkt die dritte Natur außen; denn jeder versucht, seine innere Welt nach außen zu tragen.

Konnte der einzelne bisher seine Anlagen nur im Rahmen der patriarchalischen Kultur einsetzen, so können sich jetzt die Energien innerhalb der Lebensgesetze freier entfalten. Die menschliche Natur integriert sich auf einer neuen, bewußteren Ebene wieder in die Allnatur.

Auf diese Art und Weise wird bald eine humanere Welt entstehen.

4. Man muß Initiative aufbringen und die Fähigkeiten in Theorie und Praxis einüben, dabei aber stets darauf achten, daß man nicht wieder in die verzauberte Form zurückfällt. Aufgabe der Erwachsenenbildung ist es deshalb u. a., hierfür Angebote zu unterbreiten.

Verdrängungen, Projektionen, Verschiebungen, Regressionen, Somatisierungen, kurzum alle Verzauberungen ( = Anpassungsmechanismen) einer Anlage können nur durch Wachstum, also durch Ausbildung der Fähigkeiten aufgelöst werden.

Jede Hemmung oder Angst, die Anlage auszubilden, einen neuen Entwicklungsabschnitt zu gehen, drängt zur Projektion, zur Somatisierung... Weil Gabi K. eine innere Blockade verspürt, ihre Stieranlage (Absicherung der eigenen Person, Besitz und Finanzen) auszubilden, hofft sie auf einen Mann mit Geld (♀ ☿). Weil Peter R. Angst hat, sich durchzusetzen (♂), leidet er seit Jahren an chronischen Entzündungen (♂).

Jede Verzauberung ist also zugleich eine Ersatzlösung, oft auch ein Übergang, bis der Betreffende imstande ist, die Anlage wirklichkeitsadäquater zu leben.

Die Ausbildung einer Fähigkeit bedeutet, die Anlage (Planet) mit Leben (Inhalt) zu füllen, ihr Lebenskraft einzuflößen, ihre Eigenart bzw. ihre Natur zu pflegen, zu unterstützen und zu fördern, bedeutet, sie nach ihrer inneren Gesetzmäßigkeit wachsen zu lassen, bedeutet, sie zu einem lebendigen Bestandteil des inneren ökologischen Systems werden zu lassen!

# Ereignisauslösung

Da die Planeten eines Horoskops lebendige Persönlichkeitsanteile symbolisieren, ist eine psychische Struktur niemals statisch, sondern stets in Entwicklung. Ein und dasselbe Horoskop muß deshalb entsprechend den Entwicklungsphasen des Individuums immer wieder neu gedeutet werden (Entwicklungsspezifität der Deutung). So lebt z. B. ein Zwölfjähriger den Persönlichkeitsanteil, der von ☿ im 10. Haus repräsentiert wird, auf einer anderen Ebene aus, als ein Mann, der in der Mitte des Lebens steht. Noch deutlicher wird dies erkennbar bei in der Kindheit erlebten innerseelischen Konflikten, die sich immer wieder auf neuer Symbolebene wiederholen.

Hatte z. B. die Geburt eines Bruders für einen zehnjährigen Jungen, der bisher Einzelkind war, erhebliche Probleme mit sich gebracht, kann sich die entsprechende Problematik, wenn die innerseelischen Konflikte nicht verarbeitet wurden, auch im Erwachsenenalter auf verschiedenen Symbolebenen zeigen. So kann sich bei dieser Konstellation seine Freundin oder Ehefrau plötzlich von ihm abwenden und sich in einen anderen Mann verlieben oder sie bringt ein Kind zur Welt. Meist ist dies dann ein Sohn, damit die Konkurrenzsituation der Vergangenheit wieder gewährleistet ist. Damit wird in den genannten Fällen das Trauma der Vergangenheit, nämlich die Position des Einzelkindes aufgeben zu müssen und Liebesentzug zu erleiden, wiedererlebt.

Bei solchen Auslösungen ist für die Intensität dieses Traumas entscheidend, inwieweit der Horoskopeigner die entsprechende Problematik seelisch verarbeitet hat.

Durch ein Analogiemodell aus der Elektrotechnik läßt sich dies treffend veranschaulichen: Ein Draht, dessen innerer Widerstand gering ist, läßt eine größere Energie frei fließen als einer, der einen starken Widerstand aufweist. Ähnlich verhält es sich mit dem Schicksal: Je größer der innere Widerstand, desto härter ist die Lektion, die das Schicksal erteilt. Ein und dasselbe Ereignis kann deshalb bei dem einen Menschen große seelische Wunden schlagen, während es für einen anderen kaum schmerzhafte Aspekte enthält. Je mehr Blockaden ein Mensch aufweist, also je mehr Widerstand er leistet, desto weniger können dessen lebendige Persönlichkeitsanteile in realer Form zum Durchbruch kommen, desto weniger planetenspezifische Lebensenergie kann freiwerden.

Unter einer planetenspezifischen Lebensenergie versteht man die der Eigenart des Planeten entsprechende Energie. Z. B. ist der Planet Mars u. a. Symbol für die körperliche Energie, der Planet Venus dagegen symbolisiert die dem Menschen innewohnende Liebesenergie. Jede Lebensenergie hat dem durch sie repräsentierten Lebensbereich entsprechend eine andere Intention. So strebt die durch die Stier-Venus symbolisierte Energie nach Absicherung, die Jupiterenergie nach Sinnfindung, die Neptunenergie nach Bewußtseinserweiterung. Damit gewährleisten diese verschiedenen Lebensenergieformen sowohl das Überleben auf dieser Welt als auch die Evolution. Integration in die Gesetze des Lebens würde deshalb bedeuten, daß die lebendigen Persönlichkeitsanteile weiterwachsen und sich weiterentwickeln können. Wird jedoch eine Lebensenergie, z. B. die Liebesenergie, blockiert, so kann diese Energie weder nach außen treten noch von außen nach innen strömen.

Dies hat dann zur Folge, daß man keine Partner kennenlernt, mit denen ein Austausch an Liebesenergie möglich ist. Man kann weder Liebe schenken noch empfangen. Liebe dringt nicht nach außen, wird nicht ausgestrahlt und Liebe kann nicht eindringen, weil dafür keine Empfänglichkeit besteht. Der freie Fluß ist gestört.

Zugleich ist durch die Blockade diese natürliche Energie pervertiert*) worden und kann daher dann nur noch pervertiert in Erscheinung treten. Daher gilt der Grundsatz: Je pervertierter die Energie, desto pervertierter das Ereignis in der Außenwelt, in dem diese Energie ihre Entsprechung findet. Bei der Betrachtung eines Horoskops zeigt sich nun, daß jeder Planet in einem bestimmten Zeitplan integriert ist. Entspre-

---

*) »pervertiert« ist eine Anlage, wenn die planetenspezifische Energie ins Unbewußte verdrängt worden ist und so nicht mehr in realer, ursprünglicher Form zum Ausdruck kommen kann.

chend dem individuellen Entwicklungsablauf drängt die jeweilige von einem Planeten symbolisierte Lebensenergie zur Verwirklichung; ist daher die Zeit für einen bestimmten Persönlichkeitsanteil »reif«, so muß dieser in Erscheinung treten, muß der Planet »eingelöst« werden. Z. B. kann es dann an der Zeit sein, selbständig zu werden, wenn sich die Sonne im Horoskop auslösen will, oder Befreiungstendenzen in einer Partnerschaft werden offenbar, wenn der ♅ in Haus 8 seinen Tribut fordert, was eventuell zu einer Scheidung führen könnte.

Wenn nun der Horoskopeigner nicht gewagt hat, seine ♅-Eigenart von Anfang an zu leben — sie ist in diesem Stadium meist nicht voll bewußt gewesen —, paßt er sich mit dieser Anlage der Norm an, die darauf hindrängt, die Individualität gänzlich zugunsten der Gemeinsamkeit zu opfern. So hat er sich zu Beginn seiner Partnerschaft nicht zugetraut, seinen Wunsch nach Unabhängigkeit in einzelnen Bereichen, z. B. nach Gütertrennung, nach teilweise unterschiedlicher Freizeitgestaltung, auszusprechen oder gar zu realisieren, meist aus Angst, sonst die Liebe des Partners und die Zustimmung der Umwelt zu verlieren. Oft werden dann Gemeinsamkeiten mit dem Partner überbetont, während Gedanken und Gefühle der Unabhängigkeit konsequent verdrängt werden.

Kommt nun der Horoskopeigner in seinem individuellen Entwicklungsablauf zur ♅-Auslösung in seinem Horoskop, läßt sich das bisher latente Unabhängigkeitsstreben nicht weiter unterdrücken. Im Gegenteil, die ♅-Anlage will sich realisieren, sprengt alle Widerstände und Maßstäbe und versucht mit allen Mitteln zum Durchbruch zu kommen, in besonders krassen Fällen sogar mit Brachialgewalt — in Form von Unfall, Krankheit oder gar Tod. Denn: Je stärker der Widerstand gegen diese Anlage ist, desto härtere Mittel muß das Schicksal anwenden, um dieser Anlage doch noch eine Chance zu geben. Die »verzauberte«, »unerlöste« Anlage drängt nach Verwirklichung.

Bei der Auslösung des ♅ im 8. Haus wird dem Horoskopeigner bewußt, daß er frei sein will, d. h. unabhängig vom Partner, daß er eigene Wege gehen will, daß er ein eigenes Individuum ist, daß er einen Eigenraum materiell, seelisch und geistig braucht, daß er finanziell unabhängig sein will ... Die

Auslösung eines Planeten bedeutet immer, daß man einem Teil seiner selbst, einem lebendigen Persönlichkeitsanteil der eigenen Person, begegnet. Mit dieser Begegnung sind bestimmte Ereignisse verknüpft. So lernt man einen Teil seiner selbst über Ereignisse kennen oder anders ausgedrückt: Man erlebt sich selbst, erlebt seine eigene psychische Struktur über Ereignisse, die dieser entsprechen (Heraklit: Charakter = Schicksal). Nur indem man es erlebt, erfährt man, wer man ist.

Solange die ♏-Haus-8-Anlage verdrängt wird, glaubt der Horoskopeigner nicht der Stimme seiner Natur. Er muß erleiden, erleben, erfahren. Dabei ist die Norm — wie durch dieses Beispiel deutlich wird — nicht nur negativ zu werten. Die Norm hat ihm gezeigt, wer er *nicht* ist. Durch die Norm ist ihm seine ♏-Eigenart bewußt geworden. Jetzt kann er seine ♏-Energie frei fließen lassen, jetzt kann er ihr Ausdruck verleihen, kann den Freiheitsspielraum genießen, jetzt hat er auch Verständnis für die anderen, die diese Anlage ausleben.

Das Horoskop zeigt jedoch nicht, ob der Betreffende seine ♏-Anlage in pervertierter oder realer Form erlebt, sondern es verdeutlicht nur, daß diese ♏-Anlage zu einem bestimmten Zeitpunkt eingelöst werden muß. Ob damit ein Unfall, eine Krankheit, eine Ehescheidung oder eine Trennung vom Partner verbunden ist, ob der Horoskopeigner sich mit dem bisherigen Partner neu arrangiert und eine freie unabhängige Beziehung zu praktizieren versucht oder ob er den ♏ auf der geistigen Ebene in Form eines Wechsels seiner Leitbilder und Ideologien erlebt, hängt vom Verdrängungspotential, von der Entwicklungsstufe und der Eigenart des Betreffenden ab. Nur im persönlichen Gespräch kann versucht werden, die jeweilige Ebene zu bestimmen.

Entscheidend in der psychologischen Astrologie ist es deshalb nicht, zu deuten, welche Auslösung zukünftig zu erwarten ist, sondern Möglichkeiten zur Identitätsfindung und zum persönlichen Wachstum zu eröffnen. Wenn der Klient selbst verspürt, daß das Schicksal ihm wohlgesonnen ist, wenn er sich Fähigkeiten aneignet, wenn er seine Anlagen ausbildet, verliert er die Angst vor den sogenannten »Bösewichten« in der Astrologie Mars, Pluto, Saturn, Uranus und

Neptun. Die Auslösung eines Planeten kann nur das erwirken, was an Potenz und Frequenz vorhanden ist, was der jeweilige Persönlichkeitsanteil beinhaltet, was real, irreal oder gar nicht erlernt oder ausgebildet wurde.

Steht eine [Pl.]-Auslösung an, kann eine Affinität mit der destruktiven Seite dieses Symbols in der Außenwelt bestehen. Hat man in der frühen Kindheit den [Pl.] als Unterdrükkung erfahren und ist der Betreffende seither in der Kindrolle verblieben, dann wird er diesem Persönlichkeitsanteil, der sich nicht weiterentwickeln und nicht wachsen konnte, begegnen. Bei der [Pl.]-Auslösung wird er also mit ziemlicher Sicherheit wieder unterdrückt, z. B. von seinem Vorgesetzten oder Partner, oft ist er auch einem Erwartungsdruck ([Pl.]) ausgesetzt. Er wird wieder mit dem Phänomen der Macht (früher: Macht der Eltern) konfrontiert und erfährt erneut seine Ohnmacht. Hat der Horoskopeigner jedoch die Elternrolle übernommen, wird er, wenn der [Pl.] ins Bewußtsein rücken will, u. U. eine Macht- oder Chefposition übernehmen. Manchmal kommt bei dieser Konstellation auch ein Kind zur Welt oder man legt sich einen Hund zu. In beiden Fällen kann eine unbewußte Motivation vorliegen, dadurch Befehle ([Pl.]) erteilen zu können und so eine Entlastung des innerseelischen Staus zu erreichen. So kann der [Pl.] endlich ausagiert werden. Hat der Betreffende jedoch seinen lebendigen Persönlichkeitsanteil [Pl.] real ausgebildet, ist kein Rollenspiel mehr notwendig, dann können in dieser Phase Gedanken und Pläne ausgearbeitet und verwirklicht werden oder eine Beziehung kann gefestigt werden.

Das positive Erleben einer Auslösung von sogenannten »negativen« Planeten läßt sich auch an anderen Beispielen verdeutlichen: Wer gelernt hat, sich durchzusetzen und zu behaupten, seine körperlichen Triebe auszuleben, aktiv zu werden, Initiative zu ergreifen, ein (kalkuliertes) Risiko einzugehen, Mut zu beweisen und wenn nötig Pionierarbeit zu leisten (♂), wird kaum bei seiner ♂-Auslösung unter Fieber, Entzündungen, Kopfschmerzen und Gallebeschwerden zu leiden haben oder von anderen angegriffen werden.

Wer eine eigene Vorstellung[8]), ein eigenes Konzept[8]), eine eigene Meinung, einen eigenen geistigen Besitz ausgebildet hat und Beziehungsfähigkeit und Wandlungsfähigkeit ([Pl.]) erworben hat, verhindert, daß er unterdrückt und manipuliert oder Opfer einer fremden Macht, Doktrin oder Ideologie[8]) wird, daß sich Spasmen[8]) und Sexualleiden einstellen.

Wer seine eigenen Rechte und Ziele entdeckt hat, eigene Maßstäbe für sich entwickelt hat, verantwortungsfähig und konzentrationsfähig (♄) geworden ist, ist nicht mehr Schuldgefühlen, Hemmung, Maßregelung und Strafe ausgesetzt. Ferner kann er auf der körperlichen Ebene Knochenleiden, Knochenbrüche und Wirbelsäulenschäden vermeiden.

Wer die Fähigkeit erwirbt, überkommene Rollen, veraltete Normen und Ideale als solche zu erkennen, sich davon zu emanzipieren, offen zu sein für positive progressive Bestrebungen, sich von der Vergangenheit zu befreien, seine Freiheit und Unabhängigkeit (⛢) zu vertreten, schützt sich weitgehend vor Aufregungen, Unfällen und Nervenleiden.

Wer seine eigenen Rechte und seine Verantwortung zeigt, offen für Alternativen ist, versucht, Hintergründe aufzuspüren, sein Bewußtsein zu erweitern, fähig ist, in Frage zu stellen, zu zweifeln und Überkommenes aufzulösen (♆), wappnet sich gegen Sucht, Angst, Unsicherheit, Hilflosigkeit, Lüge, Schein, Vergiftungserscheinungen sowie gegen Pilzerkrankungen.

Nachdrücklich muß jedoch darauf hingewiesen werden, daß man, um positive Feedbacks auszulösen, beim Ausleben von Anlagen und Persönlichkeitsanteilen auch die Position des Partners, der Mitmenschen berücksichtigen muß, um nicht in die Rolle des Kompensators zu verfallen. Es *genügt nicht*, den eigenen ♂ auszubilden, es muß dem anderen auch das Recht zugestanden werden, sich seinerseits einzubringen und zu behaupten. Dies gilt ebenso für die Ausbildung aller anderen Anlagen.

Ein Mensch, der eine Anlage real ausgebildet hat, schafft in sich eine Abwehrkraft, eine Resistenz auch bei Begegnungen mit unangenehmen Ausdrucksformen eines Planeten in der

Außenwelt. Es kann nur der in den negativen Sog eines Planeten gezogen werden, der dem entsprechenden Persönlichkeitsanteil in sich wenig Entfaltungsmöglichkeit gibt, der wenig Gegenkraft aufzuweisen hat. Je schwächer ein Persönlichkeitsanteil ausgebildet ist, desto größer ist die Gefahr, daß man unbewußt ein negatives Ereignis aufsucht. Das »negative« Ereignis scheint wie ein Magnet zu wirken, man kann dieser Anziehungskraft nichts entgegensetzen. Hierzu ein Beispiel: Es kann nur der Opfer einer destruktiven Ideologie werden, der selbst keine eigene Meinung ausgebildet und keinen eigenen Weg abgesteckt hat. Ein anderer, dessen geistiger Organismus durch die Ausbildung der Plutoanlage intakt ist, identifiziert — ähnlich der Leukozyten im körperlichen Organismus — die »geistigen Krankheitserreger« und kann sie mittels der eigenen Lebenskraft des Pluto abwehren. Er ist resistent dagegen. Zur weiteren Verdeutlichung mag folgende skizzenhafte Darstellung dienen:

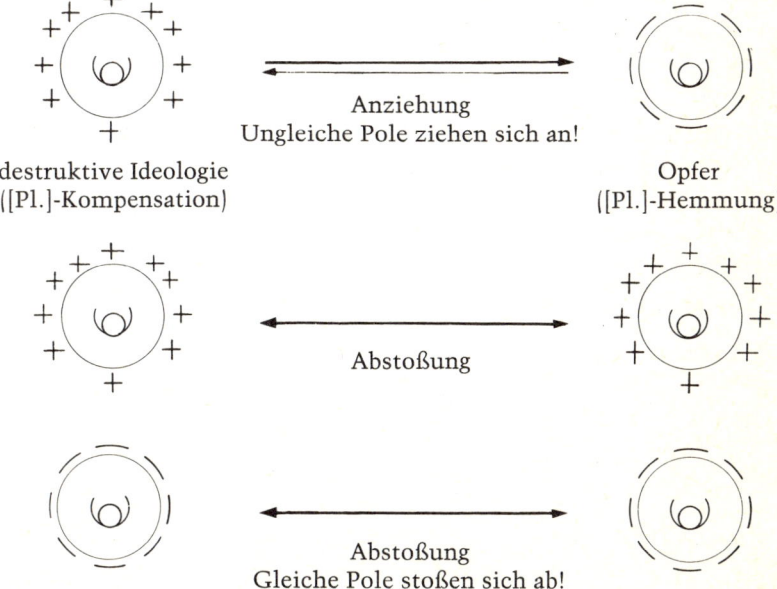

destruktive Ideologie
([Pl.]-Kompensation)

Anziehung
Ungleiche Pole ziehen sich an!

Opfer
([Pl.]-Hemmung)

Abstoßung

Abstoßung
Gleiche Pole stoßen sich ab!

Abstoßung tritt dann ein, wenn zwei Personen, die jeweils voneinander unabhängig sind, mit gleich starker Plusladung aufeinandertreffen, sie werden einander höflich begegnen und die Situation schnell zu meistern versuchen. Konfrontationen dieser Art werden jedoch bewußt oder unbewußt meist vermieden bzw. finden nur unter bestimmten Voraussetzungen, z. B. bei gleichen oder ähnlich gelagerten Interessen, statt.

In unserer hierarchisch strukturierten Gesellschaft ist die jeweilige Plus- oder Minus-Ladung jedoch situativ verschieden. Ein Vorarbeiter weist eine starke [Pl.]-Plus-Ladung gegenüber seinen Arbeitern auf, ist aber in einer [Pl.]-Minus-Situation gegenüber dem Abteilungsleiter.

Haben zwei Menschen einen defizitären Pluto, so stoßen sie sich bezüglich dieser Anlage ab. Begegnet ihnen der eigene Mangel im anderen, erleben sie diesen Persönlichkeitsanteil des anderen oft als »unsympathisch« oder als »Schwäche«. So kann es sein, daß man verschiedene Persönlichkeitsanteile beim Partner »anziehend« findet, andere aber sind mit dem eigenen Persönlichkeitssystem unvereinbar. Eine Frau kann z. B. die ♀-, die ☉- und die ♃-Anlagen ihres Partners »lieben«, aber die Art und Weise, wie er seine ♂- und seine ♆-Anlage auslebt, abstoßend finden.

Das Leben strebt nach Ausgleich bzw. nach Harmonie. Deshalb sucht jeder Persönlichkeitsanteil in uns die Menschen und Situationen auf, die dazu angetan sind, diesen Ausgleich zu liefern! Sowohl der Gehemmte ( = Minus) als auch der Kompensator ( = Plus) sind unausgeglichen und versuchen deshalb ständig, die Harmonie wiederzuerlangen.

So baut sich der Helfer (♆-Kompensator) am Hilflosen (defizitärer ♆) auf, der Unterdrücker ([Pl.] + ) stabilisiert sich am Opfer ([Pl.]—), der Lehrer (♄ + ) am Schüler (♄—).

Umgekehrt gelangt die durchsetzungsschwache Frau über einen starken Mann zum Ausgleich, der Rechtlose über den Richter und Strafenden, der Kindrollenspieler über den Elternrollenspieler... Hierbei ist wichtig, sich vor Augen zu führen, daß ein solcher Ausgleich sehr schmerzhaft sein kann. Der Unterdrückte leidet unter dem Unterdrücker, der Durchsetzungsschwache unter dem Aggressor, der Bescheidene unter dem Prahler. Er leidet, und dennoch sucht er, wie magisch angezogen, immer wieder solche Begegnungen auf.

Erst über den Weg der Bewußtwerdung sind Änderungen möglich.

Das Gesetz des Ausgleichs (Karma) ist jedoch nicht nur ein Grundkonzept im zwischenmenschlichen Bereich, es hat ebenso bei Ereignisauslösungen in der Außenwelt Geltung.

So ist auch das »Aufsuchen« eines Unfalls paradoxerweise nichts anders als eine Suche nach Ausgleich und Harmonie. Es werden all jene in den Sog eines Unfalls gezogen, die unausgeglichen sind. Die Art ihrer Unausgeglichenheit hat eine Affinität (dieselbe Frequenz) mit der Art des Unfalls, der dazu angetan ist, das Gleichgewicht wiederherzustellen.

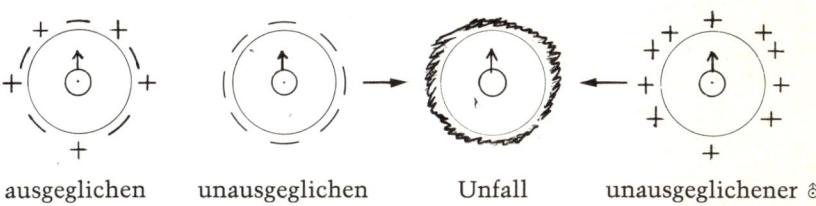

| ausgeglichen | unausgeglichen | Unfall | unausgeglichener ☉ |

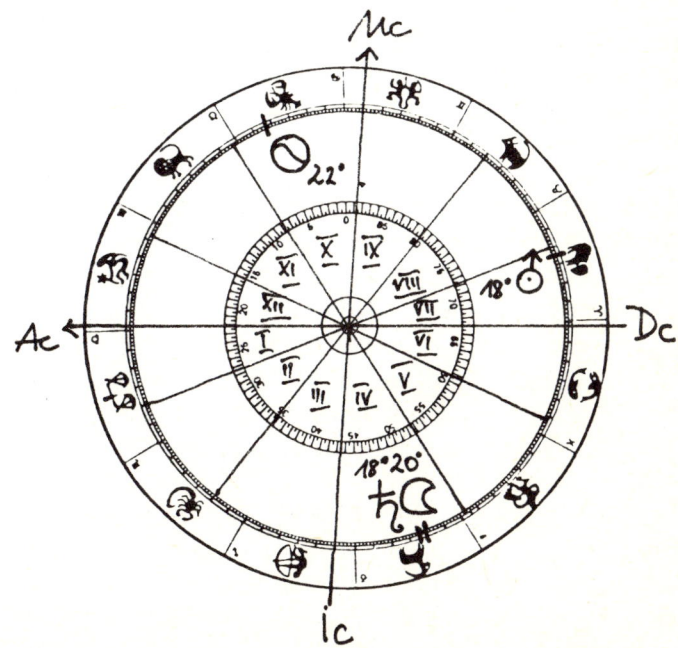

Fallbeispiel:

Lars A. war seit Jahren unglücklich in seiner Ehe, wagte aber nicht, sich scheiden zu lassen, weil er a) glaubte, sich das als Landarzt mit eigener Praxis aus materiellen und gesellschaftlichen Gründen nicht erlauben zu können, und b) Angst vor dem Alleinsein hatte, da er sich nie mit Haushaltsangelegenheiten befaßt hatte.

Im obenstehenden Horoskop wird diese Problematik symbolisch ausgedrückt:
Der ♅ in H 7 steht im □ zu [Pl.] in Haus 10. Die Befreiung (♅) in bezug auf Partnerschaft (H 7) ist unvereinbar (□) mit der beruflichen Machtposition ([Pl.] in H 10), oder anders ausgedrückt: Aufgrund von beruflichen Zwängen ([Pl.] in 10) wird die ♅-Anlage im 7. Haus unterdrückt. Ferner empfängt der ♅ ein □ von ☽ und ♄ in Haus 4.
Lars A. hat eine Hemmung (♄), seinen weiblichen Teil (☽) auszubilden.

Peter S., Sohn vermögender Eltern, schätzte besonders schnelle Sportwagen. Durch seine risikoreiche Fahrweise konnte er zwanghaft ([Pl.]) seinen ♅ ausagieren, ohne jemals einen Unfall zu verursachen — bis zu dem Tag, an dem er gegen Morgengrauen von einer Party bei Freunden nach Hause fuhr. Trotz dichten Nebels ging Peter S. nicht mit der Geschwindigkeit herunter, als plötzlich schemenhaft ein anderer Wagen vor ihm auftauchte, auf den er trotz Bremsens aufprallte. Erst im Krankenhaus erwachte Peter S. von seiner Ohnmacht. Dort erfuhr er, daß er mit dem Wagen von Lars A. kollidiert war, der sich gerade auf der Fahrt zu einem herzkranken Patienten befunden hatte. Lars A. war schwer verletzt und lag im gleichen Krankenhaus. Bei der Analyse wird deutlich, daß beide, sowohl Lars A. als auch Peter S., die innerseelische Bereitschaft für den Unfall aufwiesen.
Lars A. ist der typische Fall für einen ♅-Gehemmten (♅—), während Peter S. als ♅-Kompensator (♅+) seinen ♅ symbolisch über Geschwindigkeit auszuagieren pflegte.
Beide zogen sich magisch an und trafen sich an der Stelle, an der sich der Unfall ereignete. Dies ist vergleichbar mit

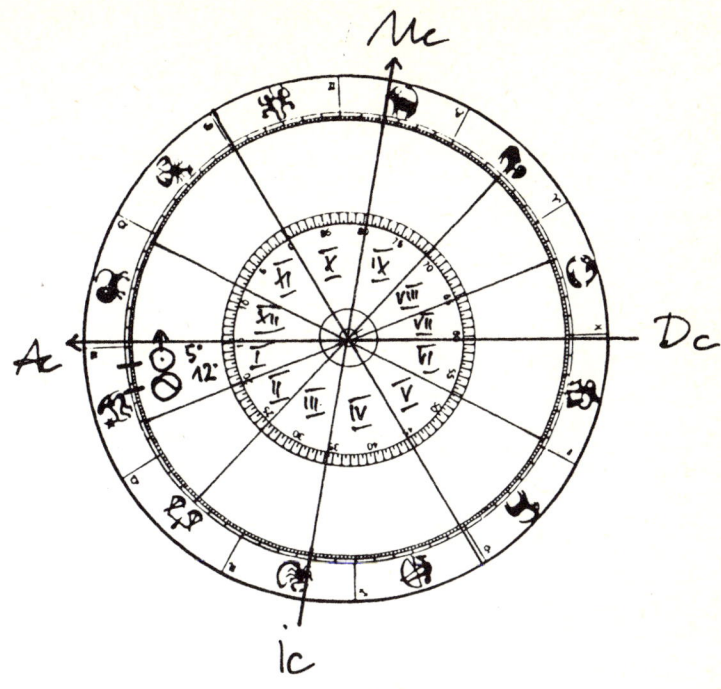

zwei Magneten, zwischen denen sich eine Spannung aufbaut. Je näher sich die Pole kommen, desto mehr steigert sich die Anziehungskraft. Am stärksten jedoch ist diese kurz vor dem Zusammenprall der beiden. Da viele Menschen den ⚷ in der Hemmung oder in der Kompensation erleben, bedarf es jedoch noch zusätzlicher Kriterien, damit ein solch unliebsames Ereignis eintritt. So müssen z. B. beide dieselbe Frequenz mit ihrem ⚷ aufweisen, d. h. das ⚷-Minus-Potential von Lars A. muß dem ⚷-Plus-Potential von Peter S. entsprechen. Nur dann sind sie auf derselben Wellenlänge oder Ebene und finden zueinander.

Astropsychologisch erklärt, verdrängt Lars A. genausoviel ⚷-Energie wie Peter S. ausagiert. Lars A. begegnete im Unfall seiner eigenen ⚷-Energie in pervertierter Form. Es ist also nicht der Unfall als solcher, der beide anzog und in dessen Sog sie gerieten, sondern sie selbst zogen sich an — und wollten über das destruktive Ereignis ihre ⚷-Harmonie wiederfinden. Wenn wir die Konsequenzen des Unfalls betrachten, können wir erkennen, daß es sich ähnlich einer Krankheit im Organismus um einen Versuch des Unbewußten handelt, wieder gesund zu werden bzw. ins Gleichgewicht zu kommen, daß es sich um ein Arrangement der Seele handelt, wieder zur Harmonie zurückzufinden.

Lars A. mußte sich mehreren Operationen unterziehen, und es dauerte über ein Jahr, bis er soweit war, seinen Beruf wieder auszuüben. In der Zwischenzeit hatte seine Frau einen anderen Mann kennengelernt und reichte die Scheidung ein.

Peter S., dessen Verletzungen leichter waren, wurde bereits nach sechs Wochen aus dem Krankenhaus entlassen. Von nun an fuhr er wesentlich vorsichtiger. Er war durch den gehemmten ♂ von Lars A., in seinem überdimensionierten ♂ auf ein reales Maß zurückbeschnitten worden.

Statt des ♂ lassen sich selbstverständlich auch andere Symbole, die andere Konfliktsituationen hervorrufen, einsetzen! So kann z. B. nur der Opfer eines Streits werden, dessen innerseelischer Strukturanteil Mars unausgeglichen ist.

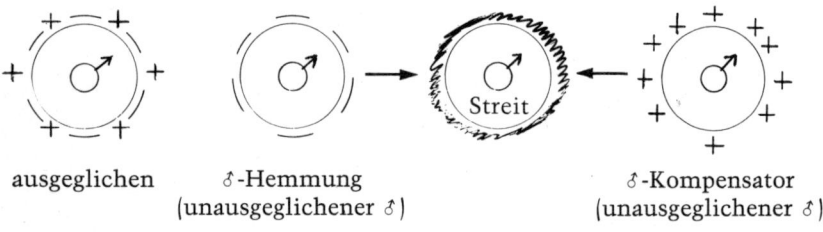

| ausgeglichen | ♂-Hemmung (unausgeglichener ♂) | ♂-Kompensator (unausgeglichener ♂) |

Der in Harmonie Lebende wird von dem negativen Ereignis nicht mehr angezogen, weil er ja in sich bereits ausgeglichen ist und deshalb nicht mehr unbewußt nach Ausgleich suchen muß. Das Karma muß nicht mehr Ausgleich *schaffen*.

Zu Beginn dieses Abschnitts wurde erläutert, daß ein starker Widerstand (Stromanalogiemodell) die Lebenskraft einer Anlage schwächt und ihre Entfaltung blockiert. Die Anlage ist dadurch anfällig für negative Störungen desselben Energiepotentials in der Außenwelt und erfährt so eine negative Verstärkung. Das Prinzip der Verstärkung bezieht sich jedoch nicht nur auf negative Erscheinungsformen. Wenn ein Persönlichkeitsanteil real ausgebildet ist, besteht nicht nur eine

Resistenz gegenüber negativen Erscheinungsformen eines Planeten, sondern es werden auch angenehme Ereignisse erwirkt und magisch angezogen. Wie in der Homöopathie Ähnliches mit Ähnlichem geheilt wird, so egalisiert die reale Ausbildung desselben Prinzips den negativen Pol des Planeten, an dem der einzelne körperlich, seelisch oder geistig leidet.

Durch das Erlernen der einem Lebensprinzip entsprechenden Fähigkeiten wird die betreffende Lebensenergie, ähnlich der Potenzierung eines Minerals oder einer Pflanze in der Homöopathie, auf eine »höhere Schwingungsebene« gebracht. Auf dieser Frequenz wird etwas anderes ausgestrahlt (Sender) und etwas anderes empfangen (Empfänger). Im Zusammenhang mit positiver und negativer Verstärkung liegt auch des Rätsels Lösung, warum viele Menschen selbst bei positiver Planetenkonstellation (z. B. bei ♃-Transiten oder bei außergewöhnlichen Trigonalaspekten zu einem Radixplaneten) nur wenig Angenehmes erleben. Wenn zu einer starken Minussituation ein klein wenig Plus hinzukommt, so kann sich dieses Plus nur minimal auswirken, etwa, wenn ein Sozialhilfeempfänger monatlich DM 10,— mehr erhält.

Tritt hingegen zu einer Plussituation (Fähigkeit = ausgebildet) noch eine günstige Planetenkonstellation, also ein neuerliches Plus, so kann durch diese Verstärkung ein größeres Ausmaß von Erfüllung erlebt werden.

Hält jemand, der seine rhetorischen Fähigkeiten gut ausgebildet hat und aufgrund dessen Erfolg gewöhnt ist, einen Vortrag unter einer sehr günstigen Konstellation, so wird dieser Erfolg potenziert.

Ein anderer mit einem defizitären Merkur (Kommunikationsfähigkeit) ist an diesem Tage bei der gleichen Konstellation froh, daß er bei einer Diskussion sich wenigstens einmal einbringen konnte, ohne angegriffen zu werden.

# Partnerschaft

In diesem Abschnitt werden zu Beginn grundsätzliche Problematiken von Partnerschaften anhand von Fallbeispielen mit den entsprechenden Planetenkonstellationen dargestellt.

Im weiteren erfolgt eine eingehende Besprechung der jeweiligen Symptomatik und eine Erläuterung von Lösungsmöglichkeiten.

## Aufsuchen von Schwierigkeiten, die der innerseelischen Konstellation entsprechen

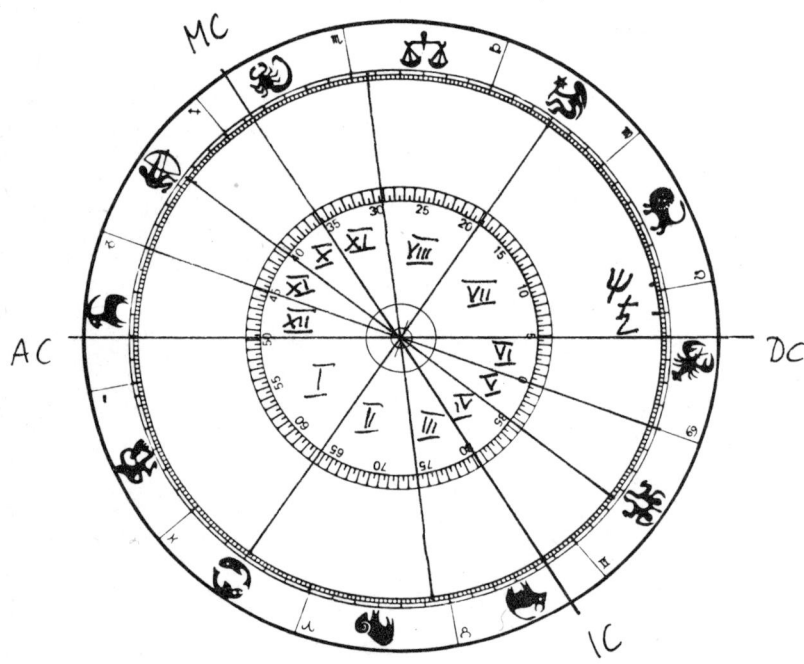

Die im obenstehenden Horoskop in Haus VII aufgezeichnete Saturn-Neptun-Konjunktion symbolisiert bei Frau S. zunächst ein verunsichertes (Ψ) Ideal (♄) in der Partnerschaft (H 7), eine verunsicherte (Ψ) Zielorientierung (♄) und eine Schwäche (Ψ) in der Fähigkeit, Probleme zu bewältigen (♄). Aufgrund dieser Schwäche besteht die Tendenz, Konflikte

(♄) zu verdrängen (♇). Da das 7. Haus das 1. Haus des anderen ist, zog Frau S. entsprechend ihrer innerseelischen Disposition einen Partner an, der dieses Problem in der Außenwelt verkörperte (Haus 7 = Haus 1 des anderen, also das Ich, der Körper des anderen), also einen Partner, der quasi die Materialisation ihrer mangelhaften Fähigkeit zur Konfliktbewältigung darstellte, einen, der die Konfliktverdrängung materiell auslebte. Als Medium zur Konfliktverdrängung fungierte bei ihrem Partner der Alkohol, dieser wurde als Mittel zur Flucht vor anstehenden Problemen und vor Verantwortung verwendet. Frau S. suchte also in der Außenwelt unbewußt eine Schwierigkeit auf, die genau ihre innerseelische Problematik symbolisierte und verstärkte. Mit anderen Worten: Ihr Problem der Schwäche (♇) in der Konfliktbewältigung (♄) erschien ihr als äußeres Problem, nämlich mit einem Trinker (♇) verheiratet (♄) zu sein. Ihr Ehemann lebte ihr die stete Verdrängung plastisch vor. Hinzu kommt, daß es kaum möglich ist, mit einem Trinker eine Zukunft aufzubauen und gemeinsame Ziele (♄) durchzusetzen (H 7 = gemeinsame Durchsetzung), wodurch ihre Schwäche in der Zielorientierung verstärkt wurde. Solange sie über das harte Schicksal klagte und das Problem nur beim Partner bzw. in dem Umstand des Trinkens sah, konnte hier keine Besserung eintreten. Erst durch das Eingestehen der eigenen Schwäche, die die äußere Problematik anzog, war der 1. Schritt zu einem neuen Leben getan.

Beispiel 2: Jochen K.

Dieses Beispiel zeigt eine Venus-Saturn-Opposition von Haus 1 nach Haus 7. Von Haus 7 aus wird die Durchsetzung (H 1) von Harmonie (♀), Freude (♀), Schönheit (♀) und Ästhetik (♀) blockiert (♄). Diese Blockade ist zurückzuführen auf die innere Hemmung (Schuldgefühl) von Herrn K., den eigenen Geschmack durchzusetzen, den eigenen Schönheitstyp zu finden und zu ihm zu stehen. Er hatte Hemmungen, weil er sich an einem seiner Ansicht nach allgemein verbindlichen Männlichkeitsideal orientierte, dem er jedoch nicht entsprechen konnte. Aus diesem Grund wollte er dieses Defizit über

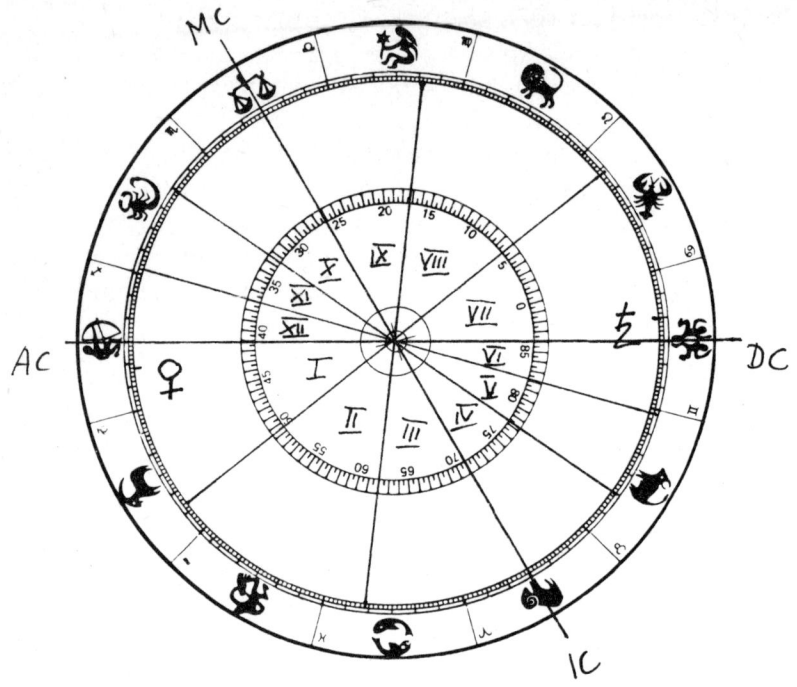

seine Partnerin kompensieren. Tauchte jedoch in der Begegnung eine potentielle Partnerin auf, die aufgrund ihres guten Aussehens dazu angetan war, sein Defizit zu füllen, wagte Herr K. aufgrund seiner Hemmung in bezug auf Schönheit nicht, Kontakt aufzunehmen. Sie war zu schön für ihn. Deshalb zog er entsprechend seiner innerseelischen Disposition eine Partnerin an, die seine Hemmung in ♀-Belangen außen verkörperte, die aufgrund ihre Aussehens (♀) ständig sein Bedürfnis nach Schönheit und Ästhetik frustrierte (♄). Dabei war seine Partnerin nicht unattraktiv, aber subjektiv für Herrn K. bedeutete ihr Erscheinungbild eine permanente Störung seiner ♀-Anlage und so eine innere Verstärkung seiner Problematik, zumal er ja nun sogar zwei Gründe hatte, in der Begegnung gehemmt zu sein — einmal aufgrund des eigenen Aussehens und zum anderen aufgrund der Partnerin, die seiner Erwartung und Hoffnung, d. h. seiner Projektion, sein Defizit aufzufüllen, nicht entsprach.

# Wie Schuldgefühle
## die Partneranziehung beeinflussen

Eine glückliche Beziehung ist die Folge einer körperlichen, seelischen und geistigen Harmonie mit dem Partner. Ist diese Harmonie auf einem für ihn bedeutenden Lebensgebiet gestört, hält mancher bewußt oder unbewußt Ausschau nach einem anderen Partner. Bestehen aber gegenüber dem bisherigen Partner aufgrund des Maßstabs »Treue« große Schuldgefühle, kann so die Partneranziehung maßgeblich beeinflußt werden. Magisch werden dann vor allem Personen angezogen, die dazu angetan sind, bei dem »Untreuen« den Maßstab »Treue« zu bestätigen, d. h. nur solche, die noch weniger passend erscheinen als der bisherige Partner und somit die Einstellung erwirken, daß es doch besser sei, in der alten Beziehung zu bleiben. Aufgrund der Schuldgefühle gegenüber dem bisherigen Partner können sich echte, reale Gefühle gegenüber dem neuen nicht oder nur wenig entwickeln, denn Schuldgefühle stören die seelische Harmonie, das seelische Gleichgewicht, das in einer neuen Bekanntschaft nur bestehen kann, wenn beide Partner ihre Gefühle frei zu investieren vermögen. Hier aber werden die Gefühle nur als Schuldgefühle gegenüber dem bisherigen Partner investiert, so daß für die neue Freundschaft nur noch wenig seelische Energie verfügbar ist. Dies beeinflußt wiederum das Verhalten des neuen Partners, der ja auch von bewußten oder unbewußten Erwartungen geprägt ist und der vermutlich — entsprechend seiner innerseelischen Konstellation — gerade diese Problematik in der Begegnung sucht bzw. anzieht. Letzterer fühlt, daß der andere nicht voll »da« ist, merkt, daß seine Gefühle keine Resonanz finden, daß er seine Gefühle ins Leere investiert, daß kein realer Austausch stattfindet. Der Gefühlsaustausch ist blockiert durch die Schuldgefühle des anderen. Insofern wird die Disharmonie, die in der bisherigen Beziehung herrschte und die zur Untreue trieb, wieder in die neue Partnerschaft hineingetragen. Auf diese Weise begegnen die Betreffenden so gut wie nie Menschen, mit denen tatsächlich eine neue Partnerschaft aufgebaut werden könnte.

Die Schuldgefühle hemmen also die seelische Bereitschaft, einen Partner kennenzulernen, mit dem man glücklich sein könnte. Der innerseelische Maßstab »Treue«, der bewußt oft verleugnet wird, aber im Unbewußten deshalb nicht seine Wirkung verliert, verursacht eine *Abwehr* von neuem Glück. Er gewährt der Seele nicht die hierfür notwendige Erlaubnis*).

Der einzelne betrachtet dann, unter der Brille dieser Abwehr, den möglichen neuen Partner und findet dort schnell die entsprechenden Gründe, die ihm bestätigen: »Es kommt nichts Besseres nach!« Zudem wird in der neuen Beziehung meist sofort eine Harmonie erwartet, die erst das Ergebnis von vielen gegenseitigen körperlichen und seelischen Einstellungsversuchen sein kann. Da man mit dem bisherigen Partner im Laufe der Jahre wahrscheinlich auf verschiedenen Gebieten bereits »eingespielt« ist, erscheint die neue Beziehung anfangs noch weniger harmonisch.

Als Folge dieser Entwicklungen zeigen sich Gefühle steter Frustration oder Traurigkeit, da partnerschaftliches Glück immer weniger erreichbar erscheint.

Wenn ein Partner auftauchen würde, wo es wirklich »funkt« und wo ich mich wirklich geborgen und glücklich fühlen würde, würde ich sofort aus meiner bisherigen Beziehung gehen, sagen viele, in denen die Problematik wohnt. Sie machen ihr Glück abhängig von einem vagen Schicksal, das ihnen Entsprechendes liefert oder nicht, anstatt sich zu fragen, inwieweit sie zu der derzeitigen unbefriedigenden Situation beitragen oder warum sie keinen anderen Partnertypus anziehen. Es wird nicht die eigene Partnerfähigkeit verbessert, nicht an der bisherigen Beziehung gearbeitet, und es werden auch nicht seelische und geistige Veränderungen vorgenommen, die einen neuen Partnertypus anziehen würden, sondern man verharrt in dem Zustand des Unglücklichseins.

---

*) Diese Erlaubnis erteilt die vom Patriarchat geprägte Seele erst, wenn der Betreffende lange genug in der Beziehung gelitten hat, wobei die »erforderliche« Intensität des Leidendrucks individuell verschieden ist und meist erst dann, wenn der Ablöseprozeß vom bisherigen Partner vollzogen ist.

# Wie Ängste
## die Partneranziehung beeinflussen

Das Mond-Neptun-Quadrat von Haus 8 zu Haus 5 bei neben-
stehendem Horoskop von Sven N. deutet darauf hin, daß Äng-
ste ($\Psi$) bestehen, die seelische Eigenart ($\mathbb{C}$), die eigene Identität ($\mathbb{C}$) zu leben. Der Horoskopeigner fühlt sich ungeborgen
($\Psi\,\square\,\mathbb{C}$), hat keine oder nur eine sehr verunsicherte seelische
Heimat. Da diese Quadratur ins 8. Haus fällt, also in den III.
Quadranten, in den Quadranten der Partnerschaft, muß sie
zwangsläufig auch die Partneranziehung entscheidend beeinflussen. Daher wird eine Partnerin angezogen, bei der Sven N.
aufgrund seiner Disposition zu Angst und Ungeborgenheit
auch Angst haben und Ungeborgenheit und wenig seelische
Wärme empfinden kann. Svens Unbewußtes »holt« sich also
eine Partnerin, die seelisch verunsichert und sucht damit jene
Situationen auf, in denen Sven Angst haben muß oder in denen er entsprechend seiner subjektiven Wahrnehmung und

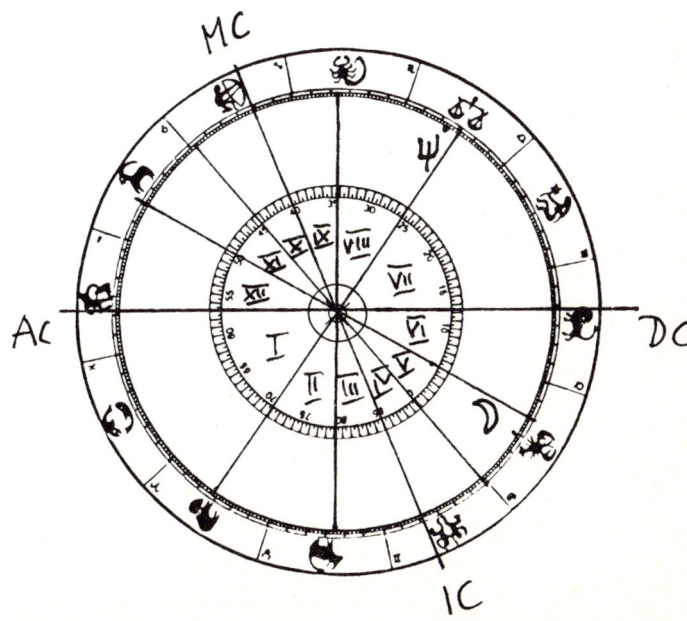

seines subjektiven Maßstabs Gründe findet, um seine ängstlichen Gefühle ausleben zu können.

Deshalb war es nicht verwunderlich, daß Sven eine junge Dame kennenlernte, die zweimal die Woche zum Tanzen (☾) ging, was er ablehnte, da für ihn Tanzen gleichbedeutend mit der Suche nach neuen Männerbekanntschaften war. Daher tat sie dies heimlich (♓), um Sven, von dessen Ängsten sie wußte, nicht zu verunsichern, und sie erklärte ihm stattdessen, der Partnerschaft zuliebe nur noch wenige Male im Jahr auszugehen. Diese Aussage beruhigte Sven N. aber keineswegs, und jedesmal, wenn seine Freundin abwesend war, konnte er nachts kaum mehr schlafen (☾), da er befürchtete, daß sie einen neuen Partner kennenlernen würde.

Als sich seine Angst immer mehr steigerte, wurde Sven selbst aktiv und versuchte, um gegen Einsamkeit gewappnet zu sein und um mehr Sicherheit in der Partnerbeziehung (H 8) zu verspüren, zusätzlich heimlich (♓) Beziehungen zu Ersatz(♓)-Frauen (☾) aufzubauen. Die Folge war, daß Sven sich hier wie dort ungeborgen fühlte und damit die Situation seiner Kindheit wiederholte, ja noch potenzierte. Erst wenn Sven seine eigene Identität findet (und proportional zu diesem Entwicklungsprozeß seine Ängste verliert) und den weiblichen Teil (☾) in sich zu leben wagt, wird er Partnerinnen anziehen, die nicht mehr seine Angst auslösen oder gar verstärken.

# Die hingabegestörte Frau
# und der in der Sexualität
# leistungsorientierte Mann

Viele Männer ordnen auch die Sexualität dem Leistungsprinzip unter und glauben, einer Frau einen erfüllenden Orgasmus »machen« zu können. An dieser Vorstellung halten sie fest, selbst wenn alle Ereignisse, Reaktionen und Feedbacks gegen diese Auffassung sprechen. Im Gegenteil — sie *verstärken* dann ihre Bemühungen, versuchen ihre Ejakulation noch länger hinauszuzögern oder gehen zu anderen, noch raffinierteren Sexualpraktiken über.

Nach dem Gesetz der Anziehung kommt es häufig zu einer Begegnung zwischen einem in der Sexualität leistungsorientierten Mann und einer hingabegestörten Frau. Deren Hingabestörung resultiert meist aus dem dem weiblichen Rollenklischee entsprechenden Maßstab, nach dem seelische Liebe und Zärtlichkeit überbewertet, die Sexualität und Erotik dagegen als schmutzig oder zumindest als minderwertiger angesehen werden.

Indem die Frau das Seelische und der Mann das Körperliche zum Maßstab erheben und beide nach ihrem geschlechtsspezifischen Maßstab werten, bleiben sich beide fremd. Sie ziehen sich zwar an, weil sie komplementär zueinanderstehen, aber finden nie die Erfüllung. Es sind zwei Gegensätze, die sich ergänzen, aber sich nie vereinen, nie zu einer Synthese kommen, nie verschmelzen. Beide wollen einerseits selbst den Maßstab ihres Geschlechts erfüllen und erwarten jeweils vom anderen, daß auch er diesem Ideal entspricht. (Aus diesem Grunde kommen keine inhaltliche seelische Liebe und keine inhaltliche Sexualität und Erotik zustande.) Beide wollen nur ihren Ehrgeiz befriedigen — der Mann ein guter Liebhaber, d. h. körperlich potent sein, und die Frau eine zärtliche Geliebte sein. Beide fühlen sich aber meist nach einer sexuellen Begegnung frustriert, weil keiner die Erwartungshaltung des anderen erfüllt. Wenn beide letztendlich aus ihrem subjektiven Bezug herausgehen und sich in den anderen einfühlen, verwendet der Mann die Zärtlichkeit oft nur als Mittel zum Zweck und die Frau den körperlichen Sex nur als Mittel, um den Partner an sich zu binden. Bei beiden ist es wiederum nur eine (nunmehr erweiterte) Rolle, die angenommen wird, aber kein echtes, lebendiges Bedürfnis.

In diesem Zusammenhang wird auch deutlich, daß der Mann in solchen Fällen nicht — wie vielfach behauptet wird — nur egoistisch seinen Genuß sucht, sondern daß er sogar, um dem Maßstab zu genügen und die Frau zum Orgasmus zu bringen, diesen zurückstellt. Erst wenn ein Orgasmus der Frau erreicht ist, verbucht er für sich den Erfolg.

Dieser Genuß des Erfolges bzw. des Gefühls, sich bewährt zu haben, ist nicht real. In einem solchen Falle wird die Freude und der Genuß des Weges dorthin sekundär. Der Orgasmus ist nicht mehr Resultat des Weges. Er ergibt sich nicht als selbstverständliche Folge eines körperlichen und seelischen Austausches, sondern wird als Ziel angestrebt. Dieses Ziel behindert sowohl den freien seelischen als auch den freien körperlichen Energiefluß. Die Frau ist trotz Orgasmus seelisch und der Mann trotz Ejakulation körperlich unerfüllt geblieben.

Diese Hemmung und Frustration aber kompensieren beide meistens, indem sie vorgeben, es sei schön gewesen. Es muß ja schön gewesen sein, da die Norm Orgasmus ja erreicht worden ist.

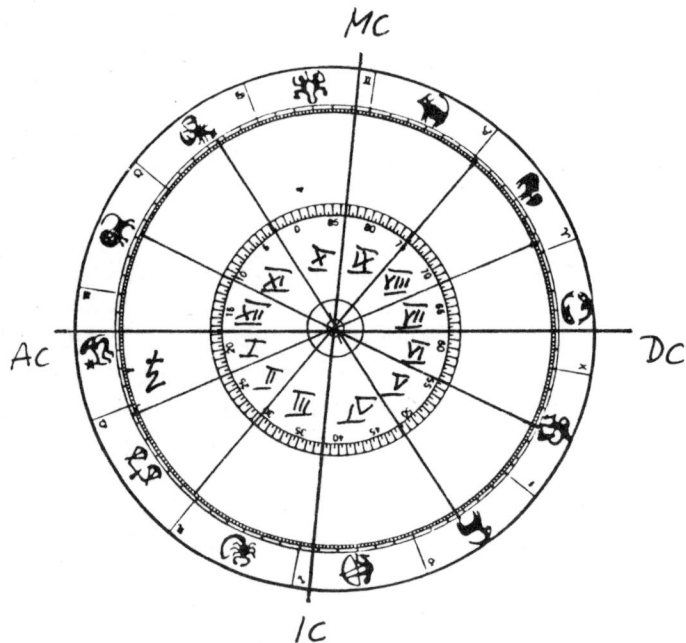

Fallbeispiel:

Alfred L. erlebt den ♄ als Herrscher von 5 in 1 in der Kompensation. Deshalb ist es für ihn wichtig, die Norm (♄) in der Sexualität (H 5) zu erfüllen. Ehrgeizig strebt er danach, daß er auf diesem Lebenssektor allgemein als leistungsfähig (♄) gilt und daß seine Leistung anerkannt (♄) wird. Da aber derjenige, der die Disposition in sich trägt, das sexuelle Feld als Arena zu benutzen, um seinen Ehrgeiz zu befriedigen, magisch solche Frauen anzieht, die nicht oder nur sehr verzögert zum Orgasmus‹kommen, wird seine Leistung nie anerkannt werden. Im Gegenteil, sein Leistungsstreben steht komplementär zur Hingabestörung der Frauen, die Alfred begegnen. Je ehrgeiziger er sein Ziel verfolgt, desto stärker wird die seelische und sexuelle Blockade bei der Frau, dies wiederum steigert das Leistungsstreben des Mannes...

## Partneranziehung

Die bisher aufgeführten Beispiele verdeutlichen, daß der Betreffende jene Situationen anzieht, die ihn belasten, hemmen, frustrieren, ängstigen, verunsichern.

Jeder wählt sich unbewußt den Partner, durch den die Tendenz zu Eifersucht, Aufregung, Aggression, Hysterie oder Depression u. a. realisiert werden kann.

Man braucht den Partner, um die Gefühle der Angst, des Neides, der Zurücksetzung, der Aggression, des Hasses, der Eifersucht, der Traurigkeit, der Ohnmacht... ausleben zu können.

Es sind dies Gefühle aus der Vergangenheit, jene Gefühle, die damals als Kind gegenüber den Eltern gehegt wurden.

Sie werden solange immer wieder reproduziert, solange man die ablaufenden Mechanismen nicht zu durchschauen vermag und im alten Verhaltensmuster verharrt. Dieses Verhaltensmuster ist primär ein Reaktionsmuster, das sich unter elterlichem Druck bzw. unter dem Druck des Familienmilieus, der Zeitepoche und der Kultur geformt hat. So empfand z. B. der eine Junge bei seiner dominanten Mutter mehr Gefühle der Angst und der Ohnmacht, während ein anderer auf dieselben oder ähnliche Einflüsse mehr mit Trotz und Aggression reagierte. Entsprechend diesem Reaktionsmuster sucht sich nun der Betreffende wieder eine Partnerin, die ein ähnliches Verhaltensmuster wie seine Mutter an den Tag legt, um wieder auf dieselbe Art und Weise zu reagieren, d. h. seine alten seelischen Reaktionen wieder erleben zu können. Diese Verlaufsform findet sich jedoch nur dann, wenn der Betreffende in der Kindrolle geblieben ist. Wird er zum Kompensator, übernimmt er die Elternrolle und rächt sich unbewußt an seiner Mutter, indem er seine Partnerin unterdrückt. Da er sich auf dieser Ebene dort nicht mehr mit seiner Mutter auseinandersetzen kann, dort nicht mehr einen Ausgleich (Auge um Auge, Zahn um Zahn) herstellen kann, indem er dominant ist und sie nach seinem Willen manipulieren kann, muß dies nun seine Partnerin erleiden. Deren seelische Struktur wiederum steht komplementär zu seiner psychischen Struktur, weil sie diese Situation von Kindheit an gewöhnt ist und sich von ihrer Kindrolle noch nicht lösen konnte.

Hier wird deutlich, wie tiefgreifend die unbewältigten Gefühle der Vergangenheit, die fast jeder mit sich herumträgt, die Partnerwahl und den Verlauf einer jeden Partnerschaft beeinflussen.

Diese Prägung beschränkt sich aber nicht nur auf negative Gefühle, sondern gilt auch für positive Gefühle, für Gefühle der Freude, der Liebe, des Glücks, der Zärtlichkeit... Auch sie wollen ausgelebt werden und suchen einen Bezug in der Außenwelt.

Als Kind mußte man herausfinden, wie man in der Familie oder in der Umwelt, in die man hineingeboren ist, denken, sprechen und handeln muß, um geliebt und anerkannt zu werden. Dieses Verhaltensmuster wird als Kindrollenspieler wiederholt, wenn man später vom Partner auch nur dann geliebt wird, wenn man bestimmte Erwartungen erfüllt, wenn man beim anderen Defizite auffüllt, wenn man das tut, was der andere zur Aufrechterhaltung seines seelischen Gleichgewichts braucht.

Indem der Kindrollenspieler i. S. der Vorstellung des anderen funktioniert, erwirkt er im anderen Gefühle der Liebe, der Freude und des Glücks.

Vom Elternrollenspieler, von dem man wie in der Kindheit abhängig ist, gelobt zu werden, versorgt zu werden, beschenkt zu werden, geliebt zu werden, löst wiederum beim

Kindrollenspieler als Reaktion dieselben oder ähnliche positive Gefühle aus wie damals bei den Eltern.

Sicher zeigten sich in der Vergangenheit beim einzelnen auch Gefühle und Reaktionen, die nicht auf dieses hier kurz erläuterte Erklärungsmodell zurückzuführen sind; dennoch läßt sich sagen, daß wir häufig zuerst eine Art »Inzestpartnerschaft« eingehen, in der die Situation der Kindheit mit dem Partner auf einer neuen Ebene wiederholt wird. Der Partner ist meist die »Mammi« oder der »Pappi« von früher, kann aber auch Großvater, Großmutter, Onkel, Tante, Bruder, Schwester etc. symbolisieren. In einem solchen verdeckten Inzest herrscht oft eine eigene Atmosphäre, eine Atmosphäre der Abhängigkeit, der Vergangenheit — dumpf, unästhetisch, unerotisch, zwanghaft . . .

Die Addition der Ausstrahlung des einen und der Ausstrahlung des anderen Partners erzielt als Ergebnis diese Atmosphäre. Die Ausstrahlung wiederum wird u. a. geprägt durch die alten Gefühle, denen der Betreffende ausgeliefert ist. Eine solche Partnerschaft resultiert nicht aus einer freien Wahl, sondern ist Schicksalszwang. Man ist hier ausgeliefert und gezwungen, sich mit seinem komplementären Gegenstück, das man nach dem Deckel-Topf-System fand, auseinanderzusetzen und mit ihm die alten Probleme und Konflikte der Vergangenheit zu verarbeiten und zu lösen. Es ist dies die große Chance, die das »Schicksal« hier dem einzelnen bietet, nämlich, daß das, was früher in der Kindheit aufgrund von Schwäche und Unbewußtheit nicht bewältigt werden konnte, nun auf einer neuen Symbolebene wiedererscheint und somit einer Lösung zugeführt werden kann.

## Gegenbild

Wie die Inzestpartnerschaft, so ist auch die Partnerschaft mit dem Gegenbild zur eigenen Mutter oder zum eigenen Vater an der Vergangenheit orientiert.

Ein Gegenbild entsteht z. B. als Kompensation oder als Komplementärbild zu einer hemmenden Mutter oder zu einem lieblosen Vater. Diese geistige Protestreaktion, mit der man auf Partnersuche geht, ist jedoch als Ausgangspunkt für eine erfüllende Partnerschaft nicht geeignet.

Der Partner wird nicht in seiner eigenen Individualität wahrgenommen, sondern wird dazu benutzt, eine frustrierende Situation in der eigenen Kindheit auszugleichen. Er wird zu einem Objekt degradiert, das symbolisch die eigenen Bedürfnisse zu stillen hat. Ja mehr noch — er wird in das Gegenbild gezwungen und es wird erwartet, daß er die Rolle spielt, die das Gegenbild verlangt. Er ist mit diesem Gegenbild »fremdbesetzt«. Entspricht er einmal nicht dieser Vorstellung, werden beim Gegenbildprojektor die Gefühle der Vergangenheit, wie Frustration, Haß, Wut, Aggression, Ärger, Enttäuschung, wiedererlebt. U. U. wird der Partner dann mit Vorwürfen belastet und für die eigenen negativen Gefühle verantwortlich gemacht.

So stellt eine Partnerschaft mit dem Gegenbild zwar einen Befreiungsversuch dar, führt aber letztendlich durch Abhängigkeit vom Gegenbildideal nicht zu einer freien Selbstentfaltung[9]. Indem viele versuchen, ihren Partner zur Idealmutter oder zum Idealvater zu machen, haben sie auf Dauer keinen Erfolg, da der Partner eine eigenständige lebendige Persönlichkeit ist, nicht nur die bloße Materialisation des Gegenbildes; er kann daher niemals über Jahre hinweg die Rolle im eigenen Lebensfilm, die man ihm zugedacht hat, spielen. In der Folge zeigen sich in einer solchen Partnerschaft ungute Gefühle sowie oft auch Krankheit und Leid, denn die Selbstverleugnung des als Rollenspieler »benutzten« Partners verlangt seinen Tribut, und der Projizierende wird, wenn seiner Vorstellung nicht entsprochen wird, in die alte defizitäre Situation zurückfallen.

# Bereitschaft

Welchen Partner wir wählen, hängt — wie festgestellt wurde — nicht so sehr von unserem freien Willen ab als vielmehr davon, was diesen Willen wiederum bestimmt: unsere frühen Eindrücke, Erlebnisse und Erfahrungen mit Menschen, die uns als Kind erzogen und mehr oder minder geprägt haben[10]. Unsere Einstellungen, Glaubenshaltungen, Bewertungs- und Verhaltensmuster, die wir im Umgang mit ihnen erlernt haben, schaffen eine Disposition für einen ganz bestimmten Partnertypus, mit dem wir komplementär verflochten sind.

Diese innerseelische Disposition oder Bereitschaft, die auch zu Krankheiten und zu Schwangerschaft vorliegt, ist eines der entscheidendsten Momente in der Partneranziehung. Ist keine seelische Bereitschaft vorhanden, kann eine junge Dame hundertmal in Diskotheken gehen — sie lernt keinen passenden Mann kennen. Ist sie jedoch innerseelisch zu einer neuen Beziehung bereit, wird sie ihrem Partner begegnen — ganz ohne besondere Bemühungen oder Anstrengungen.

Welches sind die Kriterien, die diese Bereitschaft blockieren? Entscheidend sind vor allem Fixierungen auf die Vergangenheit und — meist daraus resultierend — unbewußte Abwehrhaltungen. Ist jemand innerseelisch darauf eingestellt, seine unglücklichen Gefühle der Vergangenheit zu reproduzieren, ist er für Positives nicht aufgeschlossen und hat unbewußt eine Abwehr gegenüber einer neuen Partnerschaft entwickelt, obwohl er sich vielleicht bewußt eine solche ersehnt.

Diese Haltung kann auch eine Ursache dafür sein, warum viele Frauen immer wieder verheiratete Männer anziehen: Bewußt streben sie nach dem Ideal einer festen Beziehung, unbewußt aber wehren sie eine solche ab, weil jene ihre inzwischen liebgewonnene Freiheit und Unabhängigkeit beschränken würde. Man muß hier also zwischen einer bewußten und einer unbewußten Bereitschaft differenzieren. Viele sind rational überzeugt, daß sie bereit seien für den neuen Partner, für die große Liebe, für ein erfüllendes Intimleben ... Doch ihr Unbewußtes stimmt damit nicht überein.

In einem anderen Fall unterzieht sich jemand einer Ausbildung und beabsichtigt, diese mit einem Examen abzuschließen, aber sein Unbewußtes ist dazu nicht bereit. In solchen und anderen Fällen verursacht meist die unbewußte Nichtbereitschaft eine unbewußte Bereitschaft für andere Ereignisse — etwa, wenn ein Mädchen kurz vor einer wichtigen Prüfung steht, ihr Unbewußtes aber dazu nicht bereit ist und damit die Bereitschaft für eine Schwangerschaft setzt, mittels derer es dem Prüfungsstreß entfliehen zu können hofft. Eine ähnliche Entwicklung ergab sich bei einem Beamten, der gerne Heilpraktiker werden wollte, aber im Unbewußten große Angst vor diesem Schritt hatte, da er nun die Sicherheit und Geborgenheit seiner bisherigen Stellung bei »Vater Staat« hätte aufgeben müssen. In dem Zeitraum, als die Entscheidung über seine berufliche Zukunft fallen sollte, wurde seine Frau jedoch schwanger und gebar schließlich Zwillinge. Durch diesen scheinbar äußeren Umstand wurde ihm die Entscheidung abgenommen. Er konnte nunmehr das Risiko einer neuen Ausbildung nicht mehr auf sich nehmen, weil er sich gegenüber den beiden Kindern verantwortlich fühlte, und er blieb somit bei seiner bisherigen sicheren Tätigkeit.

Auch im Falle von Bärbel L. zeigte sich für diese eine zwiespältige Situation: Nach dem plötzlichen Tod ihrer Mutter mußte Bärbel L. täglich zusätzlich zu ihrer Ganztagstätigkeit als Sekretärin auch noch ihrem Vater und ihrem Bruder den Haushalt führen. Dadurch fühlte sie sich völlig überfordert, konnte sich andererseits aber auch nicht von dieser Verpflichtung freimachen. Nach einigen Monaten lernte sie einen jungen Mann kennen, beide verstanden sich gut und sie beschlossen zu heiraten, was für Bärbel L. einen Umzug in eine weit entfernte Großstadt bedeutete. Hier förderte das Unbewußte die Bereitschaft für einen Partner, um dem Zwiespalt zu entrinnen, und bewußt ergab sich hier für die junge Frau ein akzeptabler Grund, die für sie schwierige Situation angemessen zu beenden.

Ob die Bereitschaft für einen neuen Partner blockiert oder gefördert wird, hängt oft auch davon ab, inwieweit der Ablöseprozeß vom bisherigen Partner bereits vollzogen ist, noch im Gange ist oder überhaupt noch nicht begonnen hat.

Der Ablöseprozeß vom bisherigen Partner, mit dem man emotional verflochten war, ist die Wiederholung des Ablöseprozesses vom Elternhaus auf neuer Ebene.

Hier muß jedoch zwischen einer realen Ablösung, weil man dem Elternhaus entwachsen ist, und einer mehr oder weniger schmerzhaften Ablösung unterschieden werden, die erfolgen muß, um nicht mehr den alten Maßstäben und den normativen Erwartungen der Eltern unterworfen zu sein und um endlich die Chance zu bekommen, Eigenständigkeit zu erlangen. So kann es sein, daß sich auch später der Betreffende gegenüber den Maßstäben und Erwartungen des Partners auflehnen muß und eine schmerzhafte Ablösung unter Haß, Wut und Aggression vollzieht. Sein Partner, der in der Beziehung mehr die Elternrolle übernahm, kann aber ähnliche seelische Reaktionen zeigen, da die Nichterfüllung seiner Projektionen eine tiefe Enttäuschung für ihn bedeutet. Ablöseprozesse solcher Art sind nur dort zu verzeichnen, wo eine tiefe Abhängigkeit besteht und wo keine gleichberechtigte Partnerschaft herrscht. In vielen Fällen legen jedoch das jeweilige Milieu, die Gesellschaft und die Zeitepoche, die Normen für eine Partnerschaft fest, die bei den Partnern spezifische Reaktionen auslösen.

Deshalb ist es — will jemand seine Partnerschaft verbessern — unbedingt notwendig, sich von der alten Form, die seine Partnerschaft prägte, zu lösen, da jene mit ihren alten Geboten, Verboten, Maßstäben und Idealen immer wieder dieselben Reaktionen bei ihm und beim Partner hervorrufen wird. Hat jemand den Maßstab verwirklicht, daß in einer Beziehung alles gemeinsam gemacht werden müsse, so wird er bestimmte Reaktionen auf diesen irrealen Maßstab hervorrufen, auch wenn sich zunächst der Partner dieser aufgestellten Regel unterwirft. So haben z. B. viele nicht an der Ehe versagt, sondern die Ehe an ihnen (Helmut Ostermeyer[11]). Solange der einzelne hier nicht mit dem Partner *eigene* Maßstäbe und Ziele — ob mit oder ohne Ehevertrag ist hier ohne Belang — für die gemeinsame Beziehung aufgestellt hat, gelten meist ausgesprochen oder unausgesprochen die *konventionellen* Gebote und Verbote. Dadurch werden die Partner in eine pauschale Form gepreßt, die der Individualität, dem Entwicklungsstand und der Lebendigkeit der seelischen Strukturen der Partner zuwiderlaufen. Letztere reagieren dann in ihrer spezifischen Weise auf diese Form, und sie können sie nicht weiterentwickeln, weil sie der steten Reproduktion ihrer seelischen Reaktionen ausgeliefert sind. Sie können ihre Schwierigkeiten nicht bewältigen. Deshalb beinhaltet auch ein Partnerwechsel hier meist keine Lösung, weil die alten Maßstäbe und Ideale dort beibehalten und die Reaktionsmuster der Vergangenheit fortgeführt werden.*)

Schon bald zeigt sich dann auch in der neuen Beziehung das gewohnte alte Bild. So streben viele eine glückliche Partnerschaft an, orientieren sich aber an Maßstäben und Idealen, die gerade dieses Glück behindern. Um eine wirklich neue Form der Partnerschaft praktizieren zu können, heißt es also, sich nicht nur vom alten Partner gelöst zu haben, sondern auch von den Maßstäben und Idealen, die das bisherige Verhalten motivierten und die bisherigen Einstellungen zur Partnerschaft bedingt haben. Insofern ist eine doppelte Ablösung erforderlich, die nur dann gelingt, wenn man aus den bisherigen Erfahrungen gelernt hat und sich seelisch weiterentwickelt hat. Erst dann besteht die Bereitschaft, einen neuen Partnertypus anzuziehen.

Zieht man hier eine kurze Zwischenbilanz, so ist zu erkennen, daß es nicht nur zwischen bewußter und unbewußter Bereitschaft, sondern auch zwischen realer und irrealer Bereitschaft zu unterscheiden gilt. Die reale Bereitschaft ist jene Bereitschaft, die man sich aufgrund von Erfahrungen und aufgrund von Erlernen von Fähigkeiten erarbeitet hat, und die irreale Bereitschaft ist das Produkt einer steten Wiederholung der Vergangenheit, da man immer wieder denselben Partnertypus anzieht (als Kindrollenspieler den Elternrollenspieler und umgekehrt), weil es nicht gelingt, die alten Gefühle zu verarbeiten bzw. durch neue Maßstäbe und durch eine neue Zielsetzung ein anderes Denken und Verhalten zu begründen.

Ferner ist relevant, in welcher Lebenssituation die Begegnung mit einem potentiellen Partner stattfindet. Einsamkeit ist z. B. eine schlechte Ausgangsposition, da hier ein Partner u. U. nur Fluchtobjekt sein kann. Oder man nur Partnern begegnet, die einem grundsätzlich nicht entsprechen, was nach

---

*) Die Ablösung von alten Maßstäben läuft synchron mit der Ablösung vom Partner, wenn letzterer diese Normen und Ideale verkörpert hat und daran weiter festhalten will. Wenn der Partner entwicklungsfähig ist, d. h. wenn man *mit* ihm die Zielrichtung der Beziehung neu bestimmen kann, muß es nicht zu einer Trennung kommen.

kurzer Zeit wieder zu Enttäuschungen führen wird. Häufig erscheinen aber auch Partner, die sich in der Helferrolle gefallen bzw. ihre Zärtlichkeit und Liebe als eine Art Almosen verteilen. Auch besteht für den bisher Einsamen die Gefahr, sich dem Retter zu unterwerfen. Diese Disposition zieht vor allem dominante Partnertypen an, die diese Schwäche instinktiv wahrnehmen und deshalb sofort ihre Macht auszuspielen versuchen.

## Phasenspezifische Anziehung

Von entscheidender Bedeutung für den Erfolg einer Begegnung ist auch der Zeitpunkt der Bereitschaft. Weshalb man gerade zu diesem Zeitpunkt und nicht früher oder später dem entsprechenden Partner begegnet ist, beruht auf einer entwicklungs- oder phasenspezifischen Anziehung.

Der Partner muß also nicht nur der psychischen Struktur als solcher entsprechen, sondern auch deren Entwicklungsphase. Erst wenn zwei Menschen in einer bestimmten Zeit entwicklungsmäßig zueinander passen, kann eine Verbindung zustandekommen. Sie bilden dann eine Schicksalsgemeinschaft, d. h. ihre Schicksalswege sind miteinander verflochten und beeinflussen sich gegenseitig.

So kommt es nicht von ungefähr, daß gerade in entscheidenden Lebenssituationen, etwa in einer Phase gravierender beruflicher Umstrukturierung auch meist Veränderungen auf dem partnerschaftlichen Sektor zu verzeichnen sind.

Das folgende Beispiel soll dies veranschaulichen:

Roland N. war Manager in einem großen Industriekonzern mit einem Jahreseinkommen von 280 000,— DM. Sein Lebensstil war seiner Position entsprechend großzügig und repräsentativ. In diesem Rahmen fühlte sich seine attraktive Frau, die gerne im Mittelpunkt stand, wohl (☉ in 10 im Löwen).

Roland N.

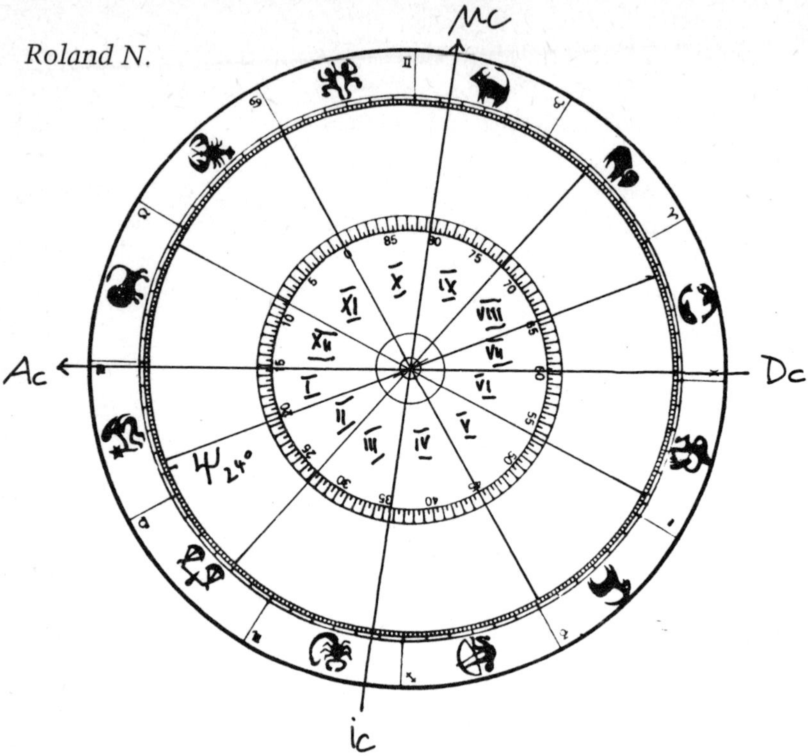

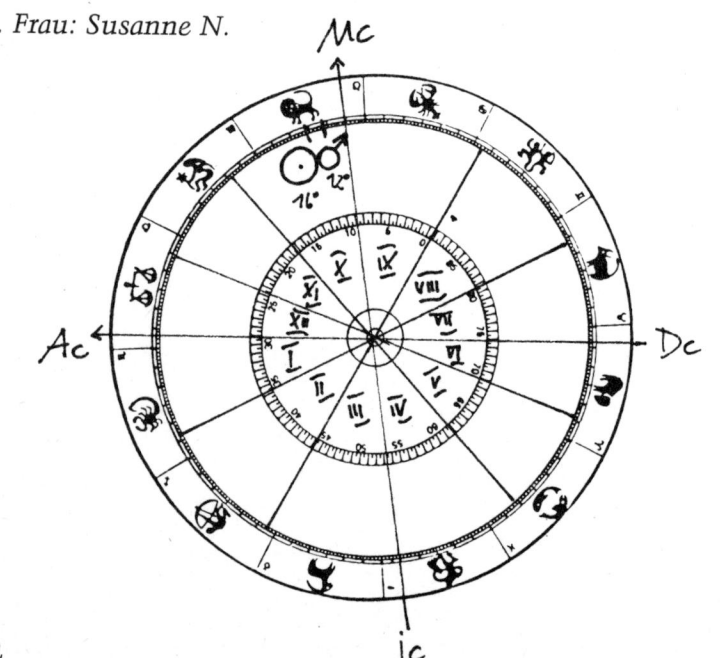

1. Frau: Susanne N.

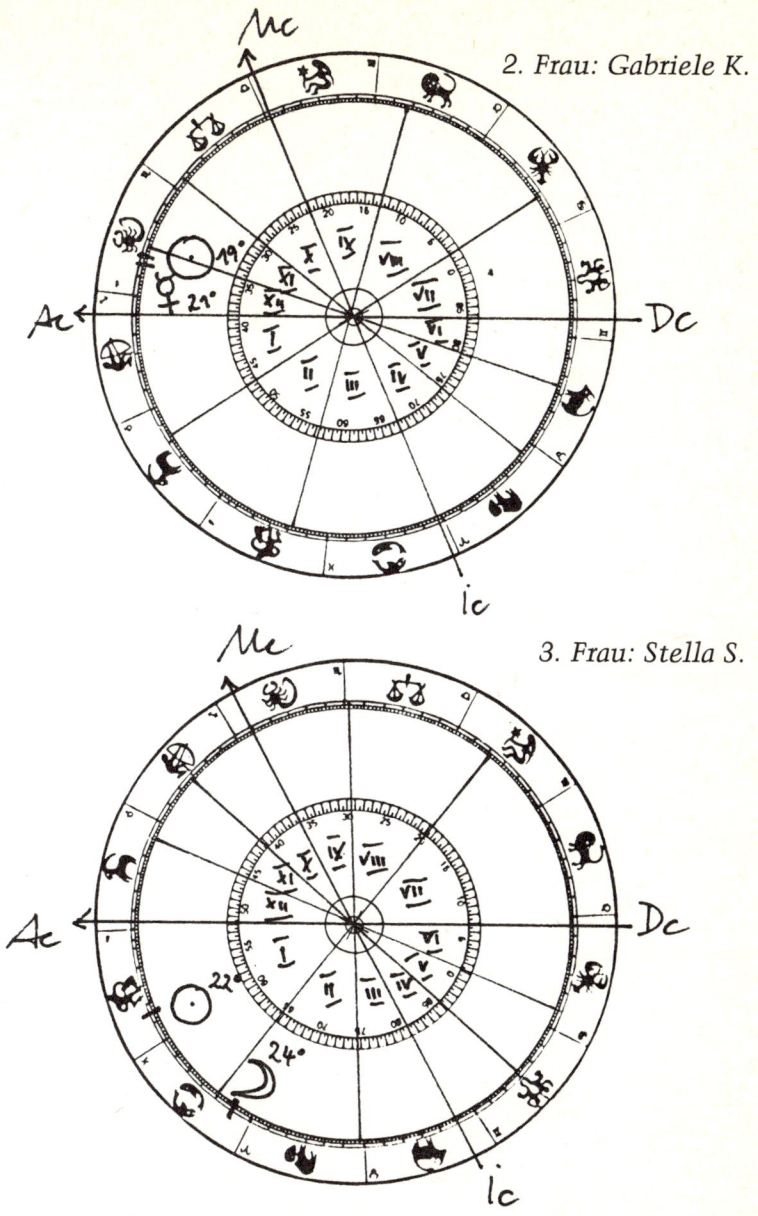

2. Frau: Gabriele K.

3. Frau: Stella S.

Im Laufe der Jahre wurde Roland N. dieses Lebens über-
drüssig. Er fühlte sich zunehmend müder, innerlich ausge-
brannter und zweifelte am Sinn seines Lebens. Seine zunächst sporadisch auftretenden Magengeschwüre wurden

chronisch. Bestrebt, neue Perspektiven zu erhalten, befaßte sich Roland N. in dieser Zeit mit alternativer Literatur, die seine Zweifel an seiner bisherigen Lebensführung so nachdrücklich bestätigten, daß er sich letztendlich entschloß, sein Leben grundsätzlich zu verändern. Seine Frau ließ sich daraufhin von ihm scheiden, denn sie konnte und wollte diese Veränderung nicht nachvollziehen. Kurze Zeit später lernte Roland Gabriele K. kennen, die ihn mütterlich versorgte und gesundpflegte und ihm über die Zeit der Ausgestoßenheit und Erfolglosigkeit hinweghalf (☉ in 12 im ♏). Nach fünf Jahren rief Roland N. ein alternatives Projekt ins Leben und war damit wieder etabliert — wenn nun auch auf völlig andere Weise und mit einem völlig anderen Bewußtsein. Dieser neuen Situation entsprechend baute er eine neue Partnerschaft mit Stella S. auf, die entscheidend an seinem Projekt mitwirkte.

Astrologisch interessant ist bei vorliegender Fallstudie, daß bei Susanne N. sowohl die ☉ als auch der Herrscher* von H 7 in 10 sind, für sie daher nur ein erfolgreicher Partner in Frage kommt, durch den sie ihre Anlagen »Glanz und Mittelpunktstreben« ausleben kann. Bei Gabriele K. dagegen stehen sowohl die Sonne wie auch der Signifikator für »Kontakte und Partnerschaft« im Haus der Verdrängung, der Ausgestoßenheit, der Subkultur, des Hintergrunds, der Erfolglosigkeit (H 12 in der unerlösten Form). Stella S. hat die ☉ in 1 im Wassermann, was auf progressive Pionierarbeit hinweist, und den Herrscher von H 7 in Haus 2 im Fisch, was symbolisch die alternative (♓) Etablierung (H 2) ausdrückt. Ein Blick auf Roland N′s. Horoskop zeigt, daß dessen Partnerfindung jeweils immer seinen sozialen Stellenwert widerspiegelt (♆ Herrscher von 7 in 2).

Am Beispiel des Lebenswegs von Roland N. wird deutlich, daß das Schicksal häufig erst die Bereitschaft zur Veränderung schaffen muß, daß oft nur mittels Krankheit, Leid und bestimmter Ereignisse das bisherige Bewußtsein »aufgeweicht« wird. Ohne leidvolle Erfahrungen z. B. hätte Roland N. Gabriele K. gar nicht wahrgenommen.

---

* Siehe Anhang: Die Herrscher von H1—H12

Von Bedeutung ist in diesem Zusammenhang auch die Tatsache, daß eine Anlage ausgelebt werden will. Denn fällt der bisherige Bezug in der Außenwelt weg, sucht sich die Anlage eine andere Möglichkeit zum Ausagieren. Als z. B. Petras Vater, an den sie stark seelisch gebunden war, starb, wurde ein Gefühlspotential frei, das nach neuen Möglichkeiten des Auslebens suchte. Fünf Wochen nach der Beerdigung lernte Petra Jochen kennen, mit dem sie eine feste Beziehung aufbauen konnte.

Oft ist auch ein Partner »Wegbereiter« für seine Nachfolger. So können in einer Beziehung gewisse Fähigkeiten erlernt werden, die Voraussetzung für die Anziehung des neuen Partners sind. Auch kann es sein, daß der Partner eine Entwicklung in einem wachgerufen hat, ohne daß er es bewußt angestrebt hätte, etwa wenn ein Mann ständig die Sphäre der Partnerin verletzt, sie in seine Vorstellung zwingen und sie zu Dingen überreden will, die ihrer Eigenart und ihren persönlichen Zielen widersprechen, und damit unbewußt erwirkt, daß sie dabei ihre Identität entdeckt und lernt sich zu behaupten und abzugrenzen. Sie kann ja nur dort lernen, sich abzugrenzen, wo ständig ihre Grenzen verletzt werden. Diese Fähigkeit, die über die entsprechende Partnerschaft ausgebildet wurde, schafft die Bereitschaft für die Anziehung des nächsten Partners, bei dem es etwas Anderes, etwas Neues zu erlernen oder zu erfahren gilt.

Ein Partner kann auch bei dem anderen etwas »aufbrechen« — etwa eine alte Norm — oder eine Bewußtseinshaltung verändern oder eine Illusion entlarven und so bei dem betreffenden Menschen unbewußt die Bereitschaft fördern, Begegnungen neuer Art einzugehen. In einigen Fällen wechseln auch die Rollen von Partnerschaft zu Partnerschaft. So kann es sein, daß ein Mann, der sich mit einer progressiven, emanzipierten Frau liiert hat, in dieser Beziehung mehr eine konservative Rolle einnimmt, während er in einer anderen mehr eine progressive Rolle spielt, weil seine Partnerin gerade die konservativen Elemente zu verkörpern sucht, von denen er sich in seiner alten Beziehung im Laufe der Zeit mühsam gelöst hat. Auch Wechsel von der Kind- zur Elternrolle und umgekehrt (allerdings seltener) sind möglich. Dies ist besonders dann der Fall, wenn das »Kind« nicht mehr gewillt ist, sich anzupassen, unterzuordnen und im Sinne des anderen zu funktionieren, wenn es Unterdrückung, Kontrolle, Strafe, Maßregelung etc. nicht mehr zuläßt. Das »Kind« versucht dann zu kompensieren und übernimmt dann vermutlich in der nächsten Partnerschaft mehr die Elternrolle.

Diese Beispiele können nun u. U. bei manchen den Eindruck erwecken, jede Partnerschaft sei immer nur eine Art von Durchgangsstufe für die nächste. Deshalb muß klargestellt werden, daß der Entwicklungsweg des einzelnen verschieden abläuft*) und der eine gewisse Anlagen mehr im Beruf, im Sportverein oder in politischen Versammlungen etc. erlernt, während der andere diese eben primär über die Zweierbeziehung erfährt. Auch kann es sein, daß in einer Beziehung mehrere Persönlichkeitsanteile angesprochen werden und sich die Partner zum beiderseitigen Nutzen und Vorteil (u. U. mit Zielrichtung auf ein gemeinsames Ideal hin) wandeln. Daher wird diese Schicksalsgemeinschaft über Jahre und Jahrzehnte oder bis zum Tode andauern.

Nur die von außen diktierte *Verpflichtung*, bis zum Lebensende bei einem Partner bleiben zu müssen, ist eine Norm, die den Lebensgesetzen widerspricht.

---

*) das Horoskop kann entscheidende Hinweise geben, welcher Persönlichkeitsanteil nach Verwirklichung drängt, welche Konfliktsituation oder Problematik damit verbunden ist, welches Problem von früher nun auf neuer Symbolebene erlebt wird und welche Lösungsmöglichkeiten bestehen.

# Das Gesetz von Inhalt und Form

Das Gesetz von Inhalt und Form[28]) besagt, daß ein bestimmter Inhalt auch immer die ihm entsprechende Form haben muß. Sind Inhalt und Form nicht identisch, kommt es zu einer Störung des Gleichgewichts, zu einer Störung des ♀-Prinzips, das bereits in *Astrologie und Psychologie — eine neue Synthese* beschrieben wurde.

Da dieses Prinzip bei der Partneranziehung die Hauptrolle spielt — es symbolisiert ja das Gesetz der Anziehung — möchte ich in diesem Zusammenhang noch einmal darauf eingehen:

Im 7. Haus, dem Haus der Waage, findet die Synthese zwischen dem I. Quadranten (körperlicher Quadrant) und dem II. Quadranten (seelischer Quadrant) statt.

Eine Idee taucht dann auf, wenn im körperlichen und seelischen Organismus ein Defizit entsteht. Fritz Perls bringt hierzu das Beispiel, bei dem ein Mann in seinem organismischen Flüssigkeitshaushalt ein Defizit zu verzeichnen hatte. Dieses Defizit erzeugte in seinem seelischen Quadranten die Empfindung von Durst und ließ im geistigen Quadranten (III. Quadrant) das dementsprechende Komplementärbild entstehen, nämlich das Bild einer Quelle oder eines Wirtshauses.

Die Partnerwahl erfolgt entweder analog diesem Beispiel nach einem Komplementärbild, das aufgrund eines eigenen Defizits in der Vorstellung erscheint (Komplementaritätstheorie), oder nach dem Ähnlichkeitsprinzip (Homogamtheorie) oder — dies ist meist der Fall — nach beiden Prinzipien. Wenn das Ich, das sich unvollständig fühlt, nach einer Ergänzung sucht, damit eine innerseelische Harmonie erreicht wird, so gilt es zu bedenken, daß das Komplementärbild, nach dem der Partner ausgesucht wird, Verdrängungen beinhaltet.

Die Frau, die einen praktisch begabten Mann als Partner sucht, hat ihre eigene Fähigkeit in dieser Hinsicht nicht ausgebildet oder verdrängt. Der Mann, der eine Frau zur Partnerin nimmt, damit er täglich ein warmes Essen einnehmen kann, hat die Selbständigkeit seines eigenen weiblichen Prinzips verdrängt. Entscheidend ist auch, daß man nur unter einem bestimmten Angebot auswählen kann.

Dieses »Angebot« zieht man entsprechend der eigenen Ausstrahlung an. Ist das, was man ausstrahlt, nicht identisch mit dem inneren Wesen, bleibt das Partnerangebot unbefriedigend[3]. Zeigt sich eine junge Frau z. B. stets in aufreizender Kleidung, ist aber innerlich gehemmt und mit alten erotischen Tabus behaftet, dann besteht eine Diskrepanz zwischen Form und Inhalt. In diesem Fall kann es sein, daß die Betreffende durch ihre äußere Darstellung die innere Hemmung zu kompensieren versucht. Sie wird daher einen Partnertypus anziehen, der ihrem inneren Wesen nicht entspricht. Diese scheinbare Nichtentsprechung ist nach dem Gesetz der Anziehung jedoch eine Entsprechung, denn diese Paradoxie in der Partnerschaft ist die Widerspiegelung ihrer persönlichen paradoxen Situation, in der sie etwas anderes ausstrahlt als sie ist. Viele Frauen unterwerfen sich dem Diktat der Modetendenzen, ohne kritisch zu prüfen, ob die jeweilige Moderichtung ihrer Persönlichkeit entspricht oder nicht. Besonders gut läßt sich eine Pauschalisierung des Geschmacks am Beispiel der Mini-Mode (und dem darauffolgenden »Maxilook«, der sich zwangsläufig als Gegenbewegung durchsetzte) verdeutlichen, der auch Frauen folgten, die weder von ihrer Einstellung noch von ihrem äußeren Erscheinungsbild her diesem Modetrend entsprachen.

Was ist nun unter dem eigenen Geschmack zu verstehen? Der eigene Geschmack ist die Synthese bzw. die harmonische Übereinstimmung von Form und Inhalt, ist der Ausdruck der eigenen Empfindung, der seelischen Eigenart, des eigenen Wesens, der sich im äußeren Erscheinungsbild und in der persönlichen Umgebung verdeutlicht.

Um jedoch einen wirklich eigenen Geschmack entwickeln zu können und nicht nur von Mode oder Norm beeinflußt zu werden, muß man sich zuerst seiner körperlichen und seelischen Eigenart bewußt sein. Diese zu erfassen ist meist ein langwieriger Prozeß, doch nur dann ist eine harmonische Übereinstimmung von körperlicher (materieller) und seelischer Identität möglich.

Da die Geschmacksfindung synchron läuft mit der Partnerfindung (bzw. mit der Art der Partnerschaft), kann man nur den Menschen als Partner anziehen, der dem Entwicklungsstand der eigenen Geschmacksfindung entspricht.

Um diese Synchronizität feststellen zu können, ist es wichtig, sich vor Augen zu führen, daß der eigene Geschmack i. S. von H 7

1. nicht isoliert körperlich oder materiell gesehen werden darf. Z. B. kann ein Partner vom äußeren Erscheinungsbild, aber nicht vom Wesen (II. Quadrant) und Verhalten her dem eigenen Geschmack gemäß sein.

2. durch bestimmte Defizite körperlicher, materieller, seelischer oder geistiger Art ständig beeinflußt wird. Z. B. macht jemand Abstriche, weil die zur Verwirklichung des eigenen Geschmacks erforderlichen finanziellen Mittel fehlen.
Wieder andere passen sich ihrer Umwelt äußerlich an, sie kleiden sich anders, als es ihren Vorstellungen entspricht, richten ihre Wohnung anders ein, kaufen ein anderes Auto und heiraten in ganz krassen Fällen sogar einen anderen Partner, um angesehen und anerkannt zu sein.

3. aus dem wirklichen Wesen des Betreffenden, d. h. aus seiner primären Natur resultieren muß, um als wirklich eigen bezeichnet werden zu können.
Ist jemand in seinem Wesen stark Überich-besetzt, was sich in einer extrem konservativen Empfindung ausdrükken kann, so werden diese konservativen Momente sicher auch seinen Geschmack beeinflussen.
So wird er bei der Suche nach einer passenden Wohnungseinrichtung Antiquitäten oder Stilmöbel bevorzugen, und bei der Partnerwahl wird er sich sicher nicht für eine sehr selbständige und eigenwillige Frau entscheiden (sofern sein Wesen nicht eine latente revolutionäre Komponente beinhaltet, die er auf die Partnerin projiziert).

4. nicht kompensatorischer Natur ist.
Ein Mann kann unbewußt die Schönheit seiner Partnerin zur Steigerung seines Sozialprestiges benutzen. Ihr Aussehen entspricht in diesem Falle zwar seinem Geschmack,

doch letzterer ist durch die unbewußte Motivation verfälscht.

5. vom jeweiligen Modediktat ständig fremdbestimmt wird. Der eigene Geschmack kann — oft — nur im Rahmen der jeweiligen Trends verwirklicht werden; aus diesem Grunde kann die körperliche und seelische *Eigenart* nicht voll zum Ausdruck gebracht werden. So wird auch die Partnerwahl erschwert, denn diejenigen, die sich ähnlich sind, erkennen sich aufgrund des einheitlichen Stils kaum mehr. Selbst in Alternativgruppen bestehen bestimmte Kleidungsnormen, durch die der eigene Geschmack eingeschränkt wird. So drückt meist die Pluderhose oder das dunkle, verwaschene Kleid weniger den eigenen Geschmack als die derzeitige Stimmungslage der betreffenden Person aus. (Siehe auch Kapitel: Lieben um seiner selbst willen)

Indem man den eigenen Geschmack im äußeren Erscheinungsbild und in seiner persönlichen Umwelt verwirklicht, strahlt man diesen nach außen aus, und kann so jene Menschen anziehen, die einem entsprechen und die seelisch gleichgestimmt sind. Man kann also unterscheiden zwischen einer aktiven und passiven ♀:

Die aktive ♀ ist die Ausstrahlung

die Synthese zwischen körperlicher und seelischer Identität

die Ausgewogenheit zwischen dem Innen und dem Außen

die Ausgleichsfindung

der Geschmack

das Angebot an das Du

der eigenen Person

Im Gegensatz dazu handelt es sich um die passive ♀, wenn diese Kriterien von der anderen Person ausgehen.

Hier wird deutlich, daß jemand nur eine Ähnlichkeitswahl in der Partnerschaft durchführen kann, wenn er selbst seine körperliche und seelische Identität gefunden hat. Nur, wenn er weiß, wer er ist, kann er auch sich im anderen entdecken, nur dann erkennt er, wer ihm gleich oder ähnlich ist, wer ihm entspricht.

Wenn jemand seine Persönlichkeit noch wenig ausgebildet hat, wenn seine Gefühle noch undifferenziert sind, wenn er seine Gefühle nicht oder nur wenig ausdrücken kann und sich bei ihm noch keine eigene Meinung und keine eigene Weltanschauung herauskristallisiert haben, dann kann es sein, daß er sich mit einem Partner verbindet, der ebenso wie er seine Identität noch nicht entdeckt hat, dies aber mit der Elternrolle übertüncht. Solange man sich jenem Elternrollenspieler anpaßt oder unterordnet, ist Gleichklang, Harmonie und Liebe gewährleistet; solche Partnerschaften können oft ein Leben lang aufrechterhalten werden. Von einigen Störungen, kleinen Krisen und Mißhelligkeiten abgesehen, kehrt man hierbei immer wieder zur Harmonie zurück.

Schwieriger wird es jedoch, wenn der, der sich bisher willig an den Partner angepaßt hat, im Laufe der Zeit unter der steten Unterordnung zu leiden beginnt. Er fühlt sich nicht mehr wohl in seiner bisherigen Rolle, denkt nach und sucht nach Alternativen. Je mehr er seine Identität findet, desto stärker kristallisiert sich die Nichtidentität mit dem Partner heraus, was wiederum die eigene Identitätsfindung erleichtert, da durch die Inkongruenz evident wird, wer er nicht ist.

So kann der Betreffende erkennen, daß er weder in seinem seelischen Empfinden mit dem Partner übereinstimmt noch die gleichen Vorstellungen in Kindererziehung, Religion, Politik, Gestaltung der Partnerschaft etc. hat.

Eine solche Partnerschaft könnte nur aufrechterhalten werden, wenn auch der Partner versucht, sich zu verändern und weiterzuentwickeln. Nur wenn beide entwicklungsfähig sind, kann auch die Partnerschaft weiter verbessert werden.

Dieses Beispiel macht deutlich, daß viele noch nicht zu einer individuellen Partnerwahl gefunden haben. So ist in solchen Fällen der Partnerwahl meist Folgendes entscheidend:

1. Der andere hat oder gibt etwas, das man zum Auffüllen des eigenen Defizits braucht.

2. Der andere muß »zufällig« das komplementäre Verhaltens-

muster an den Tag legen, das die alten Gefühle der Vergangenheit wieder hervorruft.

In einer solchen Partnerschaft sind die Partner sich nahe, weil sie die Vergangenheit wiederholen, die »inzestuösen« Gefühle wiedererleben und deshalb eine Verwandtschaft verspüren, und doch fern, weil sie fern von ihrer wirklichen Natur leben und diese Ferne auch in ihre Beziehung tragen. Die tatsächliche Unähnlichkeit oder Ähnlichkeit ihres Wesens bleibt ihnen verborgen. Die Unähnlichkeit kann nicht schmerzen und die Ähnlichkeit nicht erfreuen.
Diese Formen der Partnerschaft weisen oft nur wenig Inhalt auf. Die beiden Partner passen sich meist nur an die Normen an, die das Milieu schrieb, in dem sie aufwuchsen und leben mit ihren darauf ausgerichteten Reaktionsmustern ein mehr oder weniger pauschales Leben.

## Um seiner selbst willen geliebt werden

Wir gehen gewöhnlich noch viel zu sehr von der Vorstellung aus, daß wir »an sich« liebenswert seien und uns daher auch jeder Mensch letzthin sympathisch finden und gernhaben müsse. Aber im Grunde sind wir immer nur für *einen* Menschen liebenswert, weil wir etwas haben, das dieser zu seiner Befriedigung braucht und eben darum an uns schätzt.

Werden wir abgelehnt, bedeutet dies nichts anderes, als daß sich die Bedürfnisse auf der einen und die Bedürfnisangebote auf der anderen Seite nicht entsprechen[10]. Viele, die um ihrer selbst geliebt werden wollen, sind sich nicht oder nur wenig bewußt, daß sie etwas anbieten müssen, um etwas zu bekommen. So ist. z. B. Karin L. fast jeden Tag depressiv und empfängt in dieser Stimmungslage abends ihren Mann. Dieser jedoch verläßt deshalb meist wieder fluchtartig die Wohnung und sucht seine Kneipe auf. Was bei seiner Frau die Depressivität verstärkt. Deren depressive Gefühle stammen aus ihrer Vergangenheit. Sie hat als Kind — aus der Überzeugung heraus, nicht geliebt zu werden, — das gleiche Reaktionsmuster gezeigt und behält dieses nun bei, indem sie immer wieder aufs neue diese Gefühle reproduziert und so ihre Vergangenheit im Jetzt wiederholt.

Die bei Karin L. auftretende Problematik ist kein Einzelfall, viele Menschen können nur verzauberte Anlagen anbieten, betonen aber, daß sie um ihrer selbst willen geliebt werden wollen. Indem sie jedoch vor allem Krankheiten, Depressionen, Tränen, exzessives Rauchen und Trinken, Haßgefühle, Ärger, Aggression, Hysterie, Nervosität, Machtspiele, Sadismus etc. anbieten, werden sie nicht, wie es ihren Vorstellungen entspricht, geliebt. Anstatt kritisch mit sich zu Rate zu gehen, reagieren sie nur wieder auf die alte, ihnen vertraute Art und Weise, was verstärkte Ablehnung zur Folge hat.

Eine ähnliche Entwicklung ist auch bei Frauen zu beobachten, die nachdrücklich zeigen wollen, daß sie kein Sexualobjekt mehr für die Männer seien, indem sie bewußt ihr Äußeres vernachlässigen. Sie hoffen darauf, daß ein Mann erscheint, der sie so mag, wie sie sind; nur ein solcher würde es ehrlich meinen und wäre imstande, sie wirklich zu lieben.

Wenn dann sich die Männer mehr und mehr von ihnen distanzieren und sich weiterhin vor allem für Frauen engagieren, die schön gekleidet und geschminkt sind, sehen sie sich in ihrem negativen Urteil bestätigt, daß jene es einzig und allein nur auf den schönen Körper der Frau abgesehen hätten. So kann sich dann eine Ablehnung, sogar ein Haß gegenüber dem anderen Geschlecht entwickeln, der durch verschiedene Umstände immer wieder neu entfacht werden kann. Bleiben die Frauen jedoch nicht in dieser Entwicklungsphase stecken, kann dies ein Schritt zu ihrer wahren Natur bedeuten: Die Frau, die unter der traditionellen Frauenrolle zu leiden beginnt, versucht sich langsam aus den Zwängen und Erwartungshaltungen der Umwelt zu lösen; eine Erwartungshaltung davon ist, daß sie schön und modisch aussehen soll. Indem sie daraufhin ihr Venusprinzip ausklammert und verdrängt, beginnt für sie ein Wandlungsprozeß. Diese Transformations- oder Übergangsphase ist für sie notwendig, um sich selbst zu finden, um einen neuen Inhalt anzusammeln, um zu einem neuen Frausein vorstoßen zu können.

Entsprechend dieser Entwicklungsphase trägt die Betroffene dann meist düstere Farben. Sie entwickelt eine Vorliebe für Kleidung vom Flohmarkt (♆), für Ausgeflipptes (♆) und Skurriles (♆), dabei nicht mehr darauf achtend, ob es den Männern nun gefällt oder nicht. Diese Aufmachung symbolisiert außen, was sich im Inneren abspielt: Alles ist im Wandel und in Auflösung (♆). Auch ihre zeitweise militante Haltung gegenüber Männern ist in dieser Phase ein Schutz, um nicht Gefahr zu laufen, ihren männlichen Teil wieder auf den Partner zu projizieren. So kann sie ihren männlichen Teil in sich ausbilden, kann mehr und mehr ihren ♂ und ihre ☉ integrieren, kurzum: Sie lernt sich durchzusetzen, aktiv zu werden, Initiative zu ergreifen (♂) und lernt, selbständig zu handeln (☉). Sind diese »männlichen« Eigenschaften entwickelt, kann sie jene für sich und auch für den Partner positiv einsetzen. Hat die Frau ihre gegengeschlechtlichen Anteile ausgebildet, so ist auch der Mann daran gehindert, seine weiblichen Persönlichkeitsanteile voll auf die Frau zu projizieren, oder anders ausgedrückt: Je mehr die Frau ihren männlichen Teil in sich entwickelt, desto mehr gibt sie dem Mann die Chance, an seine eigene »Weiblichkeit« zu kommen. Er kann seine Persönlichkeitsanteile Mond und Venus nicht mehr auf die Partnerin projizieren, weil sie sich nicht mehr in die ursprüngliche, einseitige Rolle zurückdrängen läßt. Wenn H. E. Richter schreibt, daß die Frauen in einer Art Naturschutzpark all die Wärme, Liebe, Geborgenheit, Schönheit etc. kompensatorisch produzieren müssen, die bei dem fortschreitenden Technisierungsprozeß immer mehr in den Hintergrund geraten sind, so bedeutet dies nichts anderes, als daß die Persönlichkeitsanteile ☾ u. ♀ im Patriarchat häufig gar kein *Eigenleben* haben. Sie werden dazu verwendet, um Frustration, Ärger und Mißmut im Berufsleben auszugleichen, können aber nicht mehr um ihrer selbst willen leben. Ihre Lebenskraft wird verbraucht, um Hemmungen und Blockaden auf anderen Lebensgebieten zu kompensieren. Je weniger Anerkennung und Erfüllung der Beruf bietet, desto mehr wird von der Partnerbeziehung verlangt.

Wärme, Geborgenheit, Liebe, Schönheit und Erotik werden erwartet und dringend gebraucht. Die ☾- und ♀-Energien können nicht frei fließen, sondern stehen unter Druck. Der Partner wird dann nur deshalb geliebt, weil er die Frustration in Elternhaus, Schule, Universität oder Beruf egalisieren kann. Die persönliche Eigenart des Betreffenden rückt dabei in den Hintergrund und der Partner wird austauschbar.

Indem die Frau nun ihr wirkliches Wesen entdeckt und sich neue Inhalte aneignet, entwickelt sie ihre individuelle Weiblichkeit, die solange von der patriarchalen Rolle als Frau überlagert war. Gleichzeitig kann sie auch dem neuen Inhalt gemäß ihre wieder entdeckte Venus ausbilden. Sie macht sich ihrem eigenen Geschmack und dem eigenen Typ entsprechend hübsch. Dieses Eigene und Individuelle hatte, solange sie unter dem Diktat der Norm stand, nur wenig Möglichkeit zum Durchbruch. Da sie ihre männlichen Persönlichkeitsanteile nicht mehr als fremd und negativ erlebt, kann sie u. a. ihre körperlichen Triebe bejahen und daher auch das »Triebhafte« der Männer. Sie fühlt sich nicht mehr als Objekt, sondern als vollwertige Partnerin, die sich mit dem Mann körperlich, seelisch und geistig austauscht. Sie hat sich mit dem Männlichen in sich und in der Außenwelt ausgesöhnt, das alte Feindbild ist verschwunden. Ihr neuer Inhalt findet eine neue Form, da sie fähig ist, ihre persönliche Eigenart auch in ihrem äußeren Erscheinungsbild zu verdeutlichen. Es setzt nun eine positive Verstärkung des Schicksals ein: Männer beginnen sich wieder für sie zu interessieren. Es ist aber ein anderer Typus von Mann. Jener liebt ihren Inhalt *und* ihre Form, fühlt sich von ihrer Eigenart angezogen, der sie nach außen einen formalen Ausdruck verliehen hat. Indem sie gelernt hat, die richtigen Signale auszustrahlen, findet sie die ihr gemäßen Empfänger.

Indem sie ihre Eigenart entwickelt hat und sich damit von der pauschalen Art als Frau zu leben gelöst hat, ist sie nicht mehr austauschbar. Aus diesem Grunde gibt es in dieser neuen Art der Partnerschaft zwischen Mann und Frau keine Verlustängste und keine Konkurrenzkämpfe. Da der einzelne in körperlicher, geistiger und seelischer Hinsicht seine Eigenart ausgebildet hat, steht seine Einzigartigkeit neben der Einzigartigkeit des anderen. Diese Einzigartigkeit steht jedoch im Gegensatz zu der im Patriarchat verbreiteten Tendenz, der »Einzige« für den anderen sein zu wollen. Dieser Drang resultiert aus der kindlichen Situation, in der man nicht als gleichberechtigter Partner von den Eltern akzeptiert wurde, und diese Hemmung im Eigenwert kann dann später nur kompensiert werden, wenn man für den Partner der »Einzige« ist. Für den anderen jeweils der »Einzige« zu sein, bedeutet jedoch häufig Isolation als Paar und bedingt auch eine negative Einschätzung der Mitmenschen. Wenn z. B. ein Mann bei einer Frau der Einzige sein will, muß er notgedrungen alle anderen männlichen Wesen, mit denen sie in Kontakt steht, als Konkurrenten sehen, die es auszubooten gilt. Hat er dies schließlich geschafft, muß er jedoch seelisch ständig auf der Lauer liegen, ob ihm nicht einer seinen hart erkämpften »Besitz« wieder streitig macht. Verlustängste, meist mehr unbewußt als bewußt, gehören genauso zu seiner seelischen Grundstimmung wie der Konkurrenzkampf, zu dem sie in steter Wechselbeziehung stehen. Diese Symptomatik macht deutlich, daß der einzelne hier noch nicht zu seiner Eigenart steht und sie nicht zu schätzen weiß. Er ist sich ihrer noch nicht bewußt. Erschwerend kommt hinzu, daß der stete Konkurrenzkampf gerade den Prozeß des Findens der eigenen Identität und der Entdeckung der Eigenart des anderen unterbindet. Das Konkurrenzdenken trübt den Blick für die Wirklichkeit. Da jeder Mensch *anders* ist, gibt es real gesehen gar keinen Konkurrenten. Wenn beide Partner ihre Eigenart entwickeln, kann sich gleichzeitig auch eine gemeinsame Eigenart, eine Identität als Paar bilden.

Diese Identität als Paar ist einzigartig, weil sie aus zwei einzigartigen Wesen besteht, sie ist etwas Lebendiges und Gewachsenes. Die Partner lieben sich um ihrer Eigenart willen. Sie sind sich nahe und vertraut. Sie können jetzt auf ihre Beziehung bauen und sich echt vertrauen. Im Gegensatz zu früher, als sie nur darauf vertrauen konnten, daß das Überich des Partners so stark ist, daß er sich die Norm Treue nicht zu durchbrechen getraut. Hat er es dennoch gewagt, konnte man ihn unter Berufung auf die Norm maßregeln und ihm Schuldgefühle aufoktroyieren.

Die wirklichen Umstände, die zur Untreue führten, blieben aber verborgen. Die Chance, etwas mehr über den Partner und über sich selbst zu erfahren, wurde — wieder einmal — vertan.

Aus all dem bisher Gesagten folgt, daß man erst dann jemand wirklich um seiner selbst willen gernhaben kann, wenn derjenige seine körperliche, seelische und geistige Eigenart entwickelt hat und dies zu zeigen imstande ist. Die Ausbildung seiner persönlichen Anlagen befreit ihn davon, im ewigen Ritual sein Reaktionsmuster der Vergangenheit zu wiederholen und das komplementäre Reaktionsmuster dazu in der Außenwelt zu suchen. Oft ist man überrascht, wenn offenbar »glückliche« Ehen nach einigen Jahren — scheinbar aus heiterem Himmel — auseinanderbrechen oder wenn manche Menschen einen dem äußeren Anschein nach ganz unpassenden Partner wählen. In solchen Partnerschaften stimmen die Reaktionsmuster der beiden Partner überein, was von diesen schon meist bei der ersten Begegnung unbewußt wahrgenommen wurde. Erfolgen aber bei einem der beiden oder bei beiden Veränderungen und zeichnen sich eigenständige Entwicklungen ab, zeigen sich anstelle der ursprünglichen »Harmonie« Spannungen und Schwierigkeiten. Hat ein Mann, der gerne die Beschützerrolle spielt ( = eine Reaktion aus der Vergangenheit) z. B. ein noch recht junges und unselbständiges Mädchen geheiratet, so ist zu erwarten, daß seine Partnerin im Verlauf ihrer Entwicklung selbstbewußter und eigenwilliger wird. So »paßt« sie allmählich nicht mehr in sein Persönlichkeitssystem, widersetzt sich sogar seinen Forderungen und nimmt ihm die Möglichkeit, seinem Reaktionsmuster entsprechend zu agieren. Aus der einst harmonischen Beziehung erwachsen Spannungen und Streitigkeiten, die keiner der beiden Partner »verstehen« kann und deren Ursachen jeweils dem anderen angelastet werden. Da keiner der beiden Betroffenen jemals seine individuelle Eigenart wie auch die des anderen erkannt und realisiert hat, konnte sich auch keine reale Liebesbeziehung entwickeln.

Solche und ähnliche Partnerschaften können dennoch recht gut, ja unter Umständen (wenn sich die Rollen auf den verschiedenen Ebenen ergänzen) lebenslang funktionieren. Vermutlich handelt es sich bei vielen sogenannten glücklichen Ehen oft um ideal aufeinander abgestimmte »Doppelsysteme«, vereinfacht dargestellt etwa mit den Symbol-Ichs »Krankenschwester — Leidender« oder »absoluter Herrscher — Sklavin«. Durch innere Fixierung an das benötigte Rollenbild des ergänzenden Partners wird die Entwicklung beider zum realen Selbst hin verhindert[12].

## Wegpartner, Zielpartner und Traumpartner

Viele Menschen suchen während ihres ganzen Lebens nach ihrem Traum- oder Idealpartner, ohne ihn jemals zu finden. Wieder andere sind auf bestimmte Eigenschaften, die ihr zukünftiger Lebenspartner besitzen soll, so fixiert, daß sie andere Bewerber nur durch die Brille ihrer Fixierung betrachten und diese deshalb nicht real wahrnehmen können. Doch weshalb entstehen eigentlich die Traumvorstellungen, das Ideal oder die Fixierung?

Nach der psychologischen Astrologie liegt die Ursache für Traum, Ideal und Fixierung in der Hemmung der ♆-, ♄- und [Pl.]-Anlagen:

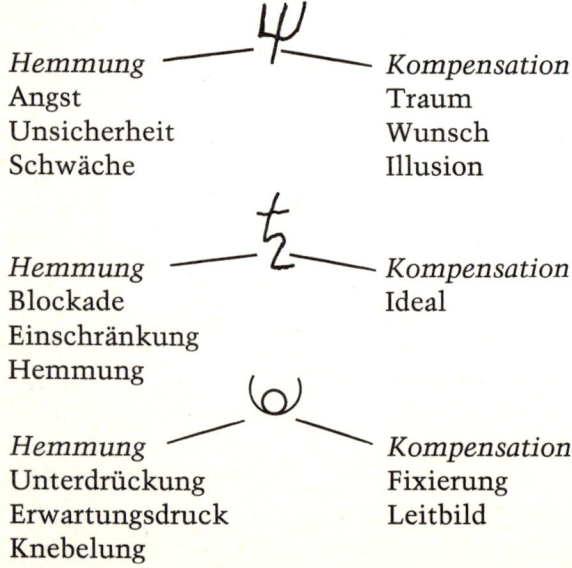

| *Hemmung* ——— ♆ ——— | *Kompensation* |
|---|---|
| Angst | Traum |
| Unsicherheit | Wunsch |
| Schwäche | Illusion |

| *Hemmung* ——— ♄ ——— | *Kompensation* |
|---|---|
| Blockade | Ideal |
| Einschränkung | |
| Hemmung | |

| *Hemmung* ——— ☿ ——— | *Kompensation* |
|---|---|
| Unterdrückung | Fixierung |
| Erwartungsdruck | Leitbild |
| Knebelung | |

Aufgrund der Hemmung erscheint vor dem geistigen Auge der Gegenpol, d. h. das dieser Hemmung bzw. diesem Defizit entsprechende Komplementärbild. Unsicherheit, Schwäche und Angst erzeugen demnach Wünsche und Traumvorstellungen, Hemmungen und Blockaden lassen das Bild des Ideals entstehen und Unterdrückung und Knebelung können nur durch Fixierungen und Leitbilder ausgeglichen werden.

Da der Traumpartner dem individuellen Wunschbild, nicht jedoch der Wirklichkeit entspricht, läßt sich die Illusion einer Traumpartnerschaft — wenn überhaupt — nur für eine kurze Zeitspanne aufrechterhalten, in der das Wunschbild auf den Partner projiziert wird. Wird der Betreffende mit der realen Persönlichkeit des Partners konfrontiert, zeigt er sich enttäuscht und vielleicht verbittert, anstatt sich kritisch mit seiner Illusion und deren Hintergründen auseinanderzusetzen.

Ähnlich gelagert ist die Problematik, wenn sich jemand einen Idealpartner vorstellt und diesen mit den gewünschten »idealen« Zügen ausstattet. Jeder, der diesem vorgegebenen Maßstab, der zur Kompensation einer Hemmung notwendig ist, nicht entspricht, wird abgelehnt.

Dies hat für den Betreffenden eine ständige Frustration zur Folge, da Ideal und Realität ja nicht übereinstimmen. Die klassische »alte Jungfer«, die sich ständig verwehrte, weil keiner ihren hohen Ansprüchen genügte, ist dafür ein typisches Beispiel. Sie war gefangen in dem Teufelskreis: Aufgrund der inneren Hemmung tauchte das Bild des Ideals auf und das Ideal verstärkte die Hemmung. Je stärker jedoch die Hemmung wurde, umso unrealistischer und anspruchsvoller wurde das Ideal. So sehen viele nur den Idealpartner, ohne eine Möglichkeit zu sehen, dieses Ziel zu erreichen. Zudem wird vor allen Dingen immer wieder der Umstand vergessen, daß dieses Ziel unter der Brille der Hemmung konzipiert wurde bzw. daß das Ideal oder Ziel anders aussehen würde, wenn die Hemmung oder das Defizit nicht vorhanden wäre. Auch spielt das jeweilige Bewußtsein bei der Konzeption des Zieles eine entscheidende Rolle.

Durch die Orientierung an einer Idealpartnerschaft wird zudem nicht berücksichtigt, daß, um ein Ziel zu erreichen, auch ein Weg zurückgelegt werden muß, und daß man, um diesen

Weg beschreiten zu können, vor allen Dingen Partner braucht, die einen begleiten. Mit diesem »Wegpartner« besteht die Möglichkeit zu lernen, zu wachsen, sich zu entwikkeln. Durch ihn bekommt der einzelne ein Feedback. Durch ihn weiß er, wo er steht. Wer ständig die Partner, die sich ihm anbieten, aufgrund seines Ideals ablehnt, verschließt sich gegen Entwicklung und Reifung. Eine lange Reise beginnt mit einem kleinen Schritt; diesen Schritt wagt jedoch nur derjenige, der seinen eigenen (unbewußten) Vollkommenheitsanspruch und die hohen Forderungen, die er an den Zukunftspartner stellt, reduziert. Das Eingeständnis der eigenen Unvollkommenheit schafft die Bereitschaft, Defizite aufzufüllen und seelisch-geistig zu wachsen. Erst wenn erkannt wird, daß der Weg das eigentliche Ziel ist, wird man nicht mehr auf den Idealpartner warten.

Wie sich das Ideal zudem auf einem Lebensweg verändern kann, zeigt das Beispiel von Inge L.:

Inge L. wünschte sich als junges Mädchen einen strebsamen, ehrgeizigen und erfolgreichen Mann, am liebsten einen Diplomingenieur. Dieser würde ihre soziale Position in ihrem Bekanntenkreis und bei ihren Verwandten, die ähnliche Berufe hatten, stark aufwerten.

Inge L. lernte jedoch nur Männer kennen, die aus einfachen Verhältnissen stammten und kaum berufliche Karrieren vor sich hatten. Aufgrund dieses Mankos engagierte sich Inge L. selbst beruflich. Nach erfolgreichem Studium und konsequentem persönlichen Einsatz gelang es ihr, eine gute Position in der freien Wirtschaft einzunehmen. Kurze Zeit später lernte sie einen Mann kennen, der beruflich als Diplomingenieur tätig war. Doch da sie inzwischen einen eigenen Weg ging, hatte sich ihr früheres Ideal gewandelt: für sie waren nunmehr andere Eigenschaften entscheidend, die der neue Bekannte nicht besaß.

# Der Ergänzungspartner

Da ein einziger Partner nicht alle eigenen Persönlichkeitsanteile ansprechen kann, benötigt jeder Mensch zusätzlich zur bestehenden Zweierbeziehung auch noch andere Kontakte, um das Gleichgewicht des eigenen Persönlichkeitssystems zu stabilisieren. Jenes ist gewährleistet, wenn ein Energieaustausch mit allen Persönlichkeitsanteilen (Planeten) stattfindet. Hat z. B. jemand seine merkurialen Anlagen ausgebildet, so wollen diese Fähigkeiten auch ausgelebt werden. Sie drängen danach, sich mit anderen, die ebenfalls über diese Fähigkeit verfügen, auszutauschen. Austausch bedeutet, daß Energie abgegeben und zugleich aufgenommen wird. Ist ein solcher Austausch mit dem eigenen Partner nicht oder nur im geringen Umfang möglich, so verkümmert die ☿-Energie; denn gleich Muskeln, die nicht mehr gebraucht werden, degenerieren Anlagen, die nicht eingesetzt werden. Wird die entsprechende Anlage jedoch bei einem anderen Menschen ausgelebt, fühlt sich der eigene Partner häufig zurückgesetzt und frustriert.

Handelt es sich um einen gegengeschlechtlichen Ergänzungspartner, wird er u. U. eine Gefährdung der bestehenden Partnerschaft befürchten. Erfolgen solche Reaktionen, geht der Betreffende von nicht der Wirklichkeit entsprechenden Vorstellungen aus:

1. Man selbst sei der Idealpartner für den anderen und könne alle Persönlichkeitsanteile bzw. Bedürfnisse des anderen voll befriedigen (Omnipotenzanspruch);

2. die Beziehung mit dem Partner müsse eine Idealpartnerschaft sein, entspricht sie einer solchen nicht, müsse man wenigstens vorgeben, daß sie es wäre;

3. man könne den Partner »besitzen«;

4. der Partner solle auf die Befriedigung von Bedürfnissen, die man selbst nicht stillen kann, zugunsten der Zweierbeziehung verzichten.

Jede dieser Vorstellungen basiert auf Einstellungen und Verhaltensweisen, die jeweils genauer betrachtet werden müssen:

Zu 1. Das Bedürfnis, der Idealpartner für den anderen sein zu wollen, resultiert aus einer Hemmung im Eigenwert. Aufgrund dieser Hemmung erscheint vor dem geistigen Auge das Komplementärbild: das Ideal. Nur indem man für den anderen das Ideal verkörpert, ist das Gleichgewicht im seelischen Haushalt gewährleistet. Nicht mehr der »Einzige« zu sein, bedeutet so eine Verletzung der innerseelischen Homöostase.

Zu 2. Die Idealpartnerschaft ist das Resultat einer Verbindung zweier Wesen, die jeweils für den anderen das Ideal verkörpern wollen. Da man von Anfang an vorgibt, man hätte dieses Ideal bereits erreicht, wird verhindert, daß der Weg zu diesem Ideal beschritten wird. Auf diese Art und Weise kann dieses Ideal nicht oder nur wenig mit Inhalt gefüllt werden.

Zu 3. Wer über sich selbst nicht voll verfügen kann und nicht einen eigenen Weg zu gehen imstande ist, trägt die Tendenz in sich, den Partner besitzen zu wollen. Besitzenwollen bedeutet also Kompensation der eigenen Schwäche.

Zu 4. Wenn der Partner zugunsten des Maßstabs: Harmonie in der bestehenden Beziehung, — eigene Persönlichkeitsanteile und Bedürfnisse verdrängt, so wirkt gerade diese Verdrängung im Laufe der Zeit auflösend.
Jede Verdrängung verlangt ihren Tribut. Über Umwegen versucht der Persönlichkeitsanteil dennoch seine Energie, die durch die Verdrängung pervertiert wird, zu entladen. Verzichtet z. B. ein junger Mann »zugunsten« seiner Partnerin auf die wöchentlichen Trainingsabende im Fußballclub, so kann sich die Energie, die sich ursprünglich beim Sport Ausdruck verschafft hat, in ständige Nörgelei oder gar Aggression umwandeln. Diese pervertierte $\delta$-Energie wirkt dann zersetzend auf die Partnerbeziehung und gefährdet somit die Harmonie

der Partnerschaft mehr als die ursprünglichen sportlichen Aktivitäten des Mannes.

Weiter bereitet in einer Partnerbeziehung immer wieder die Tatsache Schwierigkeiten, daß beide Partner aufgrund unterschiedlicher körperlicher, seelischer und geistiger Konstitution und aufgrund unterschiedlicher Lebensgeschichte auch quantitative Bedürfnisunterschiede aufweisen.

So kann es sein, daß jemand mehr Unternehmungsgeist (☉), mehr Zärtlichkeitsverlangen (☾), mehr Bedürfnis nach Abwechslung (☿) oder mehr Lust auf Sex (☉) hat als sein Partner. Entweder paßt sich nun der Betreffende der Konvention oder Moral entsprechend seinem Partner an, oder jener »opfert« sich, was sich wiederum negativ auf die Partnerschaft auswirkt.

In solchen Fällen muß also Lebensenergie verdrängt werden oder aber der Betreffende sucht sich ein neues Objekt, so daß eine Anpassung durch Verschiebung erreicht werden kann.

Eine Frau, die ihren Persönlichkeitsanteil ☾ innerhalb der Partnerschaft nicht entsprechend ausleben kann, kann sich z. B. einen Hund anschaffen, um so auf legale Art und Weise — da sie den Maßstab »Treue« nicht zu übertreten wagt — ihre »überschüssige« Zärtlichkeit »ableiten« zu können.

Bestehen innerhalb einer Beziehung bei einem Partner Defizite in der Bedürfnisstillung, versucht dessen seelische Natur diese Defizite auszugleichen, um wieder Harmonie zu erreichen. Da jedoch aufgrund von Konvention und Moral sowie aufgrund der patriarchalischen Ideale, die die Partnerschaft betreffen, dieser Ausgleich erschwert oder gar verboten ist, muß die betreffende Lebensenergie umgelenkt werden. Zudem verursacht eine beabsichtigte oder vollzogene Übertretung von Normen oder Verboten Schuldgefühle, die aus einem Defizit an Recht (auf Ausgleich) resultieren. Kein Mensch würde beispielsweise auf den Gedanken kommen, Schuldgefühle empfinden zu müssen, wenn er seinen Durst löscht und damit den Flüssigkeitshaushalt seines Organismus wieder ins Gleichgewicht bringt. Das Füllen von Kontaktdefiziten, Zärtlichkeitsdefiziten, von sexuellen Defiziten etc. außerhalb der monogamen Beziehung hingegen wird oft als »böse« apostrophiert. Nur aufgrund des Konzepts einer Idealpartnerschaft und unter dem Blickwinkel der Norm, daß nur mit einem einzigen Partner körperlicher, seelischer und geistiger Intensivkontakt stattfinden dürfe, ist dies jedoch ein Übertritt. Ein Seitensprung, d. h. Zärtlichkeitsaustausch oder körperlich-sexueller Austausch mit einem anderen Partner ist nur die Reaktion der menschlichen Natur auf ein oder auf mehrere Defizite innerhalb einer festen Beziehung*), insbesondere aber auch oft auf das Defizit in bezug auf Abwechslung.

So kann ein Seitensprung a) befreiende,
　　　　　　　　　　　　　b) auflehnende oder
　　　　　　　　　　　　　c) ausgleichende Funktionen haben.

Außereheliche Affären dienen vielen Menschen als »Ventil«, damit heimlich brachliegende Energien ausagiert und ausgetauscht werden können. Sie verspüren dann eine Erleichterung, kehren meist ausgeglichen in ihre feste Beziehung oder Ehe zurück und können auf diese Art und Weise zu ihrem Partner wieder freundlicher und liebevoller als vorher sein.

Wenn der innerseelische Maßstab Treue**) keinen Ergänzungspartner zuläßt, steigt die Wahrscheinlichkeit von Erwartungshaltungen innerhalb der Beziehung, da man immer wieder hofft, daß der Partner vielleicht den in der Beziehung bisher nicht abgedeckten Persönlichkeitsanteil doch noch befriedigen wird. Der innige Wunsch, bei dem geliebten Menschen den Persönlichkeitsanteil doch noch ausleben zu kön-

---

*) Um Mißverständnissen vorzubeugen: Das Ausleben der Persönlichkeitsanteile mit einem Ergänzungspartner stellt nur *eine* Möglichkeit dar. Die planetenspezifischen Lebensenergien können auch über den Beruf, über Hobbies, über Kinder, über einen Sportclub etc. zum Ausdruck kommen.

**) Hier gilt es zu unterscheiden zwischen einer Treue, die nur als Form bzw. als Vorschrift besteht, und einer gewachsenen (inhaltlichen) Treue, die auf einer gemeinsam erarbeiteten Intimität und Vertrautheit beruht. Bei der Treue, die nur als Form existiert, sind andere Kontakte für die bestehende »Beziehung« gefährdend, während die Treue, die mit »Inhalt« gefüllt ist, solche zulassen kann.

nen, treibt den einzelnen zu oft jahre- und jahrzehntelangen Projektionen. Diese Projektionen verursachen beim Partner das Gefühl, unter Druck zu stehen, oder führen zu Auflehnungstendenzen, während die Nichterfüllung der Wünsche und Erwartungen beim »Projektor« immer wieder Frustration und Bitterkeit hinterläßt.

Wenn auch die aufgeführten Punkte für eine Ergänzungspartnerschaft sprechen, so birgt diese jedoch einige Gefahren:

1. Wenn die Ergänzungspartnerschaft als Flucht ($\Psi$) vor der Auseinandersetzung mit dem Hauptpartner oder als Flucht vor anstehenden Problemen innerhalb der festen Beziehung verwendet wird, bestehen für den einzelnen wenig Möglichkeiten zur Weiterentwicklung und Reifung. Zudem zieht solches Verhalten fast immer Auflösungserscheinungen ($\Psi$) in der bestehenden Partnerschaft nach sich.

2. Wenn sich der Ergänzungspartner nicht seinerseits in einer stabilen Beziehung befindet oder keine weitgehend unabhängige Persönlichkeit darstellt, werden von ihm bald unbewußt oder bewußt Besitzansprüche geltendgemacht. Oft bestehen dann auch Tendenzen, den anderen aus seiner bestehenden Beziehung loslösen zu wollen.
Noch gefährlicher ist die Situation, wenn man mit dem Ergänzungspartner nicht von Anfang an offen und ehrlich darüber spricht, was man von der Freundschaft mit ihm erwartet, was man zu geben und zu empfangen imstande ist etc. Wenn sich der einzelne hier der konventionellen Vorstellung anpaßt und dem Partner womöglich dadurch Hoffnungen auf Ehe und »Alleinbesitz« macht, sind durch die Ergänzungspartnerschaft neue Probleme und Schwierigkeiten zu erwarten.

3. Da der Ergänzungspartner weniger Persönlichkeitsanteile abdeckt als der Hauptpartner, ist es für die bestehende Beziehung abträglich, wenn in der Ergänzungspartnerschaft zu viel Zeit und persönlicher Einsatz investiert werden, so daß die Weiterentwicklung der bestehenden Beziehung gefährdet ist.

Abschließend sei noch festgestellt, daß komplikationslose Ergänzungspartnerschaften einen Menschentypen voraussetzen, der spontan Gefühle zeigen und Liebe geben und empfangen kann und der dabei weitgehend auf Projektionen verzichtet.

## Alte und neue Form der Partnerschaft

Ziehen wir hier eine kurze Zwischenbilanz, so können wir folgende Aufstellung machen:

Die alte Form der Partnerschaft basiert überwiegend auf folgenden Punkten:

a) *Schicksalszwang*
   Unbewußte Partnerwahl aufgrund der Prägung in der Vergangenheit

b) *Besitz des Partners*

c) *gemeinsame Finanzen*

d) *Verdeckter »Inzest«*

e) *Über- und Unterordnung,*
   bzw. komplementäre Verflochtenheit zwischen Elternrollenspieler und Kindrollenspieler

f) *Eins plus eins = eins,*
   d. h. Ideal einer traditionellen Beziehung ist es, zu einer Einheit zu verschmelzen. Getrennte Erfahrungen sind mit Ausnahme eines gelegentlichen Herrenabends für ihn oder eines Kaffekränzchens für sie kaum oder nicht gestattet[13].
   Die Gemeinsamkeit blockiert hier die individuelle Entfaltung.

g) *traditionelle Rolle als Mann und Frau,*
   die verhindert, zu einem wirklichen Mann- oder Frausein vorstoßen zu können

h) *2mal zweite Naturen*
   Es liieren sich zwei Anpassungs- bzw. Reaktionsmuster.

i) *Tendenz, dem Wiederholungszwang zu unterliegen,*
etwa, wenn eine Frau immer wieder an einen »Choleriker«
gerät oder ein Mann sich immer wieder mit einer dominanten Frau liiert. (Siehe auch Punkt a))

Neue Form der Partnerschaft

a) *freie Wahl*
Partner wird nicht mehr gebraucht, um Defizite aufzufüllen.

b) *Jeder ist ein eigenes Wesen*

c) *unabhängige Finanzen*

d) *die beiden Menschen sind Partner*
Vater- und Mutterübertragungen etc. kommen kaum mehr
vor.

e) *beide Partner sind gleichberechtigt*

f) *eins plus eins = drei*
(Jeder der Partner kann seine Individualität beibehalten
und bildet mit dem anderen zusätzlich eine Individualität
als Paar.
Da jeder durch seine individuelle Entwicklung und die
wachsende Kenntnis des anderen für den Partner attrak-
tiver wird, verstärkt und festigt sich ihre Verbindung,
wird immer wieder neu belebt und kann ständig wachsen[13]).

g) *reales Mann- und Frausein*
ohne Rollenklischees

h) *2mal bewußte erste bzw. dritte Naturen*
Es liieren sich zwei Menschen, die ihre wahre Natur gefunden haben.

i) *Jede Beziehung ist einzigartig und nicht wiederholbar.*

# Die Umkehr

*Was erwirke ich im anderen und was bewirkt der andere in mir?*

Für eine Partnerschaftsanalyse ist es wichtig festzustellen, welcher Planet sich beim Horoskopeigner ausgelöst hat, als er seinen Partner kennengelernt hat. Wirft der einzelne sich nach Beendigung einer Beziehung Fragen auf, wie:

> Was hat der Partner in der Zeit, in der ich mit ihm zusammen war, bei mir bewirkt?
> Was habe ich dabei gelernt?
> Was ist für mich die Quintessenz aus dieser Beziehung?
> Was ist mir dabei bewußt geworden?

so wird dieser Persönlichkeitsanteil bzw. diese Anlage meist einen wichtigen Teil der Antwort ausmachen.

Hierzu ein Beispiel:

Andrea M. lernte Bernd L. kennen, als sie in ihrem horoskopbezogenen Entwicklungsablauf an ihren ♄ als Herrscher von Haus 11 in Haus 8 herankam. Der ♄ in Haus 8 widerspiegelte ihre Hemmung in bezug auf Ausbildung einer eigenen Vorstellung[8], ihre Hemmung, etwas zu planen und einen eigenen Weg zu gehen, sowie ihre Hemmung, eine Partnerschaft zu verwurzeln und zu festigen. Dieser ♄ ist Herrscher von Haus 11. Haus 8 und Haus 11 stehen deshalb in steter Wechselwirkung. Wie aus dem Anhang dieses Buches hervorgeht, ist dort, wo der Planet steht, die Auswirkung, und dort, wo der Planet Herrscher ist, die Ursache. Die Ursache der Hemmung in H 8 liegt also im vorliegenden Fall in H 11. Deshalb können wir deuten: Aufgrund eines Defizits an Recht (♄ in der Hemmung) in bezug auf Emanzipation, Individuation, Befreiung, Freiheit, Freizeit und Unabhängigkeit erwächst eine Hemmung in H 8 (Wirkung). Andrea M. begegnete also in Bernd L. der Materialisation bzw. Inkarnation der *Auswirkung* ihrer Hemmung in H 11. Als Andrea M. gefragt wurde, was sie glauben würde, was ihr in dieser Beziehung bewußt werden mußte, sagte sie spontan: Mein Recht auf Freiheit, Freizeit und Unabhängigkeit, denn Bernd schränkte mich darin ständig ein. Gehen wir nun einen Schritt weiter. Wenn wir uns vor Augen führen, daß das 7. Haus das 1. Haus des anderen, das 8. Haus das 2. Haus des anderen, das 9. Haus das 3. Haus des anderen, das 10. Haus das 4. Haus des anderen usw. darstellt, so wird deutlich, daß der ♄ in H 8 auf das 2. Haus des anderen wirkt.

Andrea M. erwirkte im anderen eine Elternrolle (♄) in bezug auf Lebensstil (H 2). Indem der Partner seinen Lebensstil (H 2) als einzig gültig (♄) ansah, fungierte dieser als Richtlinie. Da Andrea M. in ihrer Vorstellung und in ihrem eigenen Weg (H 8) gehemmt (♄ in der Hemmung) war, glich der Elternrollen-Lebensstil (♄ in der Kompensation) des Partners dieses Manko aus. Durch den Lebensstil des anderen (H 8 = H 2 des anderen) bekam sie eine Richtlinie und eine Zielorientierung (♄) in ihre Vorstellung (Haus 8).

Der ♄ als Herrscher von Haus 11 ist beim Partner Herrscher von Haus 5: Aufgrund der Elternrolle in bezug auf Selbständigkeit, Handeln und Unternehmung (H 5) ergibt sich die El-

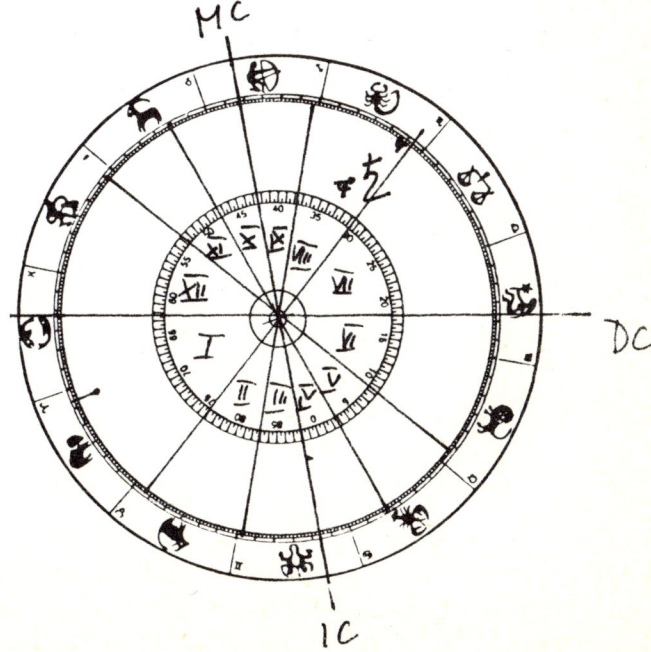

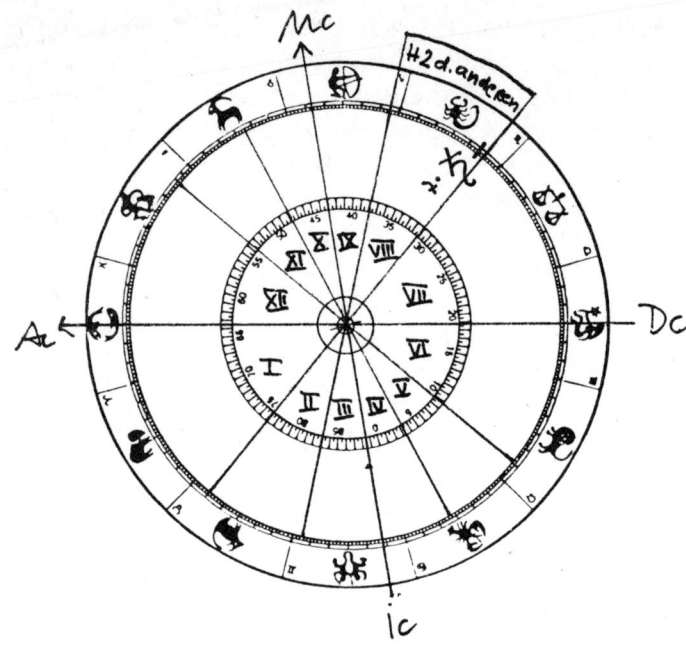

ternrolle im Lebensstil und in den Finanzen (H 2) (Deutung in der Umkehr). Bernd L. hatte ein eigenes Unternehmen (H 5) und bezog daraus seinen übergeordneten (♄) Eigenwert (H 2).

Die Ziele (♄) seines Unternehmens (H 5) bestimmten seinen Lebensstil (H 2), der seinerseits die Vorstellung (H 8) und den Weg (H 8) von Andrea M. prägte. Im Laufe der Zeit empfand Andrea M. die Ziele des Unternehmens von Bernd L., mit denen sie sich anfangs identifizieren konnte, als Einschränkung (♄) ihres eigenen Weges (H 8), ihrer persönlichen Freiheit und Freizeit (H 11).

Es ergab sich dabei folgende Situation: Weil sie gehemmt war, eine eigene Vorstellung auszubilden und einen eigenen Weg zu gehen, ließ sie sich durch die Ziele des anderen, die den Gegenpol zu ihrer Hemmung darstellten, hemmen; da sie gehemmt war, eine eigene Vorstellung zu entwickeln und eigene Pläne zu schmieden, war sie gehemmt in bezug auf Freiheit und Freizeit. Indem sie keine freie Zeit für sich beanspruchen konnte, kam sie nicht dazu, Pläne zu schmieden und eigene Wege zu gehen. Ein Circulus vitiosus also, aus dem sie nur herauskommt, wenn sie ein Recht (♄) auf ihren eigenen

Weg (H 8) und ein Recht auf Freizeit (H 11) für sich zu beanspruchen wagt. Dieses Recht wurde ihr schließlich durch die Ziele des Partners, in dessen Sinne sie zu funktionieren hatte und die zwei so wichtige Lebensgebiete wie H 8 und H 11 beschränkten, bewußt.

Das Beispiel von Andrea M. veranschaulicht nur deren entwicklungsspezifische Erfahrungswerte, denn eine andere Frau hätte auf B. L. anders reagiert; es kann jedoch verdeutlichen, wie jeder unbewußt aufgrund von eigenen Einstellungen und Verhaltensweisen im anderen etwas anderes erwirkt.

Jeder ruft im anderen andere Erfahrungen, andere Gefühle, andere Gedanken, andere Ideen, andere Reaktionen, andere Wahrnehmungen, ein anderes Schicksal hervor.

So erwirkt z. B. ein Hilfloser ($\Psi$) im anderen Mitleid ($\Psi$), eine Vaterfigur ($\hbar$) im anderen eine Blockade ($\hbar$), eine kindlich wirkende Frau ($\mathbb{C}$) im anderen den Beschützerinstinkt ($\mathbb{C}$) und ein süßes Kind ($\mathbb{C}$) im anderen liebevolle Gefühle ($\mathbb{C}$) und den Drang, es zu herzen und zu küssen ($\mathbb{C}$). Auch kann es sein, daß eine Frau bei dem einen Manne aufblüht, während bei einem anderen ihre Energien aus scheinbar unerfindlichen Gründen erschlaffen.

Das Verfahren, das 7. Haus als das 1. Haus des anderen, das 8. Haus als das 2. Haus des anderen usw. zu betrachten, wird *Umkehr* genannt. Diese zeigt dem Horoskopeigner seine subjektive Sicht und seine Reaktionsweise auf.

Indem die Umkehr deutlich macht, was man unbewußt im anderen und was der andere unbewußt in einem erwirkt, deckt sie unbewußte Verstrickungen und unterschwellige gemeinsame Konflikte auf und wird ein wertvolles Hilfsmittel zur Bewußtmachung. Durch die Umkehr wird evident, warum der andere so reagiert, welche Projektionen auf den anderen wirken, wie man sich und wie man den anderen sieht.

Die Umkehr bietet die Chance, etwas Abstand zu gewinnen, sein Schicksal objektiver sehen zu können, mehr und mehr zu einer kosmischen Betrachtungsweise übergehen zu können, und ermöglicht es, die Brille, die aus dem Anpassungsmuster bzw. Reaktionsmuster (2. Natur) der Vergangenheit resultiert, mittels derer man bisher sich und die Umwelt betrachtete, abzulegen. So erscheinen Situationen und Probleme in einem neuen Licht, gleichzeitig eröffnen sich plötzlich Lösungsmöglichkeiten, die vorher, als man im subjektiven Bezug gefangen war, nicht erkannt werden konnten. Die Umkehr gibt Auskunft über Glück und Leid, Hemmungen und Ängste, Schwächen u. Konflikte etc., die wir in das Leben der uns begegnenden Menschen projizieren.

Wie ein Planet in einem Feld von Person A im gegenüberliegenden Feld von Person B einwirkt, zeigen folgende Beispiele:

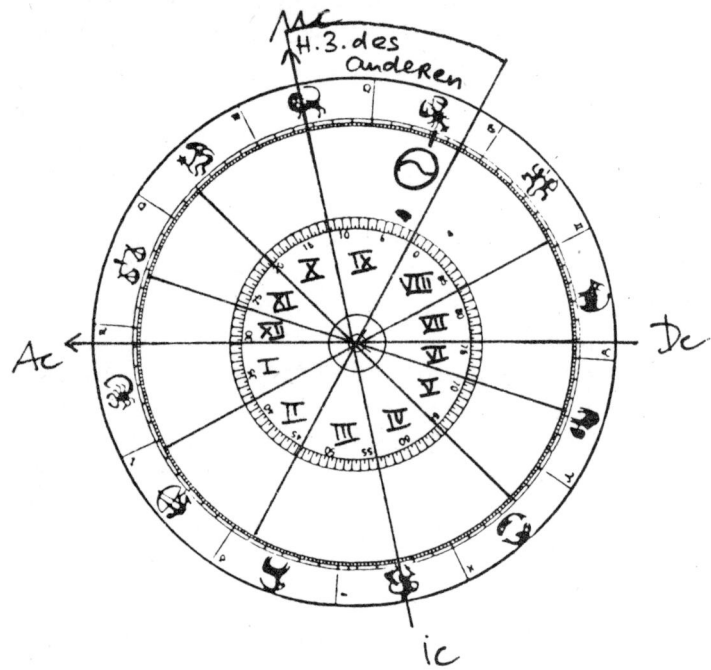

Im vorliegenden Horoskop sehen wir den [Pl.] in H 9. Dieser [Pl.] in H 9 kann zum einen — wenn er in der gehemmten Form erlebt wird — die Sinnfindung (H 9), die Weltanschauung, die geistige Weiterentwicklung, die Bildungsfähigkeit oder den Drang zu reisen des betreffenden Menschen unterdrücken. Diese innere Unterdrückung erwirkt beim anderen einen Drang, sein Leitbild ([Pl.]) auszudrücken (H 3) und u. U. aufzuoktroyieren ([Pl.]). Wird der [Pl.] in H 9 in der Kompensation erlebt, so beeinflußt der Horoskopeigner durch seine leitbildhafte ([Pl.]) und u. U. dogmatische ([Pl.])

112

Weltanschauung (H 9) den Ausdruck des anderen. Der andere kann sich nicht mehr frei äußern, er läßt sich in das geistige Schema des anderen pressen, sein Ausdruck (H 3) wird von der Erwartungshaltung ([Pl.]) des anderen geprägt. Die Folge kann sein, daß einige Menschen versuchen, dem Horoskopeigner aus dem Wege zu gehen, oder:

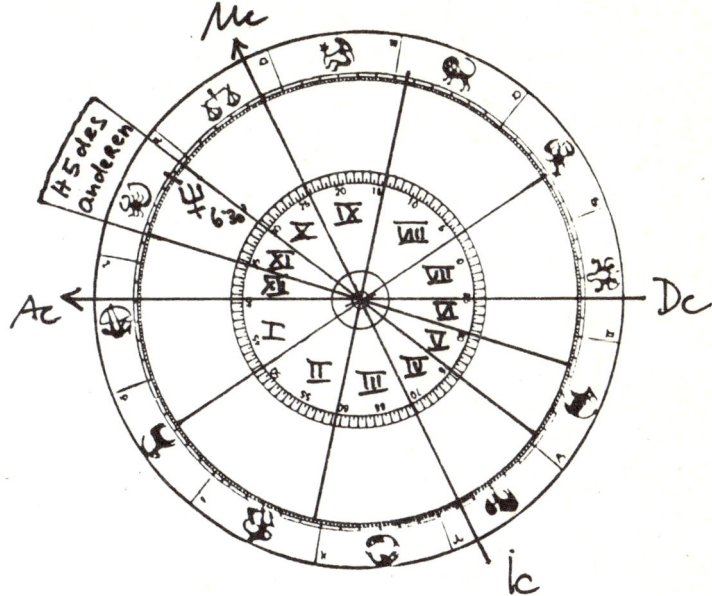

Der ♆ in H 11 im obigen Horoskop kann bedeuten, daß man in seiner Freizeit, Freiheit und Unabhängigkeit, aber auch in der eigenen Emanzipation, Individuation und in der Zukunftsorientierung verunsichert ist (♆ in 11 in der Hemmung) oder daß man in Freiheit, Unabhängigkeit, Emanzipation und Zukunftsträume flieht bzw. süchtig nach Freiheit und Freizeit ist (♆ in 11 in der Kompensation). Erlebt der Horoskopeigner ♆ in Haus 11 in der Hemmung, so bewirkt er beim anderen Flucht in ständiges Handeln, in Unternehmungen oder in Sexualität und Kreativität bzw. ein unechtes Selbstvertrauen (Prahlerei usw.), wird ♆ in Haus 11 kompensiert, so führt dies zu einer Verunsicherung der Handlungsfähigkeit und Selbständigkeit wie auch des Selbstvertrauens des anderen.

# Die 12 Häuser der Partnerschaft

Jeder Planet in unserem Horoskop wirkt nicht nur auf das entsprechende Haus des anderen — wie wir bei der Umkehr gesehen haben —, sondern hat auch auf die Partnerschaft Auswirkungen. Wenn wir uns die ständigen Wechselwirkungen des Lebens vor Augen halten, ist dies logisch, denn wenn eine Energie auf den Partner einwirkt, muß sie zwangsläufig auch auf die Partnerschaft Einfluß haben.

Halten wir die 12 Häuser, die 12 Häuser des Partners und die 12 Häuser der Partnerschaft, in einem Schema fest, so ergibt sich folgendes Bild:

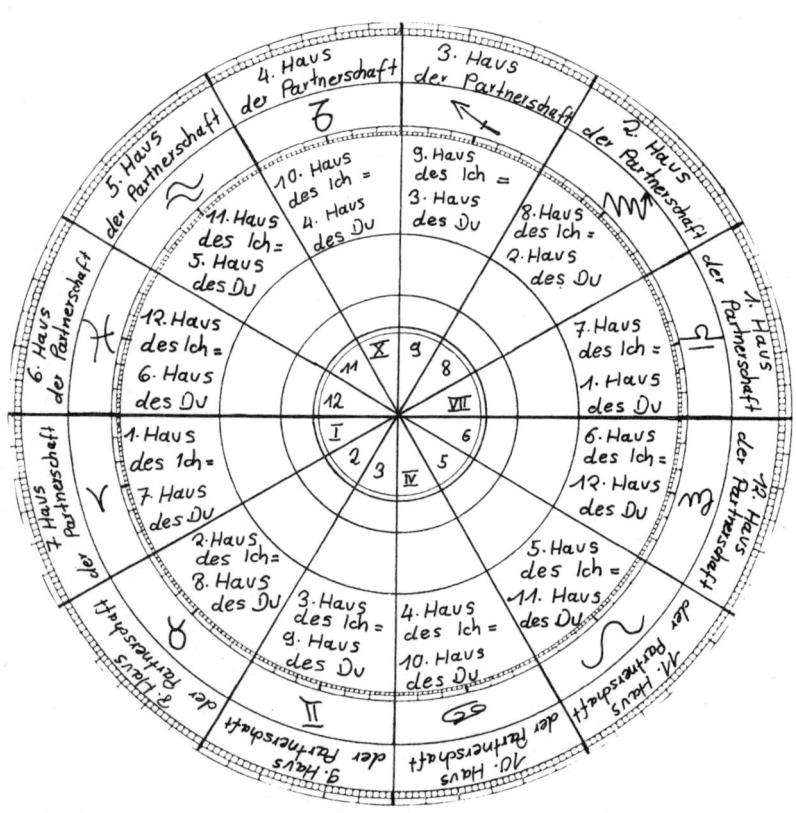

Die Bedeutung der 12 Häuser der Partnerschaft:

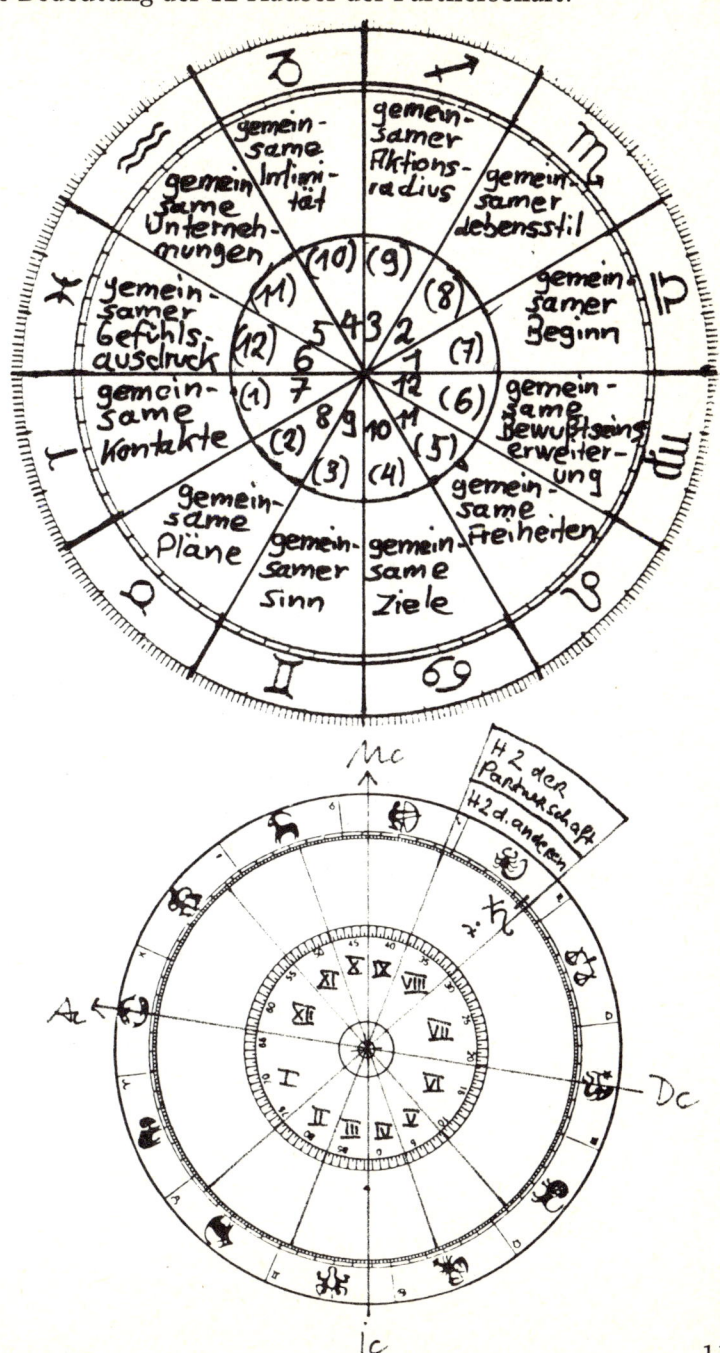

Gehen wir einen Schritt weiter:

Wir hatten anfangs das Beispiel von Andrea M., die den ♄ als Herrscher von Haus 11 in H 8 hatte. Wir können nun das 8. Haus erweitern und sagen, daß der ♄ in H 8 u. a. auch auf das 2. Haus der Partnerschaft einwirkt (siehe Horoskopzeichnung S. 115 unten).

Die Hemmung (♄) von Andrea M., eigene Vorstellungen zu entwickeln, sich einen Plan zu machen, einen eigenen Weg zu gehen (H 8), hemmt (♄) den gemeinsamen Lebensstil, die gemeinsamen Finanzen und den Eigenwert als Paar (2. Haus der Partnerschaft). Zugleich sind durch diesen ♄, der Herrscher von Haus 11 ist, auch die gemeinsamen Unternehmungen (H 11 = 5. Haus der Partnerschaft) gehemmt.

Weitere Beispiele:

Ein ♆ in Haus 9 kann nicht nur auf den Ausdruck des anderen (H 9 = H 3 des anderen), sondern auch auf die Weiterentwicklung und Differenzierung der Partnerschaft (H 9 = H 3 der Partnerschaft) verunsichernd (♆) wirken.

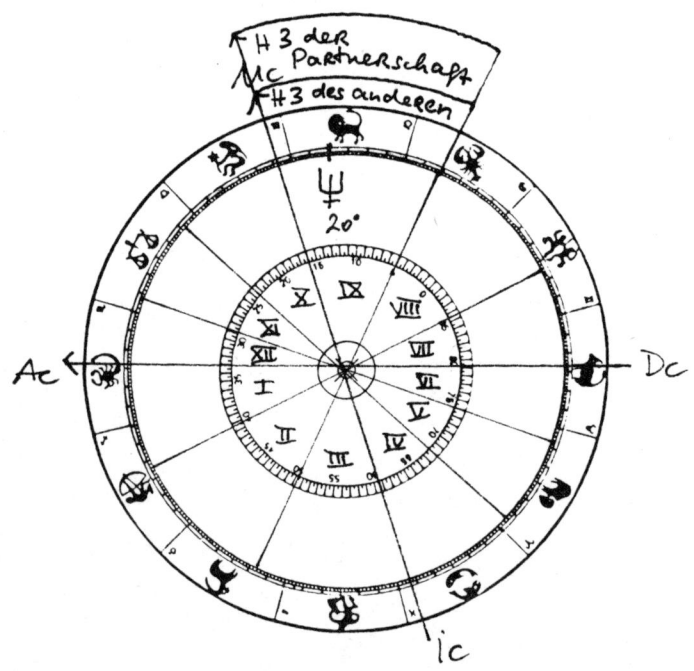

Oder: ein [Pl.] in Haus 4 kann unterdrückend wirken

1. in bezug auf die Entdeckung der seelischen Eigenart bzw. die Identitätsfindung des Horoskopeigners,

2. bei dessen Partner in bezug auf die Entdeckung der eigenen Rechte und der eigenen Verantwortung (H 4 = H 10 des anderen) und

3. in bezug auf die gemeinsamen Ziele, die man sich als Paar steckt (H 4 = H 10 der Partnerschaft).

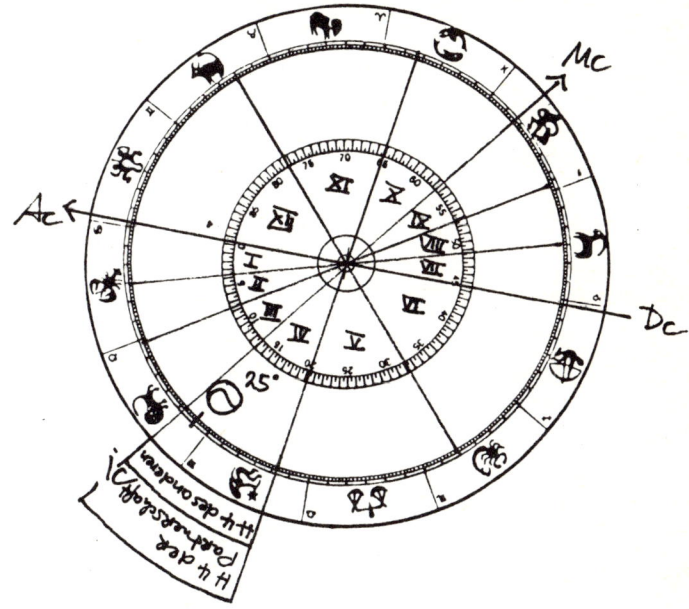

Ein ♂*) in H 11 kann dagegen stimulierend wirken auf die Selbständigkeit und auf die Unternehmungen des anderen (H 11 = H 5 des anderen), aber auch auf die gemeinsamen Unternehmungen, die man als Paar macht (H 11 = 5. Haus der Partnerschaft).

---

*) Bei all diesen Beispielen habe ich aus der Fülle der Deutungsmöglichkeiten jeweils eine ausgewählt und dargestellt. Dabei blieben jedoch das Tierkreiszeichen, die Aspekte der Planeten und die wichtige Frage nach dem Herrscher des Hauses, in dem der Planet steht, unberücksichtigt. In umfassenden Analysen müssen auch diese einbezogen werden und bei den Schlußfolgerungen berücksichtigt werden.

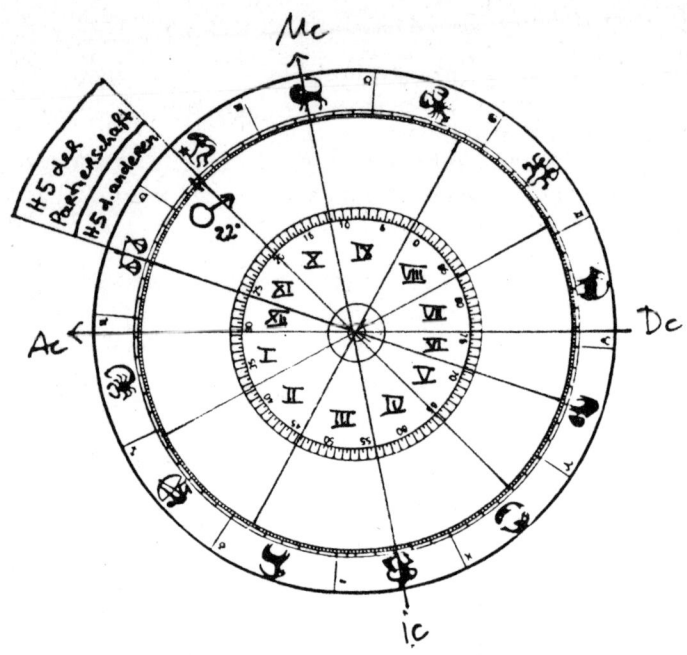

Durch die Umkehr und durch die Einbeziehung der 12 Häuser der Partnerschaft wird deutlich, daß jede Veränderung, die man bei eigenen Einstellungen und beim eigenen Verhalten vornimmt, Auswirkungen sowohl beim Partner und bei den Mitmenschen als auch in der Partnerschaft zeitigt. Wenn die Reaktionen der Umwelt einsichtig werden, weil die Mechanismen und Gesetze des Schicksals erkannt worden sind, wird das Schicksal überschaubar und steuerbar, der einzelne kann allmählich selbst das Kommando über sein Lebensschiff übernehmen.

Bevor ich im einzelnen auf die 12 Häuser der Partnerschaft eingehe, sollen hier einige Punkte aufgeführt werden, die für alle 12 Häuser von entscheidender Bedeutung sind. Sie gehören zum System der psychologischen Astrologie:

1. Das jeweilige Haus der Partnerschaft stellt immer das 7. Haus eines Grundprinzips dar. Z. B. ist das 7. Haus das 7. Haus des 1. Hauses, das 8. Haus das 7. Haus des 2. Hauses, das 9. Haus das 7. Haus des 3. Hauses, usw.

Daraus folgt, daß — um H 7, H 8, H 9 usw. aktiv leben zu können — immer die Fähigkeiten von H 1, H 2, H 3 usw. zuerst erlernt bzw. ausgebildet werden müssen. Wer z. B. nicht gelernt hat, sich richtig verbal auszudrücken (H 3), hat auch Schwierigkeiten in der partnerschaftlichen Kommunikation (H 9); wem seine eigene seelische Identität (H 4) fremd geblieben ist, kann auch mit dem Partner keine partnerschaftliche Identität oder eine eigene Art von partnerschaftlicher Intimität (H 10) ausbilden.

2. Da das jeweils gegenüberliegende Haus (Opposition H 1 — H 7, H 2 — H 8, H 3 — H 9) — wie oben festgestellt wurde — das 7. Haus symbolisiert, sind für alle Häuser der Partnerschaft gerade die H-7-Fähigkeiten besonders entscheidend — handelt es sich doch dabei um jene Fähigkeiten, die Grundvoraussetzungen für jede harmonische Partnerschaft sind:

Die Fähigkeit, mit anderen in Kontakt zu treten
Die Fähigkeit, das richtige Maß zu finden
Die Fähigkeit, Harmonie und Ausgewogenheit herzustellen
Die Fähigkeit, einen Ausgleich zu schaffen
Die Fähigkeit, sich gleichberechtigt als Partner einzubringen
Die Fähigkeit, die Reaktion des anderen miteinzuplanen
Die Fähigkeit, sich auszutauschen
Die Fähigkeit, sich zu arrangieren und Kompromisse zu schließen

Hat man diese und andere Fähigkeiten nicht oder nur eingeschränkt zur Verfügung, werden die Häuser der Partnerschaft meist nur als Häuser des Partners erlebt. Z. B. erlebt jemand, der seine H-3- und H-7-Fähigkeiten nur wenig ausgebildet hat, das 9. Haus nur als 3. Haus des Partners. Er kann nicht mitreden, also sich an einem partnerschaftlichen Gespräch (H 9) kaum beteiligen.

Wenn er H-3-Fähigkeiten besitzt, aber keine Partnerfähigkeit (H 7) aufweist, kann es sein, daß er zwar mit dem Partner spricht, dabei aber nicht auf den anderen eingeht, nicht dessen Reaktion bedenkt und auf keine Ausgewogenheit und Gleichberechtigung im Gespräch achtet. Er ist noch nicht in der Lage zu geben und zu nehmen, auszutauschen, etwas gemeinsam zu machen, den anderen anzuregen und sich anregen zu lassen. *Austausch* und *Gemeinsamkeit* sind Begriffe, die kurz am Beispiel der Geborgenheit erläutert werden sollen: Man kann in sich geborgen sein, kann sich beim Partner geborgen fühlen (passiv), kann dem Partner Geborgenheit schenken (aktiv) und man kann in einer Beziehung geborgen sein. Man kann sich also gegenseitig Geborgenheit schenken bzw. Geborgenheit *austauschen*, kann aber auch in der jeweiligen Beziehung Geborgenheit finden, d. i. eine Geborgenheit, die man mit dem Partner *gemeinsam* hat.

Man tauscht zum einen also Fähigkeiten aus und verstärkt sie dabei, zum anderen aber bestimmt man das jeweilige Gemeinsame einer Beziehung mit — z. B. die gemeinsamen Finanzen, die gemeinsame Intimität oder die gemeinsamen Unternehmungen. In dieser Gemeinsamkeit darf aber nicht die eigene Individualität verlorengehen, vielmehr sollte die Eigenart der Partner das gemeinsame Ausleben von verschiedenen Anlagen prägen. Durch das Zusammenwirken der Anlagen beider Partner verstärkt sich die positive Auswirkung auf die Partnerschaft. Beharrt ein Partner jedoch z. B. auf seiner Unabhängigkeit (H 11) und lehnt deshalb gemeinsame Unternehmungen kategorisch ab, in der Überzeugung, seine Haus-11-Fähigkeiten schon voll ausgebildet zu haben, so kann er damit u. U. seine Schwäche, sich nicht mit anderen auseinandersetzen zu können, übertünchen. Denn die Fähigkeit, frei und unabhängig zu sein, kann nur über den anderen, nicht jedoch in der Isolation erlernt werden.

3. Von Bedeutung ist ferner, daß durch die Andersartigkeit des Partners und durch das konventionelle Konzept, alles gemeinsam mit dem Partner zu machen, die Eigenart der eigenen Person immer mehr bewußt wird. Z. B. können durch die Gefühlsäußerungen des anderen die eigenen Gefühle deutlich werden, oder indem man über längere Zeit

nur mit dem Partner gemeinsam Kontakte nach außen gepflegt hat, kann der Wunsch nach einem eigenen Bekanntenkreis aufkeimen. Auch wird durch den Geschmack des anderen und durch die Mode (genormter Geschmack) oft erst der eigene Geschmack bewußt. Auf das Horoskop bezogen bedeutet dies, daß durch Haus 7 Haus 1 bewußt wird, durch Haus 8 Haus 2, durch Haus 9 Haus 3, durch Haus 10 Haus 4 usw.

4. Doch nicht nur die Bewußtwerdung des jeweils gegenüberliegenden Hauses wird durch die Konfrontation mit dem Partner und mit anderen Menschen gefördert, sondern als Produkt dieser Konfrontation werden weitere Entwicklungen und Bewußtwerdungsprozesse möglich: durch die Begegnung mit anderen ein eigener Geschmack (H 7); durch die Abgrenzung und den Eigenraum des anderen (H 2) ein eigener Weg, eine eigene Vorstellung (H 8); durch den mündlichen und schriftlichen Ausdruck (H 3) des anderen eine Erweiterung des geistigen Horizontes sowie eine eigene Weltanschauung und Bildung (H 9); durch die seelische Eigenart und die Natur (H 4) des anderen die eigenen Rechte und die eigene Verantwortung (H 10); durch das Handeln und die Selbständigkeit (H 5) des anderen die eigene Freiheit und Unabhängigkeit (H 11); durch das Zeigen der Gefühle (H 6) des anderen die Fähigkeit zur Auflösung von alten Bewußtseinshaltungen (H 12).

Dieser Bewußtwerdungsprozeß ist jedoch nicht nur auf die eigene Person beschränkt, sondern in der Begegnung und Auseinandersetzung wird auch dem anderen dessen Eigenständigkeit bewußt, wie z. B. dessen eigener Geschmack (H 1 = H 7 des anderen).

Nachdrücklich muß jedoch darauf hingewiesen werden, daß in der patriarchalen Phase einer Partnerschaft, in der danach getrachtet wird, über den anderen Defizite aufzufüllen, oft eine gegenteilige Entwicklung zu verzeichnen ist. Hier verstärkt z. B. die Selbständigkeit des anderen die eigene Unselbständigkeit oder unterdrückt die Mode die Ausbildung eines eigenen Geschmacks. Es müßte also festgestellt werden, ob Anlagen defizitär erlebt werden, ob sie entsprechend einer vorgegebenen Norm entwickelt wurden und mit dem Partner ausgetauscht werden oder ob die Anlagen real, d. h. der eigenen Natur gemäß ausgebildet wurden und die Partner durch den gegenseitigen Einsatz dieser Anlagen ihre Fähigkeiten verstärken und ihr Leben genußreicher und freudvoller gestalten. So stellt sich bei der Deutung eines Horoskops also immer die Frage: Ist der Horoskopeigner über die kulturspezifischen und zeitepochenspezifischen Normen und Maßstäbe hinausgewachsen (Entwicklungsspezifität der Deutung) oder muß die Deutung darauf abgestellt werden (Kulturspezifität der Deutung)?

Die Entwicklungsfolgen, die in der nachfolgenden Beschreibung der 12 Häuser dargelegt werden, verdeutlichen den *Weg des Paares* — vom gemeinsamen Kennenlernen über die Entwicklung von Intimität und Vertrautheit bis zur kosmischen Gemeinschaft.

Dabei gilt es auch hier zu unterscheiden zwischen dem Weg, den beide mit ihrer zweiten Natur gehen, und dem Weg, der beschritten wird, wenn sie Anlagen ihrer ersten Natur einbringen.

*So kann z. B. ein* ♄ *im 10. Haus bedeuten:*

Hemmung, die eigenen Rechte und die eigene Verantwortung zu entdecken (eigenes 10. Haus).

Hemmung der Gefühlswelt des anderen, Hemmung der Identitätsfindung und der seelischen Eigenart des anderen, (H 10 = 4. Haus des anderen) sowie Hemmung der gemeinsamen Identität als Paar und der gemeinsamen Intimität und Vertrautheit (H 10 = 4. Haus der Partnerschaft). Diese Hemmungen können bedingt sein durch fremde Ziele oder durch starken Ehrgeiz in Beruf und Öffentlichkeit, aber auch durch Normen, die der Horoskopeigner an das Empfinden des anderen stellt.

Die Deutung eines ♄ im 10. Haus entsprechend der ersten Natur, also entzaubert, lautet: Recht auf eigene Ziele, Erlaubnis, die eigenen Rechte und die eigene Verantwortung zu entdecken. Erst wenn eigene Maßstäbe und Ziele aufgestellt werden, kann der ♄ in 10 real erlebt werden. Jetzt besteht kein Drang mehr, die Natur des anderen zu beschneiden, man kann dem anderen ein Recht auf seine Identität einräumen. Wenn der andere daraufhin seine Identität entwickeln kann, vertieft (♄) sich die gemeinsame Intimität und Vertrautheit, dadurch werden wiederum Rechthaberei und Ehrgeiz reduziert.

Für manche mag es zunächst befremdend klingen, wenn das 10. Haus als gemeinsame Intimität und Vertrautheit gedeutet wird, da bei dessen Interpretation doch bisher vor allem auf Würde, Ruhm, Anerkennung und Ehren Bezug genommen wurde, oder wenn das 12. Haus als gemeinsames Zeigen der Gefühle bzw. als Partnerschaftsanalyse interpretiert wird, da doch das 12. Haus gerade als das Haus der Verdrängten, der Ausgestoßenheit und Einsamkeit gilt.

Vorrangige Intention in der psych. Astrologie ist jedoch, die eigene Identitätsfindung zu ermöglichen und den individuellen Entwicklungsprozeß zu fördern und nicht nur hohe Trefferquoten im richtigen Ablesen von Symptomen bzw. Auswirkungen einer psych. Struktur zu erzielen. Dem einzelnen sollen Möglichkeiten aufgezeigt werden, sich von Schicksalszwang bzw. von Wiederholungszwang zu befreien, um sein Leben glücklicher und erfüllender zu gestalten. Indem die psychologische Astrologie darlegt, wie Planetenkonstellationen auf andere, günstigere Art und Weise erlebt werden können, eröffnet sie dem Betreffenden Alternativen zwischen verschiedenen Erlebnisformen und regen ihn an, aktiv sein Schicksal zu gestalten.

### 1. HAUS DER PARTNERSCHAFT (HAUS 7)

*Sich kennenlernen, gemeinsamer Beginn,*
*gemeinsame Aktivitäten*

Das 7. Haus ist das 1. Haus des anderen, aber auch das 1. Haus des 3. Quadranten bzw. das 1. Haus des 1. Quadranten in der Partnerschaft. Das 1. Haus eines Quadranten beinhaltet immer die Merkmale des Beginns, des Anfangs, des Auf-

bruchs, der Entdeckung. Im 1. Haus der Partnerschaft begegnet das Ich (Haus 1) dem Du (Haus 7 bzw. 1. Haus des Du).
Haus 1/ Haus 7 bedeutet, sich zu entdecken, den anderen zu entdecken, und als Haus 1 der Partnerschaft, sich gegenseitig zu entdecken. Hier wird der erste Kontakt geschlossen (siehe auch Kapitel »Partneranziehung«).

In dieser Entwicklungsphase ist es wichtig, einige Fähigkeiten zu lernen, um überhaupt eine Partnerschaft eingehen zu können, die dauerhaft und für beide Partner befriedigend ist. Vielen, die über Schwierigkeiten in ihren Beziehungen klagen, ist nicht bewußt, daß ihre mangelnde Partnerfähigkeit die Ursache negativer Erfahrungen ist, denn in dem Verlauf einer Partnerschaft spiegelt sich die eigene Partnerfähigkeit wider. Doch woran kann man die Partnerfähigkeit erkennen?

Sind ein sich selbst überschätzender Ehemann, eine Frau, die sich stets ihrem Partner anpaßt, der sich ständig unterordnende Angestellte oder der autoritäre Vorgesetzte partnerfähig? Sicher nicht. In all diesen Fällen wird gegen das Waageprinzip verstoßen, das Ausgewogenheit und Gleichberechtigung fordert.

Es gilt daher im Haus 1 der Partnerschaft, also bereits in den Anfängen einer Beziehung, auf eine Ausgewogenheit zu achten. Deshalb sind Planeten, die im 7. Haus stehen, nicht nur Anlagen, die zum Schließen von Kontakten verwendet werden, sondern auch Anlagen, die sich, dem 7. Haus entsprechend, einem Lernprozeß unterziehen müssen.

So muß etwa jemand mit ♅ in H 7 lernen, eine Ausgewogenheit herzustellen zwischen seiner eigenen Freiheit (♅) und der Freiheit (♅) des anderen, für jemand mit [Pl.] in H 7 ist es wichtig, daß seine Meinung ([Pl.]) neben der Meinung ([Pl.]) des anderen bestehen kann, und derjenige, der den ♄ in H 7 hat, muß auf eine Ausgewogenheit zwischen seinen Rechten und den Rechten des anderen achten, für jemanden, in dessen Horoskop der ☿ in H 7 steht, ist es günstig, eine Harmonie im Gespräch (☿) herzustellen, bei ♀ in H 7 sollte man die Mitte finden zwischen dem eigenen Genuß und dem Genuß des anderen ...

Die Planeten im 7. Haus haben jedoch auch deshalb entscheidende Bedeutung, weil hier die *Substanz* der Partner-

124

schaft (1. Haus der Partnerschaft) angezeigt wird. Es geht hier um die Frage: Was bringe ich und was bringt der andere in die Partnerschaft ein, und wie kann beides zusammen harmonieren? Was erwarte ich und was erwartet der andere? Können die Ziele der beiden Partner miteinander vereinbart werden? Worin sieht der eine den Sinn der Partnerschaft und worin der andere?

Die Partner müssen bestrebt sein, sich abzustimmen, sich in den anderen einzufühlen, sich in den anderen hineinzudenken, sich auf den anderen einzustellen (im Unterschied zur Anpassung an den anderen), die Reaktionen des anderen auf die eigenen Aktionen zu beachten und mit in das eigene Denken und Handeln einzubeziehen.

Dies setzt zum einen die Fähigkeit und Bereitschaft voraus, sich mit dem anderen auseinanderzusetzen, zum anderen aber auch eine große Kompromißbereitschaft und echte (gewachsene) Toleranz.

Doch nicht nur diese Fähigkeiten wirken prägend auf den Keim der Partnerschaft (H 7 = H 1 der Partnerschaft — symbolisiert daher den Keim, den Anfang, die Substanz einer Beziehung), sondern auch die Fähigkeit, sich selbst und dem Partner Freude (♀) zu bereiten, die Fähigkeit, das auszustrahlen, was dem eigenen Wesen gemäß ist, und die Liebesfähigkeit. Letztere wiederum wird entscheidend dadurch beeinflußt, ob der einzelne seine körperlichen Triebe zuläßt, ob er imstande ist, sich auf die Eigenart des anderen Geschlechts einzustellen (z. B. auf die Tatsache, daß Männer mehr den visuellen Reiz lieben, während bei Frauen mehr Worte, Streicheln etc. stimulierend wirken), Zärtlichkeit zu geben und zu empfangen, seelische Wärme zu vermitteln, ob er Ideen entwickelt und daran arbeitet, all diese Fähigkeiten zu verfeinern, zu differenzieren und zu vertiefen, ob er Abwechslung in eine Beziehung bringen kann. Wenn das 7. Haus zugleich das 1. Haus des anderen und das 1. Haus der Partnerschaft ist, so bedeutet dies, daß man hier die Fähigkeiten, sich einzubringen und durchzusetzen (H 1), einsetzt, den anderen sich einbringen und behaupten läßt (H 7 = H 1 des anderen), um sich schließlich gemeinsam durchsetzen und gemeinsame Aktivitäten beginnen zu können.

Wenn beide ihre Energien einsetzen, verstärken sich jene, und jeder der beiden Partner kann aus der Beziehung Kraft schöpfen, von der jeder einen Teil wiederum in die Beziehung fließen lassen kann.

## 2. HAUS DER PARTNERSCHAFT (HAUS 8)

### Gemeinsamer Lebensstil

Das 8. Haus ist das 2. Haus des Partners und das 2. Haus der Partnerschaft. Insofern sind hier zum einen der Eigenraum, der Besitz, die Finanzen, der Eigenwert und der Lebensstil des anderen verankert, zum anderen aber auch der gemeinsame Eigenraum, den man sich mit dem Partner schafft und durch den man sich gegenüber anderen abgrenzt, der gemeinsame Besitz, die gemeinsamen Finanzen, der Eigenwert als Paar und der gemeinsame Lebensstil.

Im 7. Haus findet der erste Kontakt mit dem Partner statt, im 8. Haus liiert man sich mit dem Partner und läßt die Partnerschaft verwurzeln. Diese Sicherung und Etablierung der Partnerschaft ist jedoch oft ein schwieriger Prozeß, da hier zwei Lebensstile aufeinandertreffen, die miteinander in Einklang gebracht werden müssen. So muß wohl jeder Partner hier Abstriche machen und seinen Lebensstil in einigen Punkten verändern, da sonst die Sphäre des anderen (H 2) stets verletzt werden würde und ein Zusammenleben mit dem Partner nicht oder nur unter seelischen Schmerzen, oft auch, indem auf eigene Wünsche und Vorstellungen verzichtet wird, möglich wäre. Hört z. B. jemand gerne sehr laut Musik, so beeinträchtigt dieses Faible den anderen, wenn dieser nicht auch dieselbe Musik in großer Lautstärke liebt und sich zudem zur gleichen Zeit an jener Musik erfreuen will. Jeder Partner muß deshalb den Lebensstil des anderen kennenlernen und dann die Fähigkeiten einsetzen, die er in H 7 gelernt hat, nämlich die Fähigkeiten, auszubalancieren, Harmonie herzustellen, auszugleichen, die Reaktion des anderen einzuplanen, Kompromisse zu schließen . . .

Er muß prüfen, was vom Lebensstil des anderen mit seinem Lebensstil vereinbar ist, ohne daß es ihn belastet, ohne daß er sich verleugnen muß oder sich dabei unwohl fühlt. Was über das, was vereinbar ist, hinausgeht, muß alleine gelebt werden. Auf das vorher aufgeführte Bcispiel bezogen, sollte sich der Musikliebhaber in sein eigenes Zimmer (Eigenraum) zurückziehen und dann die Musik (in Zimmerlautstärke) alleine genießen. Im 8. Haus, d. h. im 2. Haus der Partnerschaft heißt es also zu unterscheiden zwischen dem eigenen Lebensstil (H 2), dem Lebensstil des anderen (H 8 = H 2 des anderen) und dem gemeinsamen Lebensstil (H 8 = H 2 der Partnerschaft).

Wer den Lebensstil des anderen wahrnimmt, sich mit diesem auseinandersetzt und ihn ohne Vorurteile akzeptiert, bekommt eine Vorstellung[8]) davon, *wie der andere wirklich ist* und ist weniger versucht, dem anderen die Vorstellung aufzuzwingen, *wie er sein sollte* bzw. *wie man ihn* zur Realisation des eigenen Lebensweges *braucht.*

Die Schwierigkeit in dieser Phase ist nun für beide Partner, einerseits die persönliche Sphäre gegeneinander abzugrenzen, andererseits einen gemeinsamen Eigenraum und einen gemeinsamen Lebensstil als Paar zu entwickeln — dieser Lernprozeß muß im 8. Haus vollzogen werden. Jene Anlagen, die beide in ihre Beziehung einbringen wollen, müssen miteinander übereinstimmen, müssen wie ein Räderwerk ineinandergreifen, um schließlich zu einem funktionierenden System zu werden, das den gemeinsamen Lebensstil ausmacht.

Planeten, die im 8. Haus stehen, können oft nicht ohne Partner verwirklicht werden. Daher will man ihn, um die eigenen Anlagen entsprechend ausleben zu können, in die eigene Vorstellung zwingen. So kann es sein, daß man — vereinfacht ausgedrückt — mit ☽ in Haus 8 den Partner für gemeinsame Spaziergänge braucht und mit ihm gemeinsam zum Essen gehen will, mit ♂ in Haus 8 gemeinsam Sport treiben möchte, mit ♆ in Haus 8 mit ihm gemeinsame Badeausflüge, gemeinsame mystische Exkursionen oder ein alternatives Leben durchführen will. Die Planeten, die in Haus 8 stehen, können also für den Horoskopeigner auch Fixierungen darstellen und zu einer Bedingung für eine Partnerschaft werden. Entspricht der andere nicht diesen Vorstellungen, kann sich dann keine länger andauernde Beziehung mit einem eigenen Lebensstil entwickeln. Durch die Zweierbeziehung sollte es leichter für jeden sein, den eigenen Weg zu gehen, und nicht schwerer — wie es manchmal der Fall ist.

So ist der gemeinsame Besitz an Haushaltsgegenständen eine finanzielle Erleichterung, wenn beide dazu beisteuern. Es muß nicht jeder für alles allein aufkommen und nicht jeder alles separat managen, wodurch Zeit und Kraft gespart werden können, Zeit und Kraft, die zum Aufbau der eigenen Persönlichkeit, für den eigenen Weg, aber auch für den Aufbau der Beziehung so notwendig gebraucht werden.

Es muß also unterschieden werden, ob die Partnerbeziehung als solche den eigenen Weg erleichtert oder ob man den Partner dazu zwingt, bei der Realisation des eigenen Weges mitzuhelfen. Oder anders ausgedrückt: Es ist ein Unterschied, ob die gegenseitige Unterstützung zur Erleichterung bzw. zum gegenseitigen Genuß und zur gegenseitigen Freude führt oder ob der Partner eine Art Krücke darstellt, ohne die man den eigenen Weg nicht gehen kann.

### 3. HAUS DER PARTNERSCHAFT (HAUS 9)

*Weiterentwicklung der Partnerschaft
(partnerschaftliche
Kommunikation),
Gemeinsame Aktionsradien*

In der 3. Entwicklungsphase eines Quadranten geht es jeweils darum, etwas aufzubauen, weiterzuentwickeln und zu differenzieren — ähnlich wie der Trieb eines Baumes sich verästelt und verzweigt. Im 3. Haus der Partnerschaft wird die Zweierbeziehung, die in H 1 aufgekeimt ist und die sich in H 2 verwurzelt hat, nun weiter ausgebaut, weiterentwickelt und praktiziert. Hier heißt es, gemeinsam mit dem Partner zu lernen, Fähigkeiten im täglichen Leben einzuüben, gemeinsam zu wachsen. H 9 bedeutet aber auch, gemeinsam zu sprechen (imstande zu sein, als Partner mitreden zu können), sich zu bewegen, den Aktionsradius des einen auf den des anderen abzustimmen und sich in der Kommunikation aufeinander einzustellen. Um nicht in die alte Form der Partnerschaft zu verfallen, ist es auch hier Voraussetzung, daß die Partner in H 1 bzw. H 7 die Fähigkeit erworben haben, eine Ausgewogenheit und Gleichberechtigung herzustellen. Ist dies nicht geglückt, erschöpft sich das H 3 der Partnerschaft primär darin, daß Kindrolle und Elternrolle aufeinander abgestimmt werden, was ein gemeinsames Wachsen nicht mehr oder nur in einem sehr beschränkten Rahmen zuläßt. Hat jemand stets eine übergeordnete Position innerhalb einer Partnerschaft inne, kann es sein, daß sowohl der Aktionsradius des Partners wie auch dessen Ausdrucksfähigkeit unterdrückt, gehemmt oder in einen bestimmten Rahmen gepreßt werden, dadurch sind der gemeinsame partnerschaftliche Ausdruck bzw. die Kommunikation mit dem Partner und die Weiterentwicklung der Partnerschaft nur sehr begrenzt möglich. Zudem stagniert die geistige Weiterentwicklung und die Weltanschauung des Betreffenden wird fixiert, sofern er nicht außerhalb der Beziehung andere Impulse aufnimmt: denn eine geistige Horizonterweiterung kann nur über den Ausdruck des anderen, nur über Sprache und Schrift des anderen, über Vorträge, Bücher und Reisen in andere Länder erfolgen. Lebt jemand seinen ♄ in H 9 so aus, daß er die Weltanschauung seiner Eltern weitgehend übernimmt und jene zum Maßstab erhebt, so kann es sein, daß er sich dadurch sowohl in seinem eigenen geistigen Wachstum blockiert als auch seinen Partner in dessen verbalem und nonverbalem Ausdruck und in dessen Aktionsradius sowie auch den Aufbau der Partnerschaft einschränkt. Auftretende Schwierigkeiten interpretiert der Betreffende dann meist entsprechend der Maßstäbe seiner überkommenen Weltanschauung und bleibt damit im Netz des Schicksalszwangs gefangen.

Anlagen, die im 9. Haus, d. h. im 3. Haus der Partnerschaft, stehen, werden oft auch in der Projektion erlebt. So ist es möglich, daß sich etwa jemand mit ♀ in Haus 9 einen Partner wünscht, der modisch gekleidet auftritt oder sich besonders gewandt, sicher und elegant auszudrücken versteht; jemand mit [Pl.] in H 9 erwartet u. U. von einem Partner, daß er so spricht, wie es seiner eigenen Vorstellung[8]) oder seinem Leitbild entspricht. Insofern wirkt H 9 auch auf H 8 (gemeinsamer Lebensstil, Verwurzelung der Partnerschaft) und auf H 7 (Partneranziehung) zurück, denn es kann nur der angezogen werden, der z. B. die Disposition in sich trägt, sich in seinem Ausdruck und seinem Aktionsradius (H 3 = H 9 des anderen) in das Schema eines [Pl.] in 9 zwängen zu lassen, oder falls der [Pl.] in H 9 des Horoskopeigners durch dissonante Aspekte verletzt ist, wird der Partner vielleicht eigene Vorstellungen entgegensetzen, so daß es zu geistigen Kämpfen kommen kann.

Im 9. Haus sind also Anlagen verzeichnet, die bei Kind-oder Elternrollenspiel über den Partner oder bei einer erwachsenen Form der Partnerschaft mit dem Partner erlernt oder ausgelebt werden. Anlagen in H 9 können auch Hinweise geben, welche Gesprächsthemen der Horoskopeigner in einer Begegnung gerne anschneidet. Umgekehrt wird in H 9 nur das, was man für seine Weltanschauung (aus Vorträgen, Seminaren, Büchern) und Sinnfindung braucht, assimiliert. Auch können diese Anlagen für Reisen, Bildung, Weiterbildung und Sinnfindung verwendet werden. Die eigentliche Aufgabe (H 9 = Sinnfindung), die der Horoskopeigner in dieser Welt erfüllt, kann über den Ausdruck der anderen gefunden werden, denn in der Auseinandersetzung mit seiner Umwelt erkennt der Betreffende, inwieweit er sich unterscheidet, welche Rolle er in der körperlichen, seelischen und geistigen Ökologie spielt, welchen Sinn sein Leben hat. Indem er offen ist für Impulse von außen und seine eigene geistige Abgrenzung aufgibt, kristallisiert sich immer mehr eine Toleranz heraus, die lebendig und gewachsen ist im Gegensatz zur »konventionellen Toleranz«, die sich darin erschöpft, tolerant sein zu müssen, weil es der Maßstab vorschreibt.

## 4. HAUS DER PARTNERSCHAFT (HAUS 10)

*Gemeinsame Identität, Gemeinsame Intimität*

Geht es in H 3 bzw. H 9 darum, die Partnerschaft weiterzuentwickeln und auszubauen, sich als Paar im Ausdruck (Rede, Aktionsradius etc.) aufeinander abzustimmen, sich gemeinsam als Paar zu zeigen, zusammen zu verreisen und sich zu tolerieren, so muß man sich im 4. Haus der Partnerschaft, also im 10. Haus, auf die seelische Eigenart, auf das Wesen, auf die Gefühle des anderen (H 10 = H 4 des anderen) einstellen. Da das 10. Haus das 7. Haus des 4. Hauses ist, begegnet man im 10. Haus der Seele des anderen und hat daher in der Entwicklungsfolge zu lernen, eine Ausgewogenheit zwischen der seelischen Eigenart der eigenen Person und der seelischen Eigenart des anderen herzustellen. Das 10. Haus symbolisiert als 7. Haus des 4. Hauses aber auch den Austausch (H 7) von seelischen Reizen, von Gefühlen, von Zärtlichkeit (H 4). Nur wenn beide Partner ihre seelische Eigenart entdecken, wenn beide sich akzeptieren und gegenseitig ihre Natur bzw. ihr Wesen annehmen, kann sich eine echte Intimität und Geborgenheit innerhalb der Beziehung entwickeln. Um das 10. Haus real erleben zu können, muß jedoch zuerst die eigene Identität bzw. seelische Eigenart im 4. Haus entdeckt und angenommen werden, da sonst kein *Inhalt* für den Austausch vorhanden ist. Im 10. Haus wird man als Paar (seelisch) miteinander vertraut. Jetzt kann man es wagen, zusammenzuziehen, eine gemeinsame Wohnung zu nehmen. Dieses Miteinanderwohnen verdeutlicht das Wesen des anderen und verstärkt die partnerschaftliche Intimität. Durch die Entdeckung der seelischen Eigenart des anderen (H 4) wird auch die seelische Eigenart der eigenen Person deutlicher. Leider ist im Patriarchat das 10. Haus pervertiert worden: Statt partnerschaftlicher Intimität, statt Austausch von seelischer Liebe und Zärtlichkeit, statt Entdeckung und Annehmen der seelischen Eigenart des anderen wird meist nach Überlegenheit, Ruhm, Ehre, Karriere gestrebt, wird oft danach getrachtet, die Seele des anderen zu beschneiden, zu hemmen, zu entwerten. Es ist verständlich, daß so die wirkliche Natur des Menschen nicht gefunden werden kann. Wenn beide Partner sich anschicken, die eigene Natur bzw. das Wesen ihrer Partnerschaft zu entdecken, dann können sie schließlich auch die menschliche Natur erkennen und erfassen, was der menschlichen Natur entspricht und was nicht.

Nur in einer Gesellschaft, in der die allen Lebewesen gemeinsame Natur (nicht die Künstlichkeit bzw. 2. Natur) zur

Kultur erhoben wird, können die Menschen sich offen begegnen. Gemeinsam zu empfinden, heißt nicht Gleiches empfinden zu müssen — orientiert an einer vorgegebenen Norm —, sondern bedeutet, daß jeder seine Gefühle in die Partnerschaft einbringt und sie als eigenständiges Individuum mit dem Partner austauscht. Dies bewirkt dann ein Zusammengehörigkeitsgefühl, eine eigene Art von Intimität. Diese eigene Art von Intimität ist nicht wiederholbar, weil sie aus der Übereinstimmung zweier einzigartiger Lebewesen erwächst. Mit einem anderen Partner hätte man also eine andere Art von Intimität; denn jeder löst — wie bereits an anderer Stelle erwähnt — im anderen andere Empfindungen und Gefühle aus, andere seelische Regungen und andere Bewußtwerdungsprozesse.

Anlagen, die im 10. Haus stehen, können auf verschiedenen Ebenen zur Auswirkung kommen. Ein $\Psi$ in H 10 kann z. B. — sofern er nicht real ausgelebt wird — die Entdeckung der eigenen Rechte und der eigenen Verantwortung, den Beruf und das Ansehen in der Öffentlichkeit, aber auch die seelische Eigenart, die Gefühle und die Geborgenheit des Partners sowie die eigene Geborgenheit innerhalb der Partnerschaft verunsichern. Umgekehrt ist es auch möglich, daß der $\Psi$ in 10 in der Projektion erlebt wird und so die Verunsicherung vom Partner ausgeht. Indem der Partner in seiner Identitätsfindung (H 4 des anderen = H 10) verunsichert ist oder seine seelische Eigenart nur schwach ausgebildet hat, wird dadurch die Entdeckung der eigenen Rechte und der eigenen Verantwortung und die gemeinsame Geborgenheit und Intimität verunsichert. Wenn einer nur schwach ($\Psi$) Gefühle investieren kann oder gar verfälschte ($\Psi$) und unechte ($\Psi$) Gefühle einbringt, kommen innerhalb dieser Beziehung nicht die gemeinsamen Gefühle zum Ausdruck, die man sonst mit dem Partner erleben könnte und die die Eigenart und das Wesen gerade dieser Beziehung ausmachen würden: Es ist dann keine oder nur wenig seelische Wärme in der Beziehung, der Gefühlsaustausch funktioniert nur schwach, es fehlt an gegenseitiger seelischer Liebe. Die eigenen Rechte und die eigene Verantwortung können nur im Rahmen der seelischen Natur des anderen und der gemeinsamen menschlichen Natur und der Allnatur gefunden werden. Die eigenen Rechte enden dort, wo die Rechte des anderen beginnen. Dies bedeutet, daß mancher seinen »Gotteskomplex«[14]) ablegen muß und sich nicht mehr als Maß aller Dinge betrachten kann. Wenn das Leben zum Recht wird, besteht kein Recht mehr, das Leben von anderen und Leben in der Natur zu beschneiden.

## 5. HAUS DER PARTNERSCHAFT (HAUS 11)

### Gemeinsame Unternehmungen

Das 11. Haus symbolisiert das 5. Haus des Partners und das 5. Haus der Partnerschaft. Hier sind die Selbständigkeit, das Selbstbewußtsein, die Handlungsfähigkeit, die seelische Bindungsfähigkeit, die schöpferischen Fähigkeiten, die Unternehmungen und die Sexualität des Partners aufgezeichnet, aber auch das gemeinsame Selbstbewußtsein als Paar, das gemeinsame Handeln, die gemeinsamen Unternehmungen und die gemeinsame Sexualität. Im 4. Haus der Partnerschaft ging es darum, eine partnerschaftliche Intimität auszubilden, das Wesen der Partnerschaft zu erfassen, die seelische Eigenart der Beziehung zu entdecken. Die 5. Entwicklungsphase baut darauf auf: Jetzt kann die Intimität, das Wesen, die seelische Eigenart der Beziehung gesichert werden!

Es bildet sich ein Selbstbewußtsein als Paar heraus. Aus dieser Sicherheit heraus können die Partner dann dazu übergehen, gemeinsam etwas zu unternehmen, sich gemeinsam seelisch zu binden und gemeinsam zu handeln.

Auch hier heißt Gemeinsamkeit nicht Aufgabe der eigenen Individualität, sondern Einbringen der Fähigkeit zur Selbständigkeit, der unternehmerischen und schöpferischen Fähigkeiten sowie der Handlungsfähigkeit in die Partnerschaft. Hat der Partner diese Fähigkeiten (wenn auch auf andere Art und Weise) ausgebildet, werden die eigenen Anlagen ergänzt und verstärkt. Dadurch ist man zu Leistungen fähig, die man alleine nicht vollbringen könnte. Solche gemeinsamen Unternehmungen können aber nur dann befriedigen und erfolgreich sein, wenn von beiden Seiten auch H-7-Fähigkeiten einfließen. Wer sich hier nicht mit dem Partner abstimmt und arrangiert, läuft Gefahr, daß ein Leerlauf entsteht, daß Mißverständnisse auftauchen, daß einige Dinge doppelt getätigt werden usw.

Das 5. Haus der Partnerschaft bedeutet ferner gemeinsames Erleben bzw. Austausch von Erlebnissen. Jeder hat eigene Erlebnisse und tauscht die daraus resultierenden Erfahrungen mit dem Partner aus. Jeder hat aber auch gemeinsame Erlebnisse mit dem Partner, ureigene Erlebnisse als Paar, die mit anderen Partnern nicht auf diese spezifische Art möglich gewesen wären. Gemeinsame Erlebnisse festigen das Zusammengehörigkeitsgefühl, die Vertrautheit und die Intimität einer Partnerschaft. Ein solches Erlebnis ist u. a. auch die gemeinsame Sexualität. Jeder bringt in das 11. Haus seine sexuellen Fähigkeiten (H 5) ein und verstärkt damit jeweils die sexuelle Erlebnisfähigkeit des anderen. Auch hier heißt es, sich abzustimmen, Aktion und Reaktion zu beachten und eine Ausgewogenheit herzustellen, damit die gemeinsame Sexualität immer wieder aufs neue ein gemeinsames glückliches Erlebnis werden kann.

Weiter ist bei Haus 11 von Bedeutung, daß nicht nur durch das H 5 des anderen die eigenen H-5-Fähigkeiten bewußt werden können, sondern daß Unabhängigkeit und Freiheit nur im Rahmen der Fähigkeit zu eigenen Unternehmungen, der Fähigkeit zur Selbständigkeit und der Handlungsfähigkeit des anderen möglich sind. Nur wenn der einzelne selbständig und handlungsfähig und erlebnisfähig ist und auch der Partner über diese Fähigkeiten verfügt, können beide unabhängig und frei sein. Ist ein Partner vom anderen abhängig, ist dessen Freiheit nicht mehr möglich oder kann nur unter Schuldgefühlen und erschwerten Bedingungen ausgelebt werden.

In einer freien Partnerschaft kann jeder selbständig etwas unternehmen und nimmt nur dann an gemeinsamen Unternehmungen teil, wenn sein Wollen mit dem Wollen des Partners übereinstimmt. Er entscheidet sich frei für die Gemeinsamkeit und nicht aufgrund eines Defizits, weil es ihm an eigener Handlungs- und Erlebnisfähigkeit fehlt oder weil er Angst hat, z. B. bei Nichtteilnahme an einer Unternehmung den Partner zu verlieren oder gegen die patriarchalische Norm, alle Unternehmungen müßten in einer Partnerschaft gemeinsam gemacht werden, zu verstoßen. Da H 11 auf der kollektiven Ebene gemeinsamen Bestrebungen, die die alte Bewußtseinshaltung in Frage stellen oder sich dagegen auflehnen, entspricht, können Anlagen, die in H 11 stehen, in Form von Teilnahme an progressiven, reformerischen, emanzipatorischen, revolutionären Veranstaltungen, in Form von Demonstrationen und Antihaltungen erlebt werden. So kann z. B. ein ☿ in H 11 bewirken, daß die betreffende Person nur dann gemeinsam mit anderen etwas unternimmt, wenn Gespräche möglich sind, wenn es um Diskussionen, Vorträge, Informationsaufnahme und -weitergabe geht — vorausgesetzt, deren Inhalte sind progressiver Natur. Wird der ☿ in H 11 projiziert und ist so noch nicht als freies, unabhängiges Sprechen und Schreiben verfügbar, kann es sein, daß der Partner diese Fähigkeiten selbständig (H 11 = H 5 der anderen) beherrscht, sofern der ☿ nicht durch einen besonderen Aspekt verletzt ist oder daß der Horoskopeigner für die Unternehmung des anderen bzw. für gemeinsame Bestrebungen schreiben muß, z. B. als Schriftführer in einer progressiven Partei. Ist die ☿-Anlage bereits weiterentwickelt, investiert der Betreffende seine ☿-Fähigkeiten, — Sprache, Schrift, Informationen — in die gemeinsamen Unternehmungen und bestimmt diese aufgrund seiner ☿-Anlage mit. Er sucht dann unbewußt auch nur solche Unternehmungen und Bestrebungen auf, wo die Möglichkeit besteht, seine Anlage sinnvoll einsetzen zu können. Schwierigkeiten bei der Deutung verursacht immer wieder der Umstand, daß im Patriarchat im 10. Haus bereits alles als endgültig und vollkommen betrachtet wird, daß die Eltern, die Lehrer, die Chefs, die Patriarchen, die Elternrollenspieler alles bestimmen und die Zielrichtung angeben. Aus diesem Grunde erscheint die Mitbestimmung, die zum eigentlichen Wesen von H 11 gehört (Selbstbestimmung = H 5), bereits als verbotener Akt. So erscheint die Frau, die innerhalb der Partnerschaft mitbestimmen und eigene Rechte für sich in Anspruch nehmen will, sehr oft aus der Perspektive stark patriarchalisch geprägter Männer als aufmüpfig und widerspenstig. Sie funktioniert nicht mehr i. S. der aufgestellten Normen und Rollenklischees und ist daher »unvernünftig« geworden. Diese ablehnende Haltung gegenüber allen emanzipatorischen Bestrebungen wird von den Elternrollenspielern deshalb eingenommen, weil in dem Maße, in dem die anderen eigene Rechte für sich in Anspruch nehmen, ihre »Rechte« eingeschränkt werden. Doch es werden nicht die eigenen Rechte der Elternrollenspieler beschnitten, sondern nur jene Rechte, die diese gegenüber anderen beansprucht haben. Sie werden als eigene Rechte betrachtet, da der Kindrollenspieler sich solange nicht gegen die Fremdbestimmung gewehrt hat. Die Mitbestimmung hat also zur Voraussetzung, daß

a) die Fähigkeiten ausgebildet werden, die für eine Mitbestimmung notwendig sind,

b) die Hierarchie in Frage gestellt und die Autoritätsgläubigkeit abgelegt werden,

c) die bisherige Norm und der bisherige Modus in Frage gestellt werden,

d) die eigenen Rechte und die eigene Verantwortung entdeckt worden sind,

e) eigene Angebote und Vorschläge gemacht werden und Alternativen aufgezeigt werden können.

H-11-Anlagen sind Anlagen, die helfen, sich zu emanzipieren, und helfen, nicht mehr von Entscheidungsprozessen ausgeschlossen zu sein, sondern frei zu sein von Fremdbestimmung und endlich mitgestalten und mitbestimmen zu dürfen.

Diese Fähigkeit zur Mitbestimmung wirkt zurück auf das 4., 3., 2. und 1. Haus der Partnerschaft. Wer die Fähigkeit zur Mitbestimmung erworben hat, zieht also einen anderen Partnertypus an und verwirklicht eine andere Art der Partnerbeziehung. Hinzu kommt, daß der Betreffende nicht mehr genormte, d. h. von außen bestimmte Anlagen investiert, sondern eigene Fähigkeiten, die aus seinem Wesen und der eigenen Natur resultieren. So ergibt sich in einem solchen Falle der Eigenwert als Paar z. B. nicht mehr aus der sozialen Stellung der Partner (Arzt heiratet höhere Tochter = Arztehepaar), sondern aus dem wirklichen Eigenwert der beiden als Mensch und Partner.

## 6. HAUS DER PARTNERSCHAFT (HAUS 12)

*Gemeinsamer Gefühlsausdruck, Analyse der Partnerschaft*

Das 12. Haus stellt die 6. Entwicklungsstufe innerhalb einer Partnerschaft dar und ist zugleich das 3. Haus des 4. Quadranten. Im 4. Haus der Partnerschaft bildete sich ein Zusammengehörigkeitsgefühl, eine Vertrautheit und eine Intimität aus und im 5. Haus konnten die Partner diese Gefühle festigen und aus dieser Sicherheit heraus im Leben operieren und gemeinsame Unternehmungen tätigen. In der 3. Phase des seelischen Quadranten der Partnerschaft geht es jetzt darum, die seelische Eigenart und das Zusammengehörigkeitsgefühl sowie die Intimität der Partnerschaft weiterzuentwickeln und zu differenzieren.

Im 6. Haus hat der Horoskopeigner gelernt, seine Gefühle auszudrücken, sie zu verbalisieren und zu zeigen. Im 7. Haus des 6. Hauses kann er diese Fähigkeit mit dem Partner austauschen. Jeder zeigt offen und ehrlich seine Gefühle und ermöglicht es damit, dem anderen zu erkennen, welche Gefühle er ausgelöst hat. Dieses gegenseitige Feedback wirkt wiederum zurück auf H 5 und H 4 der Partnerschaft und die Intimität einer Beziehung wird dadurch erheblich verbessert. Da jede Entwicklungsstufe immer bis zum 1. Haus der Partnerschaft zurückwirkt, werden selbstverständlich auch z. B. die Häuser 3, 2 und 1 beeinflußt. So wird aufgrund der Fähigkeit, gegenseitig die Gefühle zu zeigen, z. B. auch der praktische Vollzug der Partnerschaft (H 3) erleichtert. Bringen die Partner offen ihre gefühlsmäßigen Reaktionen, also auch Haß, Wut, Neid, Aggression, Trauer, Enttäuschung etc., zum Ausdruck, werden dadurch all die Normen, Maßstäbe und Ideale aufgelöst, die gegen die menschliche Natur gerichtet sind. Auf diese Art und Weise haben die Partner die Fähigkeit erlangt, Hintergründe aufzuspüren und den bisherigen Schicksalsrahmen, der von außen vorgegeben wurde, zu überschreiten und unangepaßt an derzeit geltende Ideale ihr Leben zu gestalten. Sie sind nicht mehr gefangen im Kerker der pauschalen Maßstäbe und Gebote, sondern werden mehr und mehr zu Wesen, die die kosmischen Gesetze entdecken und sich in sie zu integrieren versuchen. Dies unterscheidet sie von denjenigen, die sich aus Frustration in eine Scheinwelt flüchten, um sich so vom Irdischen loszulösen. Während erstere die ewigen Gesetze in der Praxis des Lebens lernen, fliehen die anderen vor der Auseinandersetzung mit dem Mitmenschen und mit der gesellschaftlichen Problematik, indem sie vorgeben, »kosmisch« zu sein.

Zu den H-6-Anlagen gehören auch die Fähigkeiten, wahrzunehmen, zu beobachten, zu analysieren und zu reinigen. Im 12. Haus können die Partner diese Fähigkeiten einbringen und wahrnehmen und beobachten, was in ihrer Beziehung positiv und negativ abläuft. Hier wird die Partnerschaft analysiert und durch den gegenseitigen Gefühlsausdruck gereinigt. Gefühle, die im Untergrund schwelen und die die Harmonie einer Partnerschaft im Laufe der Zeit unterhöhlen, werden aufgearbeitet. Da man im 12. Haus mit den Auswirkungen der individuellen und kollektiven Maßstäbe (H 10 = Ursache, H 12 = Auswirkung) konfrontiert wird, sind H-12-Anlagen Anlagen, die

a) verdrängt sind, weil sie nicht mit dem Bewußtsein zu vereinen sind. So kann bei ☉ in 12 die Selbständigkeit, bei ☿ in 12 die Fähigkeit zu sprechen etc. verdrängt sein.

b) degeneriert oder geschwächt sind. Die Anlagen bekommen kein Licht, können nicht offen und sichtbar, sondern nur heimlich oder unter Angst ausgelebt werden, weil sie von einer Norm oder einem Maßstab her eingeschränkt oder tabuisiert worden sind. Es ist, als ob die Persönlichkeitsanteile auf einem modrigen Speicher transportiert worden wären, wo sie bei kargem Licht und stickiger Luft ihr Leben fristen müssen. Diesen Persönlichkeitsanteilen, die im Laufe der Zeit immer mehr verkommen, die immer mehr an Lebenskraft einbüßen, muß geholfen werden.

c) für eine Helferrolle eingesetzt werden können. Der Helfer spielt in H-12-Belangen eine Elternrolle. Indem er hilft, hilft er unbewußt seinen eigenen verkümmerten Persönlichkeitsanteilen, die er in der Projektion beim anderen erlebt. Er kompensiert damit seine eigene Schwäche und

Hilflosigkeit. Reale Hilfe aber wird geleistet, wenn es dem Helfer selbst gelingt, seine verkümmerten Persönlichkeitsanteile zum Leben zu erwecken, und er aufgrund dieser Erfahrungen dem Mitmenschen einen Weg aufzeigen kann. Er leistet dann Hilfe zur Selbsthilfe.

d) bewußtseinserweiternd sind. Der Helfer wird im 12. Haus mit den Auswirkungen der derzeitigen Normen und Ideale konfrontiert — mit Krankheit (jede Gesellschaft erzeugt die ihr entsprechenden Krankheiten — siehe Teil II — Gesundheit), Katastrophen, Unglück, Umweltschäden, Hilfsbedürftigkeit, Ausgestoßenheit, Einsamkeit... Wenn er eines Tages dazu übergeht, nicht nur zu helfen, immer wieder die Symptome, die stets aufs neue erzeugt werden, zu beseitigen, sondern über die Ursachen reflektiert, kommt es zwangsläufig zu einer Infragestellung der aufgezwungenen Normen und Rollenklischees sowie der negativen und belastenden Maßstäbe und Ideale der Gesellschaft. Es kommt zu einer Auflösung von alten Bewußtseinshaltungen und dadurch zu einer Erweiterung des Bewußtseins. Der einzelne übernimmt Verantwortung für sich und auch für die Gesellschaft, deren integrierter Bestandteil er ist. Er verändert seine Maßstäbe, um nicht wieder deren negative Folgen zu erleben, und wirkt im Rahmen seiner Möglichkeiten auf die Gesellschaft ein. Indem er Fehler der Vergangenheit zugibt, steigt er vom Podest der Vollkommenheit, das viele Elternrollenspieler für sich beanspruchen. Eine andere Möglichkeit, sein Bewußtsein zu erweitern, besteht darin, alternativen Gruppen und Bestrebungen und alternativer Literatur aufgeschlossen gegenüberzustehen. Durch Informationen aus der Welt jenseits dessen, was Norm und was anerkannt ist, wird nicht mehr nur ein Ausschnitt gesehen, sondern man nähert sich mehr und mehr der Ganzheit und tausendfachen Verwobenheit allen Lebens.

Diese Punkte machen deutlich, daß das Leben nicht nur wahrer und ästhetischer, sondern auch interessanter wird, wenn 2 Menschen in einer Partnerschaft ihre Karten offen auf den Tisch legen, wenn sie ihre Schwächen und Nöte, ihre schönen und unschönen Gefühle zugeben und zeigen. Die Schwierigkeit liegt jedoch oft darin, daß die Elternrollenspieler, die sich meist total mit den gesellschaftlichen Normen, Rollen und Idealen identifizieren, sich sehr oft dieser Schwächen und Gefühle nicht bewußt sind. Sie können alles offen tun. Sie können sich z. B. auf die Terrasse setzen und stundenlang Gespräche führen, ohne Gefahr zu laufen, damit anzuecken. Im Gegenteil, da alles normgemäß ist, steigert sich dadurch noch ihr Ansehen. Sie gelten als rechtschaffen und gut. Würden sie offen über ihre Ängste und Schwächen reden, würden sie vor ihren Nachbarn und vor ihrer Umwelt ihr Gesicht verlieren.

Gesetzt den Fall, es würde jemand in konventioneller Gesellschaft von seinem Masturbationszwang erzählen, wären alle Elternrollenspieler erschüttert und brüskiert. Oft müssen Kindrollenspieler ihre Natur heimlich ausleben. Und indem sie verschiedene Dinge heimlich tun, stärken sie die Position derer, die dies bei sich und beim Partner nicht zulassen, und bestätigen die Norm, die ihre Individualität zu unterbinden versucht. Sie haben keinen Mut zur Offenheit aus Angst, wie damals bei den Eltern sonst die Anerkennung oder die Zuneigung ihres Partners, von dem sie abhängig sind, zu verlieren. Hier muß dem Kindrollenspieler bewußt werden, daß der Elternrollenspieler ebenso abhängig ist von ihm. H 12 bedeutet beim komplementären Verhältnis zwischen Kindrollenspieler und Elternrollenspieler gegenseitige Abhängigkeit und bei einer realen Form der Partnerschaft Hege und Pflege der partnerschaftlichen Eigenart und Intimität durch gegenseitiges Zeigen von Gefühlen und gegenseitige Hege und Pflege der seelischen Natur und der Gefühle.

Abschließend sollen die verschiedenen Deutungsmöglichkeiten der H-12-Anlagen anhand des Beispiels [Pl.] in H 12 illustriert werden.

[Pl.] in H 12 kann in folgenden Varianten erlebt werden:

1. verdrängtes, heimliches oder verstecktes Machtstreben (Kindrolle)

2. Unterdrückung der Fähigkeit, die eigenen Rechte zu verba-

140

lisieren und zu zeigen, zwingt u. U. den anderen zu helfen (Kindrolle).

3. Unterdrückung der Gefühlsreaktionen des anderen bzw. die Gefühlsreaktionen des anderen werden in die eigene Vorstellung gezwungen. Erwartungshaltung in bezug auf gefühlsmäßige Reaktionen, Anpassung oder Unterordnung des anderen, zwingt den Partner zur Anpassung (Elternrolle). Auch: Wird vom anderen gezwungen zu helfen. Machtposition im Hintergrund bei den Armen, Kranken, Ausgestoßenen, in Klöstern etc.

4. Unterdrückung der Weiterentwicklung und Differenzierung des Zusammengehörigkeitsgefühls und der partnerschaftlichen Intimität. Unterdrückung der gegenseitigen Gefühsreaktionen und der gegenseitigen Analyse bzw. der Analyse der Partnerschaft. (H 12 als 6. Haus der Partnerschaft gedeutet).

5. Unterdrückung der Fähigkeit, die Welt jenseits dessen, was anerkannt ist, wahrzunehmen. Unterdrückung der Fähigkeit, etwas zu erahnen und zu entlarven (sowohl bei Kindrolle als auch bei Elternrolle möglich).

6. Ansammlung von Wissen und Ausbildung einer eigenen Vorstellung geschieht über alternative Bestrebungen und über alternative Literatur. Es besteht eine Vorstellung davon, auf welche Art und Weise die Seele des anderen sowie die Partnerschaft analysiert und gereinigt werden kann und auf welche Art und Weise die eigenen Rechte und die eigene Verantwortung gezeigt werden können. Der Horoskopeigner mit [Pl.] in 12 geht einen ungewöhnlichen Weg. (Erwachsener)


*7. — 12. Haus der Partnerschaft (Haus 1 — 6)*

Das 1. Haus ist das 7. Haus des Partners und das 7. Haus der Partnerschaft. Während im H 7 das Du dem Ich begegnet, begegnet im 1. Haus das Ich dem Du. Aus diesem Grunde ist ab H 1 (bis H 6) jeweils eine Umkehrung der Situation zu verzeichnen. Das für H 7 des Horoskopeigners Gesagte gilt ebenso für H 1, das 7. Haus des Partners, das im H 8 Erwähnte gilt für H 2, das 8. Haus des Partners usw. Es kommt also auf den Blickwinkel an. Betrachtet sich der Horoskopeigner selbst (einfache Deutung) oder wird er von anderen betrachtet (Umkehr)? Aufgrund dieser Umkehr erübrigt sich weitgehend die Darstellung der Häuser von H 7 — H 12 (= H 1 — H 6 des Horoskopeigners). Wichtig ist jedoch, daß es darüber hinaus doch ein 7. — 12. Haus der Partnerschaft gibt. Diese Häuser können aber nur — wie alles, was gemeinsam bestimmt wird — im Rahmen eines Partnerschaftsvergleiches gedeutet werden. So haben beide als Paar paarspezifische Kontakte (H 7), eine paarspezifische Lebensplanung (H 8), einen paarspezifischen Lebenssinn (H 7 — H 9 = geistiger Quadrant der Partnerschaft), gemeinsame Maßstäbe und Ziele (H 10), paarspezifische Freiheiten (H 11) und eine paarspezifische Weiterentwicklung der Maßstäbe, die die Richtschnur der Partnerschaft abgeben (H 12). (H 10 bis H 12 Überich-Quadrant der Partnerschaft).

# Gesundheit

# Krankheit ist nur verzauberte Gesundheit

»Ausgeglichenheit und Balance ist ein wichtiges Merkmal des gesunden Lebens. Diese Feststellung ist so einleuchtend, daß sie keiner weiteren Erklärung bedarf. Wir sprechen von einer ausgeglichenen Nahrung, einem ausgeglichenen Verhältnis von Arbeit und Freizeit, von geistiger und körperlicher Tätigkeit usw. Gewöhnlich ist man sich nicht darüber im klaren, bis zu welchem Grad das Prinzip der Ausgeglichenheit in unserem Körper und in der Natur wirksam ist. Immerhin ist uns die entscheidende Bedeutung dieses Prinzips in letzter Zeit immer bewußter geworden. Früher nahmen wir die Natur einfach als feste Größe hin, beuteten sie aus und gefährdeten damit das empfindliche ökologische Gleichgewicht, von dem unser Überleben abhing. Jetzt, wo unser Überleben tatsächlich bedroht ist, begreifen wir allmählich, wie verhängnisvoll unsere Ignoranz und Gier sind. Das gilt nicht nur für die Natur, sondern auch für unseren Körper.

Das Prinzip der Ausgeglichenheit läßt sich beim lebenden Organismus am besten durch die sogenannten homöostatischen Mechanismen des Körpers veranschaulichen. So können z. B. die chemischen Körperprozesse nur ablaufen, wenn zwischen den Wasserstoff- und Hydroxyl-Ionen im Blut ein bestimmtes Gleichgewicht besteht. Oder ein anderes Beispiel: Wir wissen, daß die Temperatur in unserem Körper immer ca. 37 Grad betragen sollte. Wir sind uns jedoch nicht der subtilen Mechanismen bewußt, die unsere Körperwärme regulieren und stabilisieren. Wenn wir frieren, zittern wir. Dieses Zittern ist eine Reaktion, mit der unser Körper ein ganz bestimmtes Ziel verfolgt. Die Hyperaktivität der Muskeln, die sich im Zittern äußert, produziert die Wärme, die zur Aufrechterhaltung der Körpertemperatur nötig ist. Das Zittern regt außerdem die Atmung an, wodurch mehr Sauerstoff für den Stoffwechselprozeß verfügbar wird. Unsere Körperflüssigkeiten müssen ebenfalls in einem bestimmten Gleichgewicht gehalten werden, weil wir sonst austrocknen oder ›überschwemmt‹ würden. Ohne daß wir uns dessen bewußt sind, reguliert der Körper die Flüssigkeitsaufnahme und -abgabe, um dieses Gleichgewicht zu halten.« (Alexander Lowen[15]))

Gesundheit ist also Gleichgewicht, Ausgewogenheit, Harmonie. Krankheit ist eine Reaktion der menschlichen Natur auf eine Störung dieser Harmonie bzw. auf einen krankmachenden Reiz. Krankheit bedeutet, daß der Organismus Gegenmaßnahmen ergriffen hat, um das Gleichgewicht wiederherzustellen. Krankheit stellt daher nichts anderes dar als das Bemühen, Ausgleich zu schaffen, und insofern ist sie ein *Gesundungsprozeß*. Da die Krankheit ein Gesicht des janusköpfigen Schicksals (Karma) ist, ist sie wie das Karma nur eine *ersatzweise* Inszenierung der menschlichen Natur, ein Ausgleich, den diese *ersatzweise* herzustellen versucht, weil der Mensch selbst die Harmonie nicht herzustellen vermag. Krankheit ist Ersatz für das Ausbilden oder Ausleben einer Fähigkeit, sie ist ein Ausdruck ungelebten Lebens. Dieter Duhm schreibt hierzu[16]):

»Es gibt zwei Arten des Leidens: das schöpferische Leiden, das mit Wachstum verbunden ist, und das krankhafte Leiden, das mit Lähmung verbunden ist. Im ersten steckt aktive Lebensenergie und eine innere Widerstandskraft gegen den Schmerz, die aus der unversehrten Identität kommt. Das zweite Leiden ist die Krankheitsform unserer Zeit: die Form des nicht zur Entfaltung gebrachten, in sich zurückgestauten und gekrümmten Lebens. Wo elementare Trieb- und Wachstumskräfte des Menschen an gesellschaftliche Schranken stoßen, da spaltet sich der Mensch auf in einen ›normalen‹ Teil, der den gesellschaftlichen Gepflogenheiten entspricht, und einen ›anderen‹ Teil, der im Dunkeln weitergärt und mit seinen erregenden Signalen das Tagesleben irritiert.

Die wirkliche Humanisierung der menschlichen Welt besteht darin, das ›Andere‹ aus seiner verdrängten Existenz zu erlösen und Stück für Stück ins Alltagsleben zu integrieren. Was der Mensch nicht in bewußter Aktion zu sich emporgehoben hat, das zieht ihn immer wieder hinab; was er nicht wirklich beherrscht, das beherrscht ihn. Jede Neurose und jede psychosomatische Erkrankung zeigt den Menschen im Würgegriff seiner vergewaltigten Natur.«

Wenn bestimmte Persönlichkeitsanteile nicht oder nur pervertiert ausgelebt werden können, wendet sich die Energie der »Planeten« gegen die Person selbst. Aus diesem Grunde kann man bei dem Phänomen »Krankheit« auch von einer verzauberten (oder verdrängten) Gesundheit sprechen.

Krankheit bedeutet also, daß lebendige Anlagen in ihrem Wachstum unterdrückt und in ihrer Entfaltung durch bestimmte kulturspezifische Vorstellungen und Maßstäbe blockiert oder gehindert wurden. Insofern erzeugt jede Kultur die ihr entsprechenden Krankheiten. Zugunsten der jeweiligen Maßstäbe, Normen und Ideale, die in der Innenwelt und in der Außenwelt wirksam sind, muß Lebendiges verdrängt werden. Dieses Urtrauma läßt den Organismus aus seinem Gleichgewicht geraten, es stört die innere Ökologie des Menschen. Der natürliche Wachstumsprozeß der Anlage ist stekkengeblieben. Die ursprüngliche Energie der Anlage wird nun nicht mehr für das Wachstum verwendet, sondern für den Ausgleich dieses Traumas. Hinzu kommt, daß dieses Urtrauma nur *symbolisch* ausgeglichen werden kann, weil die Entfaltung der ersten Natur tabuisiert wurde. So setzt mancher seine [Pl.]-Energie nicht mehr ein, um eine eigene Meinung ausbilden zu können, um seine Beziehungsfähigkeit auszubauen oder um einen eigenen Weg zu gehen, sondern die Lebensenergie wird — z. B. um die Unterdrückung in der Kindheit auszugleichen — für das Streben nach Macht verwendet.

Ein anderer wiederum kann seine ☿-Energie nicht dazu verwenden, die Fähigkeit zu Freiheit und Unabhängigkeit auszubilden, sondern muß diese wertvolle Lebensenergie einsetzen, um sich immer wieder von Einschränkungen und Blockaden über Sportfliegen (☿-Symbol) oder über aufregende Krimis (☿-Symbol) befreien zu können.

Wir haben bereits bei dem Kapitel »erste und zweite Natur« von den ständigen Reaktionen auf die Vergangenheit gesprochen, die dem Menschen ein wirkliches, glückliches Leben im Hier und Jetzt verwehren. Erst, wenn der einzelne seine Anlage dort abholt, wo sie in ihrem Entwicklungsprozeß steckengeblieben ist, kann er sich allmählich von seinem alten Karma befreien. Bevor er aber den ersten Schritt wagt, muß zuerst die *Bereitschaft* hierfür geschaffen werden. Diese Be-

146

reitschaft ist zwangsläufig solange nicht vorhanden, solange die Maßstäbe, Normen und Ideale, sofern sie lebensfeindlich waren, noch nicht entlarvt und keine neuen Maßstäbe i. S. der Lebensgesetze begründet wurden. Werden die alten Ideale noch angestrebt, besteht im Gegenteil eine *Abwehr*, die Anlagen und Fähigkeiten in ihrer ursprünglichen natürlichen Form weiterzuentwickeln. Diese Abwehr erfolgt, um den Urschmerz, die Anlage nicht mehr auf natürliche Weise entfalten zu können, nicht fühlen zu müssen und um nicht mit der Tatsache konfrontiert zu werden, daß die stete Kompensation einer Sisyphusarbeit gleichkommt; die Einsicht, daß man bisher größtenteils seine Lebensenergien unnütz verschleudert hat oder — wie Wilhelm Reich sich ausdrückt — das meiste seiner Energie dazu verwendet hat, um das natürlich-Lebendige in sich zu verbergen, ist nur schwer mit dem Bewußtsein zu vereinen.

Wenn wir die Ausgleichsversuche der menschlichen Natur etwas näher betrachten, so fällt auf, daß jene zum einen auf das Persönlichkeitssystem stabilisierend wirken und somit die Aufrechterhaltung der »Gesundheit« zunächst sichern, daß zum anderen aber gerade die Symbole bzw. die Medien, mittels derer der einzelne sich Ausgleich bzw. Spannungslinderung verschaffen kann, im Laufe der Zeit krank machen.

Georg H. hatte in frühester Kindheit zu wenig Zärtlichkeit erhalten und nur wenig seelische Wärme und Liebe erfahren. Diesen Schmerz agierte er später durch ständiges Essen aus. Diese steten Kompensationsversuche seiner Natur hatten dann Fettsucht bzw. erhebliches Übergewicht zur Folge, was seine Lebenserwartung erheblich minderte.

Stefan S. ist als Säugling bereits nach 6 Wochen abgestillt worden. Als Erwachsener versuchte er, dieses Trauma durch exzessives Rauchen zu kompensieren. Sein Rauchbedürfnis war ein symbolisches Ausagieren, welches das ursprüngliche Bedürfnis überlagerte[17]. Nach einigen Jahren erkrankte er an einem chronischen Bronchialleiden.

Weil die verschiedenen Lebensenergien (symbolisiert durch die Planeten) eines Menschen durch Verdrängung pervertiert werden, haben sie auch nur eine Entsprechung mit einer unnatürlichen oder inhumanen Umwelt; denn jeder Persönlichkeitsanteil in uns sucht die Situationen und die Umweltbedingungen auf, die ihm entsprechen. So hat derjenige, der in frühester Kindheit der natürlichen Werte und Gehalte beraubt wurde, eine Identität mit denaturierter Nahrung, die mit Fremdstoffen angereichert ist, die künstlich gefärbt ist, die aus ihrem natürlichen Zusammenhang gerissen wurde. Auf diese Art und Weise entstehen Ernährungsschäden, die sich an den verschiedensten Organen — Pankreas, Leber, Darm etc. — bemerkbar machen können. Oder ist etwa die ♄-Energie eines Menschen durch ein Neptun-Quadrat verletzt, so kann es sein, daß der Betreffende unbewußt eine Wohnung bezieht, deren natürliches Strahlungsfeld durch Grundwasserströme (♆) gestört ist. Die Strahlung verändert sich in ihrer Intensität und Frequenz. Da Organismen zum Ausgleichen derartiger Störungen des natürlichen Strahlungsfeldes kaum in der Lage sind, so ist eine derartige Situation als krankmachend anzusehen[18]. Daß die innere Disposition durch äußere Lebensbedingungen und Umweltfaktoren, die magisch aufgesucht werden, *verstärkt* oder geweckt werden, kann aber auch ersehen werden aus den toxischen Stoffen, die verschiedene Wand- oder Möbelfarben in die Atemluft abgeben, an der Radioaktivität (Widerspiegelung des Persönlichkeitsanteils [Pl.]), der verwendeten Baustoffe, an der Geschoßzahl (Ergebnis sozialmedizinischer Statistiken, daß die Anzahl der Erkrankungen mit der Geschoßzahl nach oben zunimmt), an elektrisch aufgeladenen Kunststoffoberflächen, wie Teppich, versiegelte Fußböden und Tischplatten, sowie Tischtücher, die mit ihren hohen elektrischen Spannungen und den damit entsprechend wirksam werdenden elektrischen Feldkräften das Raumklima für den Menschen ungünstig beeinflussen, an Kleidungsstücken aus modernen Geweben mit Kunstfasern, die nicht atmungsfähig sind und sich zudem elektrostatisch aufladen, was das Nervensystem in einem permanenten Streßzustand versetzen kann[18],[19], an Berufen, deren Ausübung gesundheitsschädlich ist usw.

Wir werden also von dem außen gesundheitlich geschädigt, was unserer innerseelischen Situation bzw. Konstellation symbolisch entspricht. Die innere Disposition sucht äußere Auslöser. Diese Auslöser verändern sich von Zeitepoche zu

Zeitepoche; denn jede Zeit erzeugt die ihr gemäßen Situationen, Modeerscheinungen, Bauformen, Krankheiten usw. Insofern enthält nach astrologischer Auffassung *jede* Krankheit psychosomatische Komponenten. So muß einer Infektionskrankheit eine seelisch bedingte allgemeine Bereitschaft zur Erkrankung oder bei einem Unfall ein unbewußtes Risikoverhalten vorangehen.

Leidet jemand an einer Krankheit, so sollte er sich zunächst folgende Fragen stellen:

1. Warum bin ich krank?
   Welche innerseelische Problematik wird mit der Krankheit aktualisiert, bzw. welches Problem kann ich nicht anders als über die Krankheit lösen?
   Welcher Persönlichkeitsanteil in mir hatte keine Möglichkeit, sich auszuleben und will sich nun über die Krankheit ausdrücken?
   Ferner heißt es in diesem Zusammenhang auch, die Lebensgewohnheiten zu überprüfen:
   Ernährung (biologisch vollwertige oder denaturierte Kost?)
   Kleidung (Feuchtigkeitsaustausch zwischen Körper und Außenluft gewährleistet oder gestört?)
   Wohnung (baubiologisch vertretbar oder von Störfaktoren beeinflußt?)
   Lebensstil (harmonisch oder streßgeladen? Zu wenig Bewegung?)
   Arbeit (dem eigenen Wesen gemäß oder Selbstverleugnung?)

2. Handelt es sich um eine *akute* oder *chronische* Krankheit?
   Eine *akute* Krankheit zeigt an, daß etwas schnell und dringend erreicht werden muß, etwa wenn jemand Angst vor einer wichtigen Unterredung hat und schließlich aufgrund einer akuten Darmerkrankung das Bett hüten muß, usw.
   Eine *chronische* Krankheit bedeutet, daß das Unbewußte damit rechnet, daß das anstehende Problem langfristig nicht gelöst werden kann. Wenn die Kompensation bzw. das aktive Ausgleich-schaffen im täglichen Leben als zu schwierig erscheint, wenn keine Möglichkeit gefunden wird, die entsprechende Lebensenergie wirklichkeitsad-

äquat einzusetzen, »beschließt« das Unbewußte, diese Energie auf die körperliche Ebene zu leiten. Die chronische Krankheit ist also eine Ersatzlösung, ein langfristiger Kompromiß. Chronisch erkrankt zu sein, heißt ohnmächtig zu sein, den Weg zu einem Ziel nicht gehen zu können oder zu wollen.

3. Welche Krankheit habe ich gewählt?
Die Krankheitswahl ist für die anzuwendende Therapie und für das psychosomatische Krankheitsverständnis von großer Wichtigkeit. Von einer »Wahl« im herkömmlichen Sinne des Wortes als bewußter oder verantwortungsvoller Funktion kann jedoch nicht gesprochen werden. Der Mensch wählt sich nicht seine Krankheit, wie man etwa in Freiheit zwischen verschiedenen Möglichkeiten wählen kann. Wenn wir von der »Wahl« einer Krankheit oder eines Organes sprechen, so meinen wir damit einen vom freien Willen völlig unabhängigen Vorgang. Die Wahl geschieht nur insofern, als bestimmte Lebensbezüge an ihrem freien Austrag gehindert werden[20]) und insofern als die Verschiedenartigkeit der Kompensationen unterschiedliche Krankheitsbilder erzeugen. (Trinker — Säuferleber, fettes Essen — Hypertonie etc.) Grundsätzlich jedoch kann gesagt werden, daß jenes Organ für die Krankheit gewählt wird, das am ehesten geeignet ist, den Kern des Konfliktes symbolisch darzustellen. So leidet man z. B. an Kreuzschmerzen (♄), wenn man sich überbelastet fühlt, etwa, wenn man die Verantwortung (♄), die einem aufgebürdet wurde, nicht mehr tragen kann, einem anderen kommt ständig die »Galle (♂) hoch«, weil er zuviel Aggression (♂) »hineingefressen« hat...

Der astrologischen Lehre entsprechend erkranken wir also an dem Organ oder Organsystem, das symbolisch für ein bestimmtes Lebensgebiet bzw. für ein bestimmtes Lebensprinzip steht, das nicht oder nicht richtig ausgelebt werden kann.

4. Wann zeigte sich die Somatisierung?
Welche Konfliktsituationen oder welche Lebensumstände waren vorhanden, als die Krankheitssymptome erstmalig

150

auftraten (kurz vor der Hochzeit, als die Großmutter ins eigene Haus zog, kurze Zeit nach einer beruflichen Kündigung, nach der Geburt des ersten Kindes etc).? Mit welcher Symbolik drückt sich dieser Konflikt im Horoskop aus?

5. Welchen Sinn und Zweck beinhaltet die Krankheit?
   Was will mir die Krankheit sagen?
   Welchen Zweck verfolgt sie?
   Wie nützt mir die Krankheit?
   Was erreiche ich über den Umweg der Krankheit?

Nachfolgend seien einige Gründe und Ziele aufgeführt, warum die seelische Natur eines Menschen eine Krankheit inszeniert:

a) Krankheit, um im Mittelpunkt zu stehen. Das Unbewußte ist gezwungen, eine mysteriöse oder gefährliche Krankheit zu inszenieren, weil keine entsprechenden Fähigkeiten entwickelt wurden oder weil die Fähigkeit nicht so eingesetzt wird, um in der Umwelt im Mittelpunkt stehen oder sich wichtig machen zu können. Im Horoskop kommt diese Problematik dann zum Tragen, wenn sich ein Planet im 10. Haus oder der Herrscher von Haus 10 »realisieren« will.

Hierzu ein Beispiel:

Christa Z. hatte in einer Frauengruppe eine bedeutende Stellung inne, bis Ilona A. auftauchte und ihr diese Position streitig machte.
Christa Z. zeigte in der Gruppe »gute Miene zum bösen Spiel«. Schließlich somatisierte sie dieses Problem in Form von Unterleibsbeschwerden (☾ Konjunktion und ♄ in 10). Aufgrund von unbewußter Anziehung kam sie zu einem Therapeuten, der ihr die Diagnose Krebs stellte (die sich später als unrichtig erwies!). Mit dieser Diagnose konnte sie nun in der Gruppe wieder ihre ursprüngliche Rolle zurückgewinnen, sie wurde wieder mehr beachtet und anerkannt. Die anderen Frauen und auch Ilona A. erkundigten sich stets nach ihrem Befinden und ließen sie bei Diskussionen häufiger zu Wort

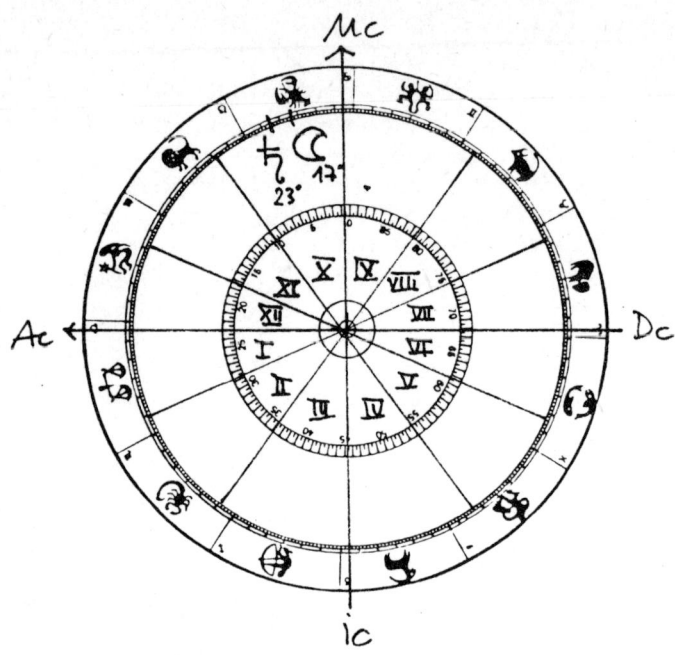

kommen. Außerdem hatten ihre Beiträge von nun an mehr Gewicht.

b) Krankheit, um zu Freiheit zu gelangen

Dies ist dann der Fall, wenn der einzelne an einem Defizit an Freiheit und Freizeit zu leiden beginnt, aber sein innerseelischer Maßstab es nicht zuläßt, entsprechend zu handeln. Der Betreffende somatisiert hier, um über den Umweg der Krankheit — wenn auch auf eine pervertierte und etwas unerfreuliche Art und Weise — doch noch ein bißchen Freiheit und Freizeit genießen zu können. Im Horoskop ist dieser Konflikt oft an einem dissonanten Uranusaspekt erkennbar, häufig aber auch bei Auslösung des Herrschers von H 11 oder eines Planeten, der im 11. Haus steht.

Beispiel:

Karl S. ist beruflich stark engagiert. Aufgrund von finanziellen Schulden ist er gezwungen ([Pl.] in H 2),

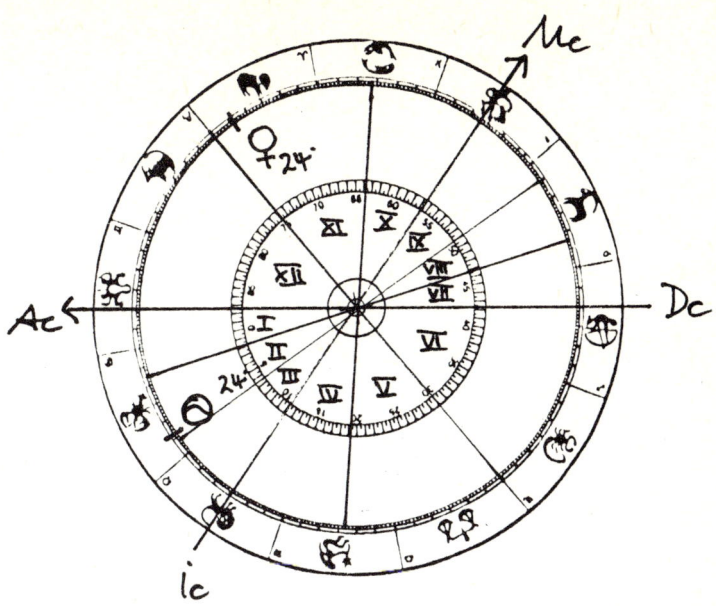

Überstunden zu machen und den Genuß (♀) von Freiheit und Freizeit (Haus 11) zu unterdrücken ([Pl.]). Dieser Konflikt äußerte sich bei Karl S. in Form einer (gutartigen) Geschwulst ([Pl.]) in der Halsgegend (H 2). Nach der Operation, die zufriedenstellend verlief, wurden ihm 14 Tage »Schonzeit« verordnet ([Pl.]).

Somatisierungen, um Freiheit und Freizeit zu erlangen, kommen in einer leistungsorientierten Gesellschaft relativ häufig vor. Die Krankheit ist hier die einzige Möglichkeit, um auf legale Art und Weise ein paar Stunden oder Tage für sich beanspruchen zu können. Der einzelne hat in vielen Betrieben nur geringe Chancen, sein Bedürfnis nach Freiheit auszudrücken. Dies könnte er nur, wenn die Maßstäbe in der Gesellschaft geändert würden und z. B. der Wunsch nach Halbtagsbeschäftigung für Männer oder der Wunsch nach unbezahltem Urlaub keine Ausnahme mehr darstellten. Oft liegt die Ursache des Problems aber nicht nur an den veralteten gesellschaftlichen Normen, sondern auch an den — wie vorher aufgeführtes Beispiel zeigt — finanziellen Zwängen, die sich der einzelne schafft. Auto, monatliche Mietkosten oder die Hypothek auf dem Haus zwingen die Betreffenden, bis zur Rente oder zur Pensionierung — mit Ausnahme des vierwöchigen Jahresurlaubs — ununterbrochen durchzuarbeiten. Einige Menschen verfügen über eine derart stabile Konstitution, daß dies ohne schwerwiegende Komplikationen möglich ist, andere wiederum — insbesondere sensible und introvertierte Menschen — können diesen Anforderungen nur standhalten, indem sie wenigstens einmal im Jahr »ihre Grippe nehmen«.

c) Krankheit, um sich selbst zu bestrafen.
Beispiel: Horst B. wurde als Kind von seinem Vater eingeschärft, nicht unter 18° C zu baden, da es sonst zu Nieren- und Blasenbeschwerden kommen würde.
Als er eines Tages mit seinen Arbeitskollegen nach Dienstschluß an einen See fuhr, wies das Thermometer als Wassertemperatur nur 17° C aus.
Horst B. hatte daraufhin starke Bedenken, wurde aber von seinen Kollegen deshalb ausgelacht. Um sich keine Blöße zu geben und um nicht als Außenseiter zu gelten, sprang auch er ins kühle Naß. Dieser Sprung war jedoch gleichbedeutend mit einer Übertretung seines subjektiven Maßstabes, der von seinem Vater begründet worden war, und mußte zwangsläufig eine »Strafe« nach sich ziehen. Horst B. »holte« sich eine so heftige Blasenentzündung, daß er tagelang das Bett hüten mußte, während seine Kollegen das kalte Bad ohne gesundheitlichen Schaden überstanden. Nicht die Kälte des Wassers machte ihn krank, sondern die Übertretung seines innerseelischen Gebots. Psychoanalytisch ausgedrückt: Die Angst vor den strafenden Tendenzen der internalisierten Eltern im Überich war die Voraussetzung bzw. die Disposition für die Krankheit, und das kalte Wasser war nur das Medium, mittels dessen sich die Strafe Blasenentzündung realisieren konnte. Bezeichnend ist ferner, daß die Eigenschaft des Wassers, die Kälte, dersel-

ben Symbolkette entspringt, deren Ursprung im Vater bzw. in dessen Normen und Geboten begründet liegt.
Vater — Maßstab — Norm — Gesetz — Tradition — Kälte — Maßregelung — Strafe sind nur Ausdrucksformen ein- und desselben Symbols, nämlich des ♄.
Horst B. war also nicht brav, vernünftig und folgsam, handelte nicht entsprechend der verinnerlichten Norm und wurde deshalb in Form der Blasenentzündung von seinem Überich gemaßregelt. Der Übertritt begründete in ihm Schuld, und diese Schuld verlangte nach Strafe. Nur indem Horst B. Sühne ableistete, konnte sein innerseelisches Gleichgewicht im ♄-Prinzip wieder hergestellt werden.

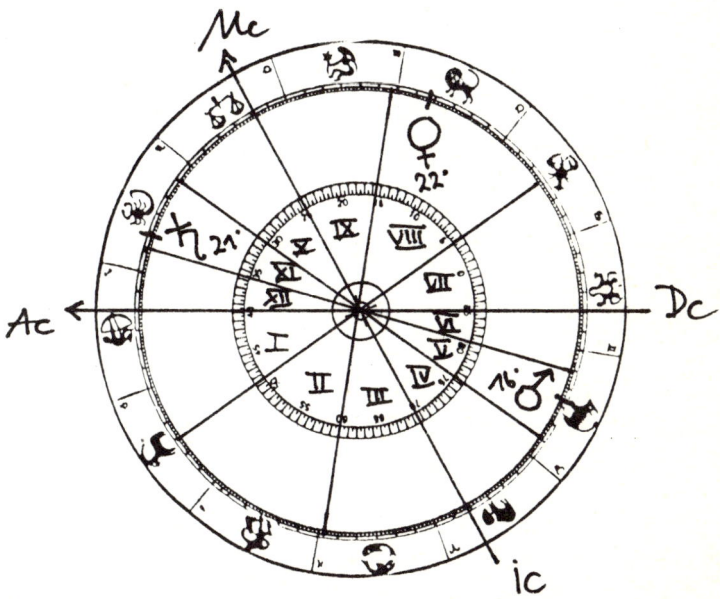

Grundsätzlich muß festgestellt werden, daß unbewußte Selbstbestrafungstendenzen zu den häufigsten Krankheitsursachen zählen. Verantwortlich dafür ist die patriarchale Erziehung, bei der Strafen für »Übertritte« von elterlichen Maßstäben und Geboten ein entscheidendes Erziehungsmerkmal sind.

Der Umstand, daß diese Maßstäbe relativ sind und nicht für alle Zeiten und für alle Menschen — wie am vorherigen Beispiel dargelegt — gelten, bleibt dem Kind verborgen. Es bestraft sich später — wenn sich keine neuen inneren Maßstäbe gebildet haben — für jeden Übertritt selbst. In vielen Fällen sucht der Betreffende auch (aufgrund von unbewußter Elternübertragung) andere Erfüllungsgehilfen, die die Strafe bereitwillig vollziehen.

Das ♀□♂ (Nieren- oder Blasensystem = ♀, ♂ = Entzündung), das mit dem ♄ (Überich) dissonante Aspekte bildet, widerspiegelt im vorliegenden Horoskop die oben angeführte Problematik. Dabei muß jedoch noch erwähnt werden, daß die Krankheit, die sich Horst B. zulegte, nur *eine* Ausdrucksform dieser innerseelischen Konfliktkonstellation gewesen ist.

e) Krankheit, um andere an sich zu binden bzw. um sich durchzusetzen.
   Viele Kinder spüren instinktiv, wenn ihre Mutter abends ausgehen will. Dabei kommt es immer wieder vor, daß Kinder oft von einer Stunde zur anderen Fieber bekommen, so daß die Mutter zu Hause bleiben muß. Der Organismus des Kindes reagiert auf die Angst vor dem Alleinsein, die gekoppelt ist mit Wut und Aggression gegenüber der Mutter. Da diese Aggression (♂) nicht geäußert werden kann, wird sie in Form von Fieber (♂) somatisiert.

f) Krankheit, um andere zu prüfen.
   Solche Fälle kommen häufig unter »Verliebten« vor. Ein Partner ist sich der Liebe des anderen nicht ganz sicher. Das Unbewußte möchte es genau wissen, es inszeniert eine Grippe oder sonst eine Krankheit, bei der man das Bett hüten muß, um zu prüfen, ob der Partner auch in einem solchen Falle »verfügbar« ist.

# Krankheit als Ersatz für »Seitensprung«

In dem Kapitel »Ergänzungspartner« wurde festgestellt, daß ein Partner allein meist nicht alle Anlagen des eigenen Persönlichkeitssystems ansprechen kann. Wagt der einzelne nun nicht, die in der Beziehung brachliegenden Persönlichkeitsanteile mit anderen Partnern auszuleben, weil die Norm »Treue« dies nicht zuläßt, muß die seelische Natur des Betreffenden — sofern sie keine anderen Ausagiermöglichkeiten findet, wie etwa über Hobbies oder über den Beruf — den Anpassungsmechanismus der Konversion in Gang setzen. Über die Krankheit paßt die Natur den Menschen wieder an seine Norm an, so daß er im Rahmen von Konvention, Sitte und Moral bleiben kann und sich nichts »zuschulden« kommen läßt.

Die Erkrankung aufgrund eines nicht ausgelebten Persönlichkeitsanteils (Planeten) ist also in solchen Fällen »*Ersatz*« für den Ergänzungspartner. Weil durch die Norm ein wirklicher, d. h. in der Realität bzw. im eigenen Leben existierender Ergänzungspartner nicht zugelassen wird, wird die Krankheit zu einem »Ergänzungspartner«.

So inszenierte das Unbewußte von Karl L. chronisch rezidivierende Prostatitis, die mit einer Libidostörung einherging, um ihn an die Norm »Treue« anzupassen. Auf diese Art und Weise wurde sein ursprünglich starkes sexuelles Verlangen, das von seiner Ehefrau nicht gestillt werden konnte, gedrosselt und so an das Bedürfnis des Partners angeglichen.

Solange der Betreffende die Norm nicht zu übertreten wagt, geht er im Kreis und sitzt in einer Falle. Er stößt immer wieder an eine Mauer. Der Organismus muß dementsprechend immer wieder auf dieselbe Art und Weise reagieren. so daß die Krankheit zu einem eingefahrenen Reaktionsmuster wird. Es läuft immer wieder dasselbe Programm ab. Dieses sich stets wiederholende Reaktionsmuster (Wiederholungszwang) ist die chronische Krankheit.

Erst wenn der einzelne es als sein Recht erkennt, seine brachliegenden Persönlichkeitsanteile auch außerhalb der festen Beziehung auszuleben, ist der 1. Schritt zur Gesundung getan. Jetzt hat er die Möglichkeit, ohne Schuldgefühle einen Ausgleich für seine Defizite zu schaffen. Das Gleichgewicht des Organismus kann auf diese Art und Weise wieder hergestellt werden.

Insofern ist die Beziehung zu einem zusätzlichen Partner *eine* Kompensationsmöglichkeit, wenn in der bestehenden Partnerschaft das Gleichgewicht nicht vollends gefunden werden kann.

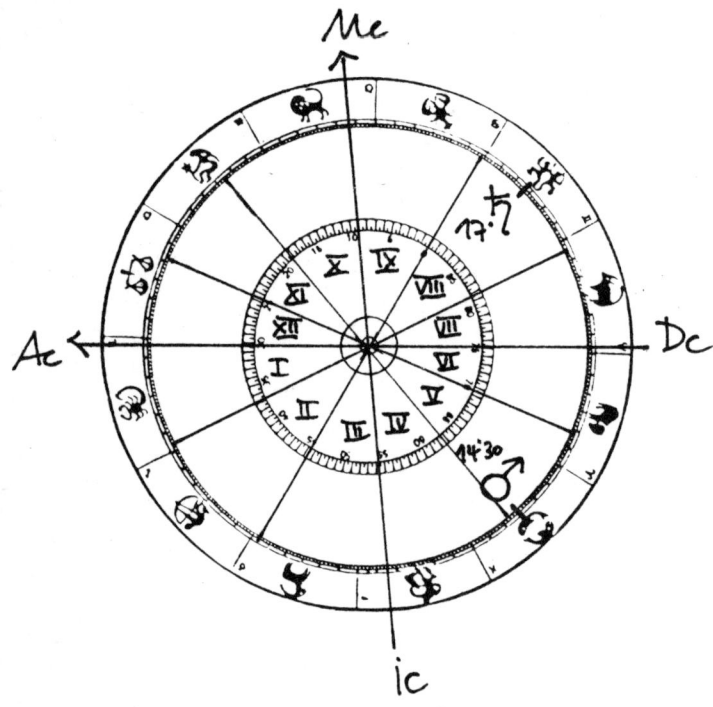

Beispiel:

Birgit C. fuhr leidenschaftlich gerne Ski, während sich ihr Ehemann für diese Sportart nicht begeistern konnte. Auch befürchtete er negative Auswirkungen auf die Partnerschaft, als seine Frau öfters am Wochenende mit einem Bekannten Skitouren unternahm. Zugunsten der Partnerbeziehung verzichtete Birgit C. nun auf die Wochenendausflüge und blieb bei ihrem Ehemann zu Hause. Einige Zeit später begann sie unter Kopfschmerzen zu leiden, die sich oft bis zu starken Migräneanfällen steigerten. Die ursprüngliche Energie (♂), die zunächst im Skifahren ihren Ausdruck gefunden hatte, wurde verdrängt und schließlich in Kopfschmerzen (♂) abgeleitet.

Entscheidend für die *Wahl* der Krankheit ist, welcher Persönlichkeitsanteil in der Beziehung verkümmert ist oder ständig verdrängt werden muß. Bei Birgit C. war es der ♂, bei Bärbel K. — im nächsten Beispiel ist es der ☿:

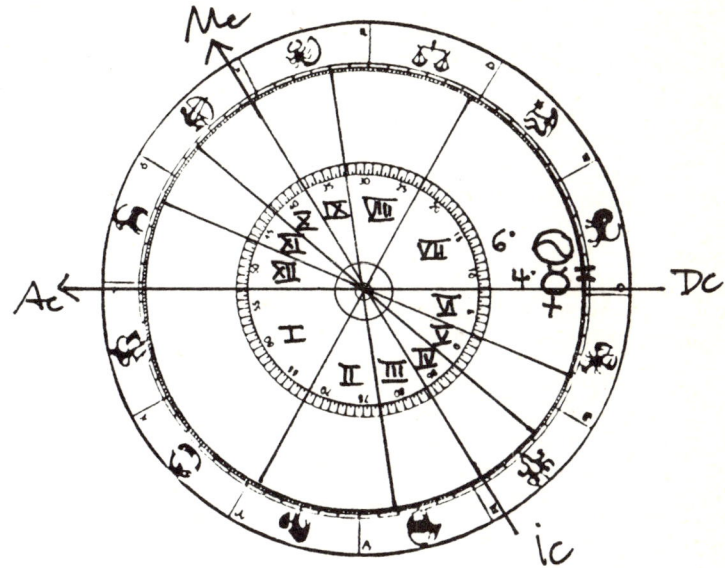

Bärbel K. litt darunter, daß mit ihrem Partner kein Gespräch auf einer gleichberechtigten Ebene möglich war. Sie hatte gegenüber Paul, der in der Argumentation überaus dominierend ([Pl.]) war, keine Chance sich durchzusetzen. Da zusätzliche Kontakte weitgehend unterdrückt wurden, blieb ihr nichts anderes übrig, als das Problem in Form eines chronischen Bronchialleidens auszutragen.

Auffallend ist in diesem Zusammenhang, daß der einzelne sich dem »Ersatzpartner Krankheit« meist mehr widmet (also den Partner damit mehr »betrügt« ) als einem wirklichen Freund oder Freundin. Dennoch ist die Krankheit dem

(Haupt-)Partner sowie der Umwelt, den Eltern, den Bekannten und Verwandten lieber als eine weitere Beziehung, die unter Umständen sogar soziale Ächtung nach sich ziehen kann. Daß die Somatisierung zu den Anpassungsmechanismen zählt, wird insbesondere durch den Umstand deutlich, daß die Krankheit den einzelnen meist blockiert, sich des Lebens zu freuen und somit auch die Kontaktaufnahme schmälert. Der kranke Mensch wird auf diese Weise noch mehr an die Zweierbeziehung gefesselt. Wenn also der Drang nach zusätzlichen Partnern die Reaktion der Seele auf einen einengenden Maßstab und ein Überlebensmechanismus ist, so ist in diesen Fällen die Somatisierung nichts anderes als die zwangsläufige Folge der Unterdrückung und Blockierung dieser natürlichen Reaktion. Die chronische Krankheit ist die Konsequenz einer chronischen Blockierung der Befriedigung von Bedürfnissen.

## Krankheit als Partnerersatz

Etwas anders gelagert als bei der Krankheit, die als Ersatz für den Ergänzungspartner fungiert, ist die Situation bei Menschen, die — aus welchen Gründen auch immer — alleinstehend sind. Sie haben weder eine feste Beziehung noch einen Ergänzungspartner. Dies birgt einerseits den großen Vorteil in sich, keine Blockaden und Belastungen, die vom Partner oder von den Maßstäben und Erfordernissen der Beziehung ausgehen, erleiden zu müssen, hat aber andererseits den Nachteil, daß die planetenspezifischen Energien kaum zum Austausch kommen. Deshalb werden diese Energien nur wenig erneuert; es kommen keine neuen Impulse. Die Gefahr der Verringerung und schließlich der Stagnation dieser Energien wird immer größer. Ein Wachstum der Anlagen kann kaum mehr erfolgen. In diesem Zusammenhang heißt es jedoch zu unterscheiden zwischen Anlagen, die sich vorwiegend nur durch ständige Konfrontation und Auseinandersetzung mit dem Mitmenschen weiterentwickeln und wachsen können, und Anlagen, die sich besonders in einer »Singlephase« ausbilden, wie z. B. das Erlernen der Fähigkeit zur Selbständigkeit.

Wichtig ist hierbei ferner, inwieweit Anlagen real oder pervertiert ausgebildet wurden.

Ist eine Anlage real ausgebildet, sucht sich der Betreffende unbewußt auch eine Möglichkeit, diese Anlage auszuleben, bzw. er zieht Menschen an, mit denen ein Austausch möglich ist. Bei einer Anlage, die nur in pervertierter Form zum Ausdruck kommt, ist die Problematik schwieriger. So gibt es manche Menschen, die durch Prahlerei ($\odot$-Pervertierung), durch Besserwisserei oder Rechthaberei ($\hbar$-Pervertierung) oder durch stete Nörgelei ($\natural$-Pervertierung) andere Menschen abstoßen. Sie stellen für die anderen eine Belastung in der Begegnung dar und erwirken im anderen Rückzugstendenzen. Aus diesen und anderen Gründen kann dann oft keine neue Beziehung zustandekommen. Da aber die pervertierte Energie danach drängt, sich zu entladen, bleibt oft kein anderer Weg als der Weg der Somatisierung übrig. Auf diese Art und Weise wird die Krankheit zu einem Partnerersatz. Ein Körperteil oder ein Organ übernimmt die Aufgabe, die ansonsten dem Partner zugefallen wäre, nämlich als Ausgleich und Entlastung bzw. als Projektionsfläche für innerseelische Spannungen und Konflikte zu fungieren. Hier wird deutlich, daß es in solchen Fällen günstiger gewesen wäre, wenn das Problem in einer Partnerschaft bzw. in der Außenwelt als über den Körper ausgetragen hätte werden können. Beim intensiven Kontakt mit anderen Menschen wird ein Konflikt offenkundig.

Indem der Partner ein Feedback auf das eigene Verhalten und auf eigene Einstellungen gibt oder darauf reagiert, eröffnet sich dem Betreffenden die Chance, Probleme und Konflikte zu erkennen und zu bewältigen. Zwar stellt auch die Krankheit eine Rückmeldung dar, doch ist es gewöhnlich sehr viel schwerer, diese Körpersprache zu entziffern als das direkte Feedback des Partners oder der Umwelt.

Andererseits besteht natürlich die Gefahr, daß wenn der einzelne seine Konflikte in die Partnerschaft trägt, der Partner unter dieser Belastung dekompensiert bzw. krank wird. Die beste Vorbeugung gegenüber Somatisierungen dieser Art ist daher die Ausbildung der Auseinandersetzungsfähigkeit und der offenen Problembewältigung bei beiden Partnern.

Daß Krankheiten als Partnerersatz fungieren, wird besonders augenscheinlich in den Fällen, in denen der Partner stellvertretend Persönlichkeitsanteile für den anderen auslebte oder für den anderen eine stabilisierende Funktion innehatte. Wenn eine solche Partnerschaft durch Scheidung oder Todesfall zerbricht, fällt der einzelne aus seinem Gleichgewicht, das er nur über den Partner zu erreichen vermochte, und somatisiert.

Vielfach ist der einzelne aber auch durch die Krankheit gezwungen, Kontakt mit Ärzten, Heilpraktikern und Psychologen aufzunehmen. Diese therapeutisch tätigen Personen dienen manchem so als Partnerersatz. Sie bilden den Gegenpol zum Partnerersatz »Krankheit«.

Ältere Damen, die ständig von »ihren« Krankheiten und von »ihrem« Arzt erzählen, drücken damit indirekt ihre Einsamkeit und seelische Leere aus. Da sie in ihrem Leben nur wenig Gelegenheit hatten, verschiedene Anlagen auszubilden und seelisch-geistig zu wachsen, haben sie, nachdem die Kinder außer Haus gegangen sind und der Ehemann sie verlassen hat, nur noch ihre Krankheiten, die sorgsam gehätschelt und behütet werden, um weiter über sie Kontakte schließen zu können und zugleich dabei über einen Gesprächsstoff zu verfügen.

## Krankheit, wenn die Projektion wegfällt bzw. nicht erfüllt wird

Beispiele:
Ralf K. war angesehener Rechtsanwalt in einer deutschen Kleinstadt. Seine Mutter war stolz auf ihn. Bei jedem Kaffeekränzchen mit ihren Freundinnen erzählte sie begeistert von ihrem Sohn, der ihr bereits als Kind schon soviel Freude bereitet hatte. Hörte Ralf K. seine Mutter so reden, belastete ihn dies seelisch, denn er spielte schon lange mit dem Gedanken, seinen Beruf, den er vor allem der Mutter zuliebe ergriffen hatte, aufzugeben. Als Ralf schließlich eines Tages seinen

Traum realisierte und »ausstieg«, hatte seine Mutter mehrere Kreislaufkollapse.

Lotte S., Mutter zweier Töchter, war eine anständige, stark religiös orientierte Frau. Als ihr ihre Tochter eröffnete, daß sie ein Kind erwarte, war Lotte S. überglücklich, nun Großmutter zu werden. Insbesondere freute sie sich auf die Taufe, die zu einem kleinen Fest werden sollte.

Als das Kind zur Welt gekommen war, weigerten sich jedoch die Eltern des Kindes, den kleinen Thomas taufen zu lassen. Zwei Tage später brach Lotte S. beim Einkaufen in der Stadt zusammen.

Tante Auguste war stets im Mittelpunkt, wenn sie mit ihrem Pudel »Lumpi« beim Familientreffen teilnahm. Wer gut zu ihrem Pudel war, war gut zu ihr. Sie blühte dann sichtlich auf, ihr Leben bekam so Inhalt und Sinn.

Als die kleine Sandra geboren wurde, veränderte sich die Situation: Die Aufmerksamkeit und das Interesse galten nicht mehr dem Pudel, sondern dem Baby. Tante Auguste fühlte sich dadurch mehr und mehr in den Hintergrund gedrängt. Eines Tages wurde sie bewußtlos aufgefunden, sie hatte einen Herzinfarkt erlitten.

Um in all diesen Fällen einen Zusammenhang zwischen Ereignis und Krankheit herstellen zu können, ist es notwendig, sich mit dem Phänomen der Projektion vertraut zu machen. Man versteht darunter das »Nach-außen-Verlagern« von unbewußten Wünschen und Konflikten. Dabei muß unterschieden werden zwischen einer Projektion, die aufgrund einer Hemmung erfolgt (z. B. wenn jemand projiziert, daß ihn die anderen ablehnen und sich immer wieder die Bestätigung dafür holt), und einer Projektion, die kompensatorischen Charakter hat. Hier ist von letzterer die Rede. Wer selbst keine Möglichkeit dazu hat, nicht imstande ist oder die Mühe scheut, selbst einen Ausgleich zu schaffen, sich selbst ein Bedürfnis oder einen Wunsch zu stillen, versucht dies sehr oft über andere.

Er projiziert einen Persönlichkeitsanteil auf einen Mitmenschen, der diesen stellvertretend für ihn ausleben soll. Solange der andere im Sinn dieser Projektion funktioniert, ist wie beim ersten aufgeführten Beispiel die Welt für den Projizierenden noch in Ordnung.

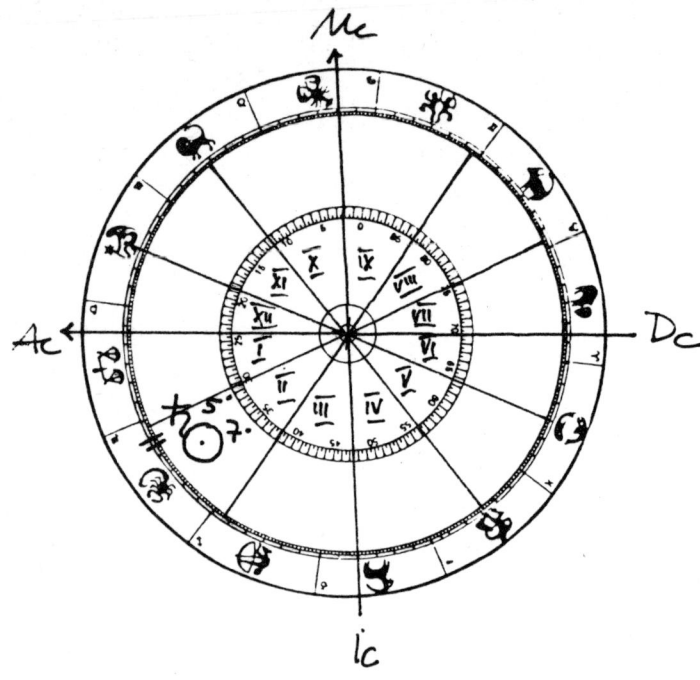

So konnte Ralfs Mutter über den Sohn ihr Defizit an Eigenwert (♄ in Haus 2) auffüllen. Der Beruf des Sohnes als Rechtsanwalt (♄-Kompensation) stabilisierte ihre Persönlichkeit. Über ihn konnte sie Anerkennung ernten, über ihn konnte sie unter anderem auch demonstrieren, daß sie eine rechtschaffene Frau war und daß ihre Erziehung, d. h. ihr Leben für den Sohn richtig und gut war. Indem Ralf seinen Beruf aufgab, war es für seine Mutter nicht mehr möglich, das Gleichgewicht in ihrem Persönlichkeitssystem aufrechtzuerhalten. Für sie brach eine Welt zusammen. Diese Situation wurde körperlich in Form von Kreislaufkollapsen ausgedrückt.

Astrologisch kann dies anhand der ☉♄-Konjunktion im 2. Haus abgelesen werden.

(☉ = Kreislauf, ♄ = Hemmung) Frau K. wurde mit ihrem Persönlichkeitsanteil von der Kompensation auf die Hem mung zurückgeworfen. Ähnliche persönlichkeitsstabilisierende Funktionen wie im obigen Beispiel können die schulischen Leistungen der Kinder, der Beruf des Ehepartners, die Ehe der Tochter etc. übernehmen.

Läßt sich z. B. die Tochter, die bisher als gut verheiratet galt, scheiden, kann dies zu Somatisierungen bei den Eltern führen, wenn deren seelisches Gleichgewicht dadurch ins Wanken kommt. So kann eine Entscheidung oder eine Handlung eine Kettenreaktion auslösen, die nicht beabsichtigt wurde und deren Ursache auch nicht erkannt wird. Viele sind sich nicht bewußt, daß sie von anderen als Projektionsfläche benutzt werden und daß jegliches Ausscheren aus der Projektion bei diesen krankheitsauslösend sein kann. In manchen Fällen gibt der Projizierende jedoch auch deutlich zu verstehen, daß sein Gesundheitszustand sich verschlechtere, wenn man ihn ärgert, frustriert oder verdrießt. Oft wird die Krankheit direkt als Druckmittel verwendet, damit der andere weiter in seinem Sinne funktioniert.

Hier muß man sich jedoch vor Augen führen, daß jeder für den eigenen Gesundheitszustand selbst verantwortlich ist. Man ist nicht verantwortlich für den Gesundheitszustand des anderen, wenn letzterer in Mitleidenschaft gezogen wird, weil man die Fremdbestimmung abzuschütteln und sein eigenes Selbst zu leben versucht. Dies ist kein Egoismus, sondern ein Gebot des Lebens. Hier Schuldgefühle zu entwickeln, hieße weiter einem lebensfremden Maßstab Folge zu leisten, der beide, den Projizierenden und den, der unter Erwartungsdruck steht, nicht leben läßt. Wenn der Fremdbestimmte beginnt, sein Leben selbst zu gestalten, muß der Projizierende seine Projektionen zurücknehmen und ist gezwungen, seinen entsprechenden Persönlichkeitsanteil auszubilden. Er hat nun die Chance, sich ebenfalls aus der Abhängigkeit zu befreien und seelisch-geistig zu wachsen. Als er den Persönlichkeitsanteil projiziert hatte, hatte er keine Macht über ihn, konnte er nicht frei über ihn bestimmen, war letzterer nicht verfügbar. Er ließ den anderen nicht selbst leben. Er verhinderte durch die Projektion die Ausbildung der Anlage beim anderen und bei sich. Sein unerlöster Persönlichkeitsanteil konnte, solange er projiziert war, weder vom anderen noch von ihm real erlebt werden. Befreit sich das »Opfer« von dem Erwartungsdruck, sucht sich der Projizierende jedoch oft eine neue Projektionsfläche.

Indem letzterer schnell ein anderes Opfer findet, verhindert er zwar, daß bei ihm eine chronische Krankheit ausbrechen kann, blockiert aber gleichzeitig weiter die Ausbildung der eigenen Anlage.

Immer mit unguten Gefühlen endet auch eine Beziehung zwischen zwei Partnern, wenn der eine vorgibt, er würde i. S. der Projektion des anderen funktionieren, um gewisse Vorteile zu genießen oder nutzen zu können, aber in Wirklichkeit gar nicht daran denkt, so zu handeln.

Deshalb ist es wichtig, von Anfang an mit dem Partner oder Mitmenschen offen zu kommunizieren. Wenn die Begegnung auf gleichberechtigter Ebene abläuft und beide Partner ihre Wahrnehmungsfähigkeit ausgebildet haben, können sie ihre gegenseitigen Projektionen eruieren und miteinander besprechen. Indem sie erkennen, was sie jeweils in den anderen projiziert haben, wird ihnen bewußt, welche Persönlichkeitsanteile sie selbst nicht ausgebildet haben, und durch diese Erfahrung wird Selbsterkenntnis möglich; denn das Unbewußte erkennt nicht aus sich selbst, sondern kann nur aus seinen Projektionen erschlossen werden.

## Haß, Wut und Aggression sitzen in den Organen

Haß, Wut, Neid, Mißgunst, Aggression sind unter anderem Reaktionen der Seele auf bestimmte Einwirkungen und Situationen, die der einzelne subjektiv als hemmend oder frustrierend erlebt.

Wie bereits im Kapitel »Partnerschaft« ausgeführt, sucht jeder Mensch entsprechend seiner individuellen psychischen Struktur bzw. seiner seelischen Prägung und seiner persönlichen Entwicklung jene Situationen auf, in denen er die ihm gemäßen seelischen Reaktionen entwickeln kann.

Diese individuellen Reaktionsmuster werden jeweils durch Blockierung von bestimmten Bedürfnisbefriedigungen (♂ bis ♆) ausgelöst. Hierdurch entstehen als körperliche Reaktionen Krankheiten oder als seelische Reaktionen Gefühle des Hasses, der Wut, des Ärgers, des Neides, der Aggression etc. Oft zeigen sich auf körperlicher oder seelischer Ebene Parallelen, so daß Haß, Wut und Aggression Widerspiegelungen einer Krankheit sein können und deshalb Rückschlüsse auf die Art der Erkrankung möglich machen. Ausgehend vom Objekt des Hasses oder der Aggression sind Schlußfolgerungen in bezug auf die entsprechende körperliche Krankheit bzw. auf das Lebensprinzip möglich, das nicht harmonisch, sondern im Defizit oder in der Kompensation erlebt wird.

Lehnt jemand einen Volksstamm aufgrund einer bestimmten Eigenart ab, so kann diese als sein relevantes Problem angesehen werden. Der Betreffende lebt mit dem Lebensprinzip, das die Eigenschaft symbolisiert, in Disharmonie. Er haßt dann entweder seine eigene Schwäche, die er in diesem Volksstamm verwirklicht sieht, oder er haßt den Gegenpol, der ihm einen Ausgleich ermöglichen würde. Beurteilt jemand die Emotionalität von Südländern — ein bei uns weit verbreitetes Klischee — sehr negativ, so kann es sein, daß seine eigenen emotionalen Fähigkeiten (☉) verkümmert oder blockiert sind. Zugleich besteht aufgrund dieser Problematik die Tendenz zu Herz- und Kreislauferkrankungen (☉).

Besonders häufig entstehen jedoch Frustration und Haß, wenn Persönlichkeitsanteile aufgrund von eigenem defizitären Erleben projiziert werden und dieser Projektion nicht entsprochen wird.

Defizit → Projektion → Versagung → Haß
(Frustration)

So kann sein Defizit in bezug auf Selbstsicherheit einen Mann dazu bewegen, fortlaufend auf seine Partnerin den Wunsch nach Bestätigung zu projizieren. Verhält sich diese aber nicht entsprechend seinen Erwartungen, so wird er frustriert sein und kann mit Ablehnung, sogar Haß antworten.

Beim Kindrollenspieler zeigt sich dagegen eine andere Symptomatik. Er steht aufgrund seines Defizits unter dem Erwartungsdruck des Elternrollenspielers und beginnt jenen zu hassen, wenn er sich überfordert fühlt oder wenn die Erwartungshaltung gänzlich seiner eigenen Natur widerspricht.

Defizit → Erwartungsdruck → Überforderung → Haß

Beide Fälle verdeutlichen, daß Haß letztendlich immer auf ungelebtes Leben und ungelebte Persönlichkeitsanteile zurückzuführen ist, denn eine oder mehrere Anlagen können aufgrund von äußerer bzw. innerer Blockaden nicht ausgelebt werden. Wie ist aber nun die häufig vertretene Meinung, Haß sei nur die Kehrseite der Liebe, in diesen Zusammenhang einzuordnen? Weist jemand auf bestimmten Lebensgebieten Defizite auf, dann wird er denjenigen »lieben«, von dem er glaubt, daß er die Potenz in sich trägt, diese Defizite aufzufüllen. Muß er jedoch später erkennen, daß der andere nicht das, was er zur Aufrechterhaltung seines innerseelischen Gleichgewichtes braucht, geben will oder kann, wird er sich betrogen und enttäuscht fühlen. Seine »Liebe« schlägt in Haß um. Häufig wird dabei sogar das eigene Defizit bestätigt oder verstärkt, etwa wenn eine Frau ein starkes Zärtlichkeitsdefizit aufweist, also in ihrem ☾-Gleichgewicht gestört ist, und einen Partner hat, der ihr nur wenig seelische Wärme bieten kann. Diese stete Frustration, ihr Bedürfnis nicht gestillt zu bekommen, kann dann Haßgefühle gegenüber dem Manne erzeugen, den sie ursprünglich geliebt hat, weil sie sich von ihm Ausgleich für ihren Mangel erhofft hat.

In diesem Zusammenhang ist es wichtig festzustellen, daß verschiedene Bedürfnisse oder Wünsche bereits aufgrund von bestimmten Traumata in der Vergangenheit pervertiert worden sind oder erst als Reaktion auf diese entstanden sind.

So kann z. B. jemand einen anderen hassen, weil seinem Willen zur Macht, der sich aufgrund von Unterdrückung in der Kindheit als Reaktion entwickelt hat, nicht entsprochen wird, sein Mittelpunktstreben beschnitten oder ihm keine Anerkennung, die er so notwendig als Trostpflaster für seine seelische Wunde braucht, gezollt wird. Man muß daher zwischen realen und irrealen Bedürfnissen unterscheiden, die letztendlich beide, wenn sie nicht gestillt werden, Haß und

Krankheit erzeugen. Daß Haß nur eine Perversion der Liebe darstellt, kann auch noch anders erklärt werden:

*Liebe* im eigentlichen Sinne kann nur Liebe zum Leben, zum Lebendigen sein. Liebe ist also eine Energie, die Leben aufbaut. Liebe ist konstruktiv, indem sie sich für das Leben einsetzt und günstig auf das Leben einwirkt.

Haß richtet sich *gegen* das Leben, ist destruktiv und krankmachend. Er kehrt sich gegen das Leben, gegen einen eigenen lebendigen Persönlichkeitsanteil (der aber auch auf andere projiziert sein kann). So ergibt sich die Schlußfolgerung: Man haßt das Leben in sich und bei anderen, wenn man es nicht leben läßt, wenn man es unterdrückt, hemmt, tabuisiert, knebelt etc., und man liebt das Leben, wenn man ihm die Chance gibt, zu leben und sich naturgemäß zu entfalten. Diese reale Form der Liebe unterscheidet sich von der irrealen Ausprägung, die sich nur dann entwickeln kann und bestehen bleibt, wenn der Partner das gibt, was man braucht, um sich auszugleichen. Die reale Form der Liebe kann sich nie in Haß verwandeln, da die Liebe zum Lebendigen und zur Eigenart des anderen keine Abhängigkeit beinhaltet und so keine Frustration erzeugen kann. Nur jene Form der Liebe, die den anderen mit eigenen Wünschen, Vorstellungen und Erwartungen besetzt, kann enttäuscht werden und sich aufgrund dessen ins Gegenteil, in Haß verwandeln. Wenn den Projektionen nicht entsprochen wird, wird der einzelne auf sein ursprüngliches Defizit zurückgeworfen, er muß dann seine Hoffnung auf Ausgleich, die die Basis seiner Liebe war, aufgeben.

Aus diesem Grunde haßt man unter anderem oft beim anderen auch das, was man bei sich selber ablehnt. Neigt etwa jemand zur Schlampigkeit und hat der Partner dieselbe Tendenz, ist ein Ausgleich nicht möglich. Man verharrt in seinem Defizit und muß mitansehen, wie der Partner das eigene Manko sogar noch verstärkt.

Viele betrachten Haß, Wut, Neid, Aggressionen als böse und lehnen Menschen, die diese seelischen Reaktionen zeigen, ab; besonders stark wächst diese Ablehnung, wenn jene Gefühle negative Reaktionen der Natur des anderen auf eigene Verhaltensweisen oder auf eigene Vorstellungen und Maßstäbe sind.

So wollen manche Eltern ihr Kind in ein Heim abschieben, wenn es aggressiv auf ihre Maßstäbe, Projektionen und Vorstellungen reagiert. Der Hassende oder Aggressive ist dabei immer der »Bösewicht«, insbesondere dann, wenn man sich selbst im Recht glaubt oder durch äußeres Recht bzw. durch eine gesellschaftliche Norm abgesichert wird.

Anstatt das eigene Verhalten sowie die Normen und Ideale in Frage zu stellen und die Reaktionen des Kindes als Spiegel seiner selbst zu sehen, wird aufgrund des im Patriarchat so weit verbreiteten Vollkommenheitsanspruchs (verzauberter Saturn) der andere als böse oder krank eingestuft und damit die eigene Entwicklung und Reifung abgewehrt.

Da diese seelischen Reaktionen sowohl als Kind gegenüber den Eltern als auch später, in der Fortleitung als Erwachsener gegenüber den Vorgesetzten, im Beruf oder gegenüber dem Partner, verboten sind bzw. als negativ beurteilt werden, besteht die Tendenz, sie zu verdrängen. Damit wird jedoch die Disposition zu Unfall, Krankheit und Leid geschaffen. Der Haß, die Wut und die Aggression, also destruktive Energien, werden gegen den eigenen Körper gewendet und toben sich an den entsprechenden Organen und Organsystemen aus. Man spricht dann von somatisiertem Haß, somatisierter Wut, somatisierter Aggression. In solchen Fällen ist es sehr schwierig, diese Gefühle, die in den Organen sitzen, wieder an die Oberfläche zu bringen und bewußt zu machen, um einen Heilungsprozeß einzuleiten.

Wichtig ist in diesem Zusammenhang, festzustellen, daß diese seelischen Reaktionen meist aufgrund von eigener Ohnmacht bzw. Schwäche entstehen.

Hierzu ein Beispiel: Fritz K. hat die ⊙ als Herrscher v. Haus 9 in Haus 1. Primär geht es darum, sich mittels seiner Weltanschauung und Philosophie (H 9) durchzusetzen (H 1) und damit zu glänzen (⊙). Deshalb haßt Fritz K. all diejenigen, die ihn dabei zu blockieren versuchen (Opp. ♄ in 7). Diese äußere Blockade ist jedoch die Widerspiegelung seiner Sonne, die durch einen defizitär erlebten ♄ blockiert wird. Erst wenn Fritz K. seinen ♄ ausbildet und seine Weltanschauung und Philosophie ordnet (♄), in Gesetzmäßigkeiten (♄) faßt und den Faktor Realität (♄) miteinbezieht, würden die äußeren Hemmschuhe (♄) verschwinden. Da er jedoch Angst vor diesen Schritten hat, reagiert er immer wieder mit Haß auf diejenigen, die seine Weltanschauung, die er emotional (☉) vertritt, entwerten (♄) oder die ihm ein anderes Ideal (♄) entgegensetzen. Die Energie, die dabei im Haß gebunden ist, ist dieselbe Energie, die Fritz zur Durchsetzung einer gesetzmäßig geordneten Weltanschauung notwendig brauchen würde. Die Blockade, der gegenüber er sich ohnmächtig fühlt, pervertiert aber diese Energie, so daß daraus Haß und Krankheit entstehen.

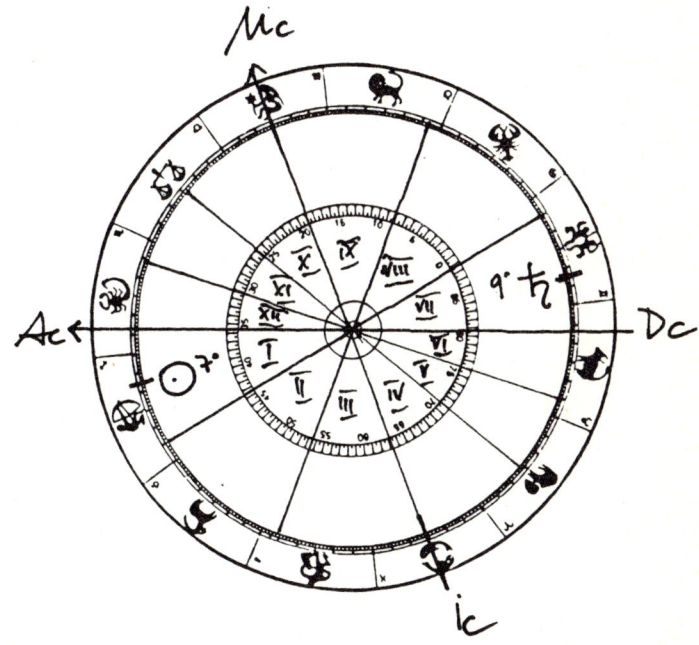

Die ursprünglich konstruktive Energie bekommt einen destruktiven Charakter. Auf diese Art und Weise wird nicht nur eine wertvolle Energie verschleudert, sondern es werden dabei auch negative Feedbacks erwirkt. Zudem schwächt die stete Reproduktion von Haß den körperlichen Organismus. Fritz K. leidet seit Jahren an Herz- und Kreislauf(☉)beschwerden (♄).

Je stärker der Haß ist, umso größer ist das Bedürfnis, den Persönlichkeitsanteil auszuleben. Insofern kann vom Ausmaß des Hasses auf die Größe der Blockade bzw. Hemmung geschlossen werden.

Der einzelne muß — wenn er körperlich und seelisch gesunden will — sein Verhaltens- bzw. Reaktionsmuster ändern. Zu Somatisierungen neigt besonders derjenige, der die seelischen Reaktionen, Aggression, Wut oder Haß, bei sich nicht zuläßt. Die Haltung, fast allen Wirkungen bzw. Reaktionen auf die eigenen Maßstäbe und Ziele feindlich gegenüberzustehen, ist typisch für das patriarchale Denken.*) So treibt mancher Elternrollenspieler — ohne sich dessen bewußt zu sein — den anderen in die Krankheit, weil der Haß oder die Aggression, die als Frühwarnsystem fungieren, bei jenem nicht aufkeimen dürfen. Dies läßt jedoch nur derjenige zu, der eine entsprechende Disposition aufweist, d. h. in diesem Falle, daß er sich nicht gleichberechtigt fühlt und den Maßstab, keine seelischen Reaktionen zeigen zu dürfen, für sich als bindend erklärt.

Solange man sich böse oder schuldig fühlt, wenn man haßt oder aggressiv ist, werden diese destruktiven Energien nur verdrängt. Sich vorzunehmen, sich »bessern« zu wollen und wieder brav und anständig zu werden, bedeutet demnach, sich nur den alten Maßstäben und Zielen zu unterwerfen und sich den Elternrollenspielern unterzuordnen, ihnen Recht zu geben und weiter in deren Sinne zu funktionieren.

Haß bedeutet in solchen Fällen, im Kreis zu gehen, eine Mauer nicht überspringen zu können, ohnmächtig vor ihr zu stehen. Der einzelne kann nur immer wieder mit Haß reagie-

---

*) Aber auch derjenige, der Haß, Wut und Aggression ausagiert, schwächt im Laufe der Zeit das Organ, das dem Lebensprinzip entspricht, gegen das Haß oder Aggression gerichtet ist. Der Persönlichkeitsanteil kann sich nicht verwirklichen, weil seine Energie für den Haß verwendet wird. Hinzu kommt, daß Haß beim anderen Haß erzeugt und so kein Energieaustausch zwischen beiden zustandekommt. Die Anlage kann sich nicht mit neuer konstruktiver Energie aufladen. Deshalb fühlen sich manche Menschen permanent schwach und elend, weil sie für Haß, Wut und Aggression ihre Energie verbrauchen und somit keine neue Aufladung erfolgen kann.

ren, weil er glaubt, keine andere Möglichkeit zu haben, weil er keinen Ausweg sieht.

Haß bedeutet stets, daß man im alten Reaktionsmuster gefangen ist, sich von alten Maßstäben und Normen nicht gelöst hat, nicht imstande ist, die Situation richtig und wirklichkeitsadäquat einschätzen zu können. Der Betroffene kann noch keine neuen Entscheidungen treffen, keine Wege finden, um den eigenen Persönlichkeitsanteil zu entwickeln und auszuleben, konstruktiv etwas Neues aufzubauen und dort seine Energie einzusetzen.

Haß ist eine passive, Liebe ist eine aktive Form der Schicksalsgestaltung.

Beispiel:
Olaf M. haßte alle Gurus. Solange er jedoch auf diese geistigen Führer stets mit Haßgefühl reagierte, hatte er keine Möglichkeit, seinen Persönlichkeitsanteil Pluto zu integrieren.*)

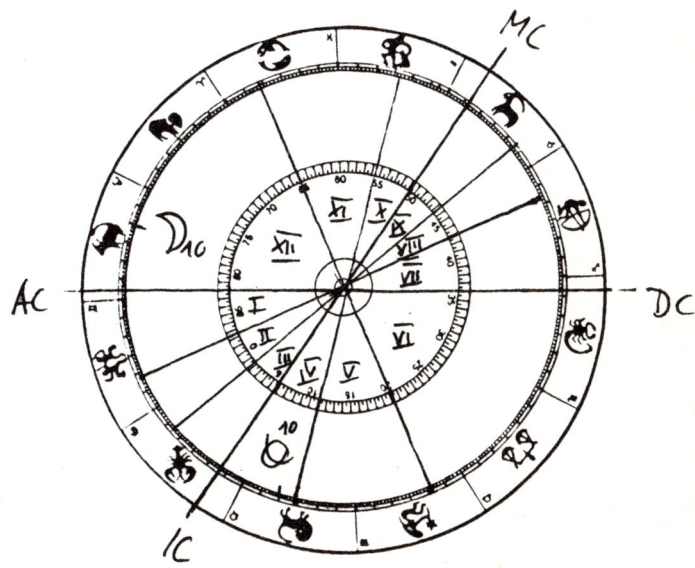

---

*) Haß heißt auch, einen Persönlichkeitsanteil noch nicht in das eigene Persönlichkeitssystem integriert zu haben.

Erst als Olaf M. seinen Pluto auszubilden versuchte, seinen Pluto, den er ursprünglich nur in der Projektion erlebt hatte, zu *lieben* begann und ein eigenes Konzept[8] entwarf und dadurch imstande war, einen eigenen Weg (Pluto) zu gehen, gehörten seine Haßgefühle der Vergangenheit an. Zugleich verschwanden auch seine Magenkrämpfe (Mond Quadrat Pluto), unter denen er immer wieder zu leiden hatte.

In dem Bemühen, sich mit der Ursache des Hasses und der Erkrankung auseinanderzusetzen, wird der einzelne meist mit seiner Schwäche, seiner Angst oder seiner Ohnmacht konfrontiert. Die Beseitigung dieses Defizits bzw. dieser Ohnmacht ist eines der entscheidendsten Kriterien, wenn nicht das Kriterium schlechthin, um eine Gesundung einleiten zu können. Das Defizit oder Gefühl des Ausgeliefertseins bzw. der Ohnmacht kann jedoch nur durch Ausbildung eines Persönlichkeitsanteils bzw. einer Anlage aufgelöst werden.

Es ist wichtig, Haß, Wut, Ärger und Aggression zum Ausdruck zu bringen — nicht nur, um seine Seele zu »reinigen« und damit Krankheiten vorzubeugen, sondern auch, um den Mitmenschen aufzuzeigen, welche Reaktionen sie verursachen. Zugleich jedoch heißt es zu prüfen, ob die eigene seelische Reaktion wirklichkeitsadäquat ist. Abgesehen von der kathartischen Entlastung haben Haß, Wut, Ärger und Aggression als seelische Reaktion eine wichtige *Ausgleichsfunktion*, sie gleichen hemmende, frustrierende oder blockierende Einwirkungen aus. Insofern stellen diese Reaktionen seelische Gesundungsprozesse dar und sind zur Aufrechterhaltung des seelischen Gleichgewichts unerläßlich. Wichtig ist ferner, daß Haß, Wut und Aggression Entwicklungsprozesse fördern, etwa Ablöseprozesse vom Elternhaus, von einem Partner oder von einem Beruf, mit dem man keine Identität mehr verspürt. Schwieriger wird die Situation jedoch, wenn jemand diese seelischen Reaktionen um ihrer selbst willen reproduziert und sich nicht mehr von ihnen lösen kann.

*Fazit:*

Haß, Wut und Aggression sind Empfindungen wie Hunger und Durst. Sie sind grell leuchtende Signale, die anzeigen, daß etwas im eigenen Persönlichkeitssystem nicht stimmt.

Anstatt, wie bei einem Auto, wenn eine Warnlampe aufblinkt, sofort nach der Ursache zu suchen und ggfs. Defizite (Öl, Benzin etc.) aufzufüllen, verharren viele in der steten Reproduktion von Gefühlen des Hasses, der Wut und der Aggression. Sie fahren jahre- und jahrzehntelang, trotz permanenten Aufblinkens von solchen Warnlämpchen, d. h. ohne den Mangel wahrzunehmen, weiter und befahren damit mit ihrem lebendigen Organismus den Weg der Krankheit bzw. manövrieren sich in einen negativen Regelkreis.

# Komplementärbilder als Ausgleich im Persönlichkeitssystem

In »Astrologie und Psychologie — eine neue Synthese« haben wir die 12 kosmischen Prinzipien als Entwicklungsprozesse charakterisiert. Dabei repräsentiert das Waage-H7-♀-Prinzip nicht nur den Partnerwahlprozeß, sondern auch den Prozeß des Ausgleich-Schaffens. Das Waageprinzip drängt darauf hin, daß das, was fehlt, ausgeglichen bzw. aufgefüllt wird. Durch dieses Prinzip wird versucht, Fehlendes zu ergänzen, ein Gleichgewicht bzw. eine Ausgeglichenheit herzustellen, Harmonie zu erreichen: denn Harmonie bedeutet Gesundheit, und Gesundheit will der seelische, körperliche und geistige Organismus immer aufrechterhalten oder wiedererlangen. Ausgleichsversuche bzw. Gesundungsprozesse auf der somatischen Ebene sind die körperlichen Erkrankungen, auf der seelischen Ebene sind es Haß, Wut, Aggression etc. und auf der geistigen Ebene die Komplementärbilder. Diese unterschiedlichen Erscheinungen auf den verschiedenen Ebenen sind jedoch nicht isoliert zu betrachten, sondern stehen stets miteinander in Wechselbeziehung. Ein und derselbe Konflikt kann sich sowohl auf der körperlichen als auch auf der seelischen und geistigen Ebene zeigen, wie im Falle von Manuela D., die körperlich immer wieder unter Vaginal(☾)-Spasmen[8]) ([Pl.]) litt, seelisch häufig von Gefühlen (☾) der Ohnmacht ([Pl.]) beherrscht wurde und geistig ständig die Vorstellung[8])

([Pl.]) eines zärtlichen und liebevollen Partners (☾) reproduzierte. Die Vaginalspasmen finden also in den Gefühlen der Ohnmacht und in dem Komplementärbild des zärtlichen und liebevollen Mannes ihre Entsprechung.

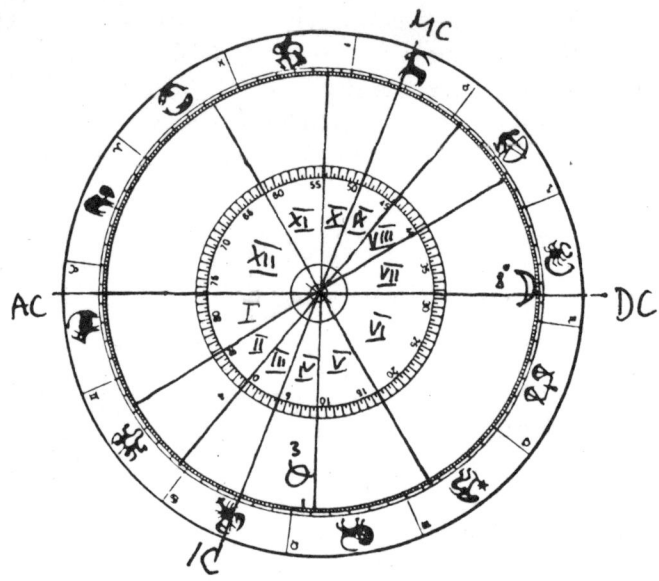

Da ein Defizit oder ein Konflikt oft auf den verschiedenen Ebenen abgelesen werden kann, ist es möglich, Rückschlüsse von einer Ebene auf die andere anzustellen. So kann man etwa von dem Komplementärbild eines behaglichen Holzhauses (☾) auf ein Magenleiden (☾) schließen oder von einer chronischen Entzündung (♂) auf aggressive (♂) Gefühle, vom Komplementärbild Luxuslimousine auf Gefühle des Neides usw. Solche Rückschlüsse dürfen aber nie schematisiert werden, sondern müssen immer den Einzelfall, d. h. die individuelle Problematik bzw. Konstellation berücksichtigen.

So kann, um bei den vorher genannten Beispielen zu bleiben, dem Komplementärbild eines behaglichen Holzhauses ein Defizit an Geborgenheit und seelischer Wärme (☾), der chronischen Entzündung ein Defizit an Durchsetzungskraft, körperlicher Aktivität und an Mut (♂), der Luxuslimousine ein Defizit an Eigenwert zugrundeliegen.

176

Wie vom Komplementärbild auf das Defizit geschlossen werden kann, soll folgendes Beispiel noch weiter verdeutlichen:

Helmut N.: *Komplementärbild:* Ruhm (☉)

    *Defizit:* Defizit an Selbstsicherheit bzw. Defizit in der Selbstverwirklichung (☉)

    *Krankheit:* Herz- und Kreislaufbeschwerden (☉)

Betont werden muß: Rückschlüsse vom Komplementärbild auf die entsprechende Krankheit sind jedoch nur möglich, wenn das Komplementärbild nicht nur vorübergehend, sondern über lange Zeit aus irgendwelchen Gründen nicht realisiert werden kann und daher über *längere Zeiträume* hinweg immer wieder auftaucht. Doch darauf kommen wir später noch eingehender zu sprechen.

Der Umstand, daß aufgrund eines Defizits (eines Mangelzustandes) ein komplementäres Bild vor dem geistigen Auge auftaucht, kann für therapeutische Zwecke verwendet werden, denn Komplementärbilder ermöglichen einerseits eine Analyse, fordern andererseits aber auch auf, das Defizit aufzufüllen. Indem die Komplementärbilder analysiert und dechiffriert werden, kann man das Defizit erfassen, das der Krankheit zugrundeliegt. Ist das Defizit, die Schwäche oder die Angst vor einem Lernschritt bekannt, können Wege zur Gesundung gefunden werden.

Komplementärbilder wirken ausgleichend und damit stabilisierend innerhalb des Persönlichkeitssystems eines Menschen, aber das ursprüngliche Problem kann damit nicht gelöst werden. Da die ursprünglichen Bedürfnisse nicht oder nur wenig gestillt werden, leiden Millionen Menschen an Defiziten und Mangelsituationen, die dann über Konsumgüter kompensiert werden. Die verschiedenen Wirtschaftszweige bieten eine breite Palette von Kompensationsmöglichkeiten an — von der Luxusyacht bis zum Farbfernseher, vom Privatflugzeug bis zur Filmkamera. All diese Dinge — sofern sie zu Prestigezwecken verwendet werden — sind nichts anderes als materialisierte Komplementärbilder und dienen damit als Ersatz für Defizite. Sie sind Ersatz für etwas Lebendiges.

Hierzu schreibt Charlotte McLeod[21]: »Die guten Dinge des Lebens haben zu wollen ist nicht falsch. Alles um uns zeigt, daß Anlage und Absicht der Solarökologie dahingehen, Wunsch in Befriedigung, Idee in Realität zu verwandeln. Jeder Wunsch ist die Folge eines Mangelempfindens, ein Bedürfnis, Leere zu füllen, uns zu vervollständigen. Das Problem liegt darin, herauszufinden, *warum* wir wünschen, was wir wünschen, wonach wir wirklich verlangen, wenn wir rosa Teppichboden oder eine Stereo-Anlage wollen.« Ist es wirklich der Pelzmantel, den wir wollen, oder ist dieser nur Ersatz dafür, weil wir einen Mangel an Wärme und Geborgenheit empfinden, ist es wirklich der Sportwagen, den wir brauchen, oder ist er nur Ersatz für den Mangel an eigener Bewegung . . .

Deshalb gilt es konsequent zwischen »realen« und »irrealen« Komplementärbildern zu unterscheiden. Wenn reale Komplementärbilder verwirklicht werden, ist der Durst gelöscht, der Hunger gestillt, der Mangel behoben, werden irreale Komplementärbilder materiell, entspricht dies nur einem symbolischen Auffüllen eines Defizits, ist es ein Kartenhaus, das über den Mangel gebaut wird und jeden Augenblick wieder einstürzen kann.

Dennoch ist es zunächst weniger leidvoll, die Defizite symbolisch aufzufüllen, als ständig vor dem geistigen Auge Komplementärbilder, die unerfüllbar sind, zu haben.

Übertragen auf das Beispiel eines Mannes, dessen organismisches Gleichgewicht durch einen hohen Wasserverlust gestört ist und der deshalb unter großem Durst leidet, würde dies bedeuten, daß in seiner Phantasie zwar ständig das Bild einer Quelle auftaucht, daß für ihn aber keine Möglichkeit besteht, eine solche zu finden. So leiden viele Menschen an Hunger und Durst nach Zuwendung, Liebe, Glück, Zufriedenheit, Schönheit und Ästhetik, nach Sexualität, Anerkennung und Freiheit . . . und stehen Tantalusqualen aus, weil all diese Bedürfnisse nicht oder nur wenig gestillt werden.

Die Komplementärbilder tauchen in solchen Fällen nicht nur vorübergehend auf, sondern sind permanent vorhanden. Sie werden zu einem eingefahrenen Muster, ohne daß ein Weg zur Realisation gefunden wird, und zeigen so einen Zustand der chronischen Blockierung im Stillen von Bedürfnissen an. Wird dem latenten Appell der Komplementärbilder, das Defizit zu füllen, nicht Folge geleistet, muß die menschliche Natur diese Problematik auf einer anderen Ebene anzeigen: dem Körper. Es kommt entsprechend der chronischen Blockierung von Bedürfnisbefriedigungen zu chronischen Krankheiten, die zwangsläufig therapieresistent sein müssen, solange der entsprechende lebendige Persönlichkeitsanteil keine Möglichkeit zum Ausleben und Austausch gefunden hat.

Bei einer Reihe von Klienten besteht die Gefahr, daß diese aufgrund der Unfähigkeit, Probleme zu bewältigen und Konflikte im täglichen Leben zu lösen, in Komplementärbilder flüchten und daß die geistige Auseinandersetzung so zum Selbstzweck wird. Damit haben die geistigen Bilder ihren eigentlichen Sinn und Zweck, Defizite zu signalisieren und Möglichkeiten zum Ausgleich aufzuzeigen, verloren; der Einklang zwischen Körper, Geist und Seele ist gestört, denn der Geist trägt nicht mehr zum Wohle der Gesamtpersönlichkeit bei. Die Betreffenden leiden — trotz anscheinend großer geistiger Weiterentwicklung — jahre- und jahrzehntelang an chronischen Krankheiten. Indem der geistige Bereich immer weiter ausgebaut und differenziert wird, werden Körper, Seele und Wirklichkeit immer mehr vernachlässigt, das Leiden verstärkt sich im Laufe der Zeit, was wiederum zu vermehrter Flucht in geistige Welten führt. So bleibt der negative Regelkreis geschlossen:

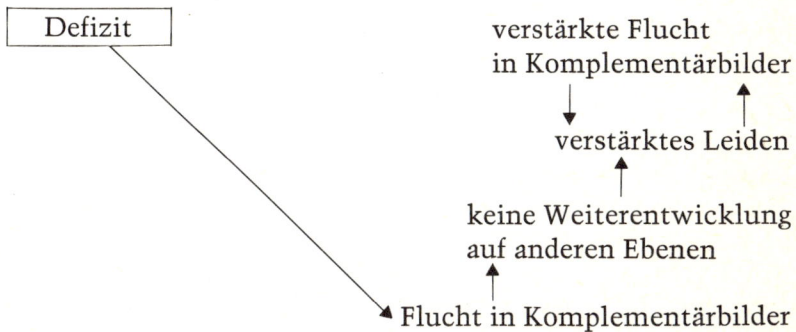

Erst durch eine kritische Auseinandersetzung mit den Komplementärbildern, eine rückführende Analyse der Zusammenhänge und ein Aufschlüsseln des Defizits werden Ansätze zu einer Lösung der Problematik möglich. Hilfestellung kann hier das individuelle Horoskop geben, da sich dort die jeweiligen Defizite eruieren lassen.

Ziehen wir hier eine kurze Zwischenbilanz, so können wir sagen, daß Komplementärbilder als geistige *Reaktionen* auf bestimmte Defizite und Blockaden in der Bedürfnisbefriedigung weitgehende Parallelen mit den seelischen Reaktionen wie Haß, Wut, Neid, Aggression etc. aufweisen.

Wie diese seelischen Reaktionen haben auch die Komplementärbilder:

1. *Ausgleichsfunktion* — und als solche verhindern sie zunächst den Ausbruch einer körperlichen Krankheit.

2. *Signalfunktion*, um den Betreffenden zu veranlassen, Ursachen aufzuspüren und Mängel zu beheben.

3. die Tendenz, ständig *reproduziert* zu werden, wenn die entsprechenden Ursachen nicht beseitigt worden sind. Die Folge der ständigen Reproduktion kann unter Umständen eine körperliche Erkrankung sein.

4. die Tendenz, als Fluchtmöglichkeit zu fungieren und damit die jeweilige Problematik zu *verstärken*.

5. die Tendenz, bei Unterdrückung oder Blockierung ihrer Ausgleichsfunktion eine Somatisierung des Problems einzuleiten. Denn,

wenn die Wünsche, Ideen, Vorstellungen, die aus einem Mangel resultieren, Ausgleichsfunktion haben, dann muß zwangsläufig die Unterdrückung und Blockierung dieser Kompensationsmöglichkeit zu Krankheiten führen. Diese Somatisierung des Problems unterscheidet sich von der Somatisierung, die aufgrund der steten Reproduktion der Komplementärbilder (Punkt 3) verursacht wird. Bei letzterer wird erst somatisiert, wenn die menschliche Natur sich im ständigen Erzeugen von Komplementärbildern, also im steten Akt der Kompensation, erschöpft hat. Je länger ein Komplementärbild bestehen bleibt, also ein chronischer Mangelzustand nicht beseitigt wird, desto größer wird die Gefahr der Somatisierung.

Bei Unterdrückung oder Blockierung wird hingegen — wenn nicht eine andere Ausgleichsmöglichkeit gefunden wird — das Problem schneller auf die körperliche Ebene verlegt. Bezeichnend ist auch der Umstand, daß — wie der Krebsforscher Ronald Grossarth-Maticek[29]) festgestellt hat — bei krebskranken Patienten weitgehend Komplementärbilder fehlen. Umgekehrt läßt die Existenz von Komplementärbildern den Schluß zu, daß noch Hoffnung besteht, das Defizit einmal auffüllen zu können, da die Natur noch Signale abgibt und noch nicht aufgegeben hat. Hier wird deutlich, daß die körperlichen, seelischen und geistigen Reaktionen Ausdrucksformen des Lebens sind, Energien und Kräfte darstellen, die auf einen Ausgleich und damit auf die Gesundheit hinzielen. Solange sich Krankheiten, Haß, Wut, Aggression und Komplementärbilder einstellen, sind Lebenskraft und folglich auch Hoffnung vorhanden. Kann der körperliche, seelische und geistige Organismus eines Menschen nicht mehr reagieren, wird auf Selbstvernichtung umgeschaltet, die unter anderem in der Krebskrankheit ihren Ausdruck finden kann. (siehe Kapitel: Krebs als Folge von materieller und psychischer Fremdbestimmung)

Bei chronischen Krankheiten und auch bei Krebs sieht man sich immer wieder vor die Frage gestellt: Wurden die seelischen und geistigen Reaktionen bereits im Keim erstickt, also a priori tabuisiert, oder wurden sie zunächst zugelassen, um dann aber als »böse« apostrophiert und schließlich verdrängt zu werden?

Erstickt man etwa die Aggression gegenüber dem Vater bereits in ihrem Ansatz oder ist die Lebenskraft so stark, daß man zunächst gezwungen ist, sie in dieser pervertierten Form zuzulassen, ehe man sie aufgrund von Schuldgefühlen erneut verdrängt?

Unterdrückt man die aufgrund der eigenen Ohnmacht auftauchenden Vorstellungsbilder von Macht und Einfluß, weil sie mit dem eigenen Maßstab unvereinbar sind, oder knebelt man sie erst, wenn sie bereits ausgelebt wurden?

Wenn es in all diesen Fällen doch zur Somatisierung gekommen ist, muß man versuchen, vom Krankheitssymptom ausgehend, auf die verdrängten seelischen und geistigen Reaktionen zu schließen. Der Betroffene muß befähigt werden, die verdrängten Reaktionen zuzulassen — und vor allem seinen Blick schulen, um die zugrundeliegenden Mechanismen und Gesetzmäßigkeiten zu erkennen. Indem der einzelne wahrnimmt, welcher Mechanismus gerade abläuft, wie sein Körper, seine Seele, sein Geist, also sein Persönlichkeitssystem funktionieren, und einsieht, wie er mit den Persönlichkeitssystemen der Mitmenschen verflochten ist, kann Krankheit und Leid verstanden werden und ist damit nicht mehr hilflos seinem Schicksal ausgeliefert. Er verurteilt die seelischen und geistigen Reaktionen bei sich und bei anderen nicht mehr, sondern setzt sich mit ihnen auseinander.

Nun eröffnet sich die Chance, selbst in das eigene Schicksal einzugreifen. So kann sich der Betreffende etwa fragen:

Realisiere ich das Komplementärbild oder bringe ich es zum Verschwinden, indem ich das zugrundeliegende Defizit auffülle? Beide Möglichkeiten führen zur Gesundung, wobei der 2. Weg langfristig gesehen, als günstiger zu erachten ist, da — sofern man ihn beschreitet — keine neuen Komplementärbilder auf dem betreffenden Lebenssektor mehr auftauchen.

Dennoch ist es oft angebracht, zuerst mit einer Krücke (1. Weg) zu gehen, als jahrelang überhaupt keinen Schritt vorwärtszukommen. Eine chronische Krankheit bedeutet, ohnmächtig zu sein, den Weg zu einem Ziel nicht gehen zu wollen oder zu können, da das Komplementärbild nicht realisiert wird.

Wenn die Kompensation bzw. das aktive Ausgleich-schaffen im täglichen Leben zu schwierig erscheint, wenn keine Möglichkeit gefunden wird, die entsprechende Lebensenergie wirklichkeitsadäquat einzusetzen, beschließt das Unbewußte, diese Energie einstweilen auf die körperliche Ebene zu leiten, wie im Falle von Herbert L.:

Herbert L. hatte in einer Maschinenfabrik eine leitende ([Pl.]) Position inne, ihm waren 20 Männer unterstellt. Kurz nach seinem 50. Lebensjahr wurde er jedoch aufgrund von innerbetrieblichen Schwierigkeiten entlassen. Seine [Pl.]-Energie konnte nun nicht mehr auf die bisherige Art und Weise

182

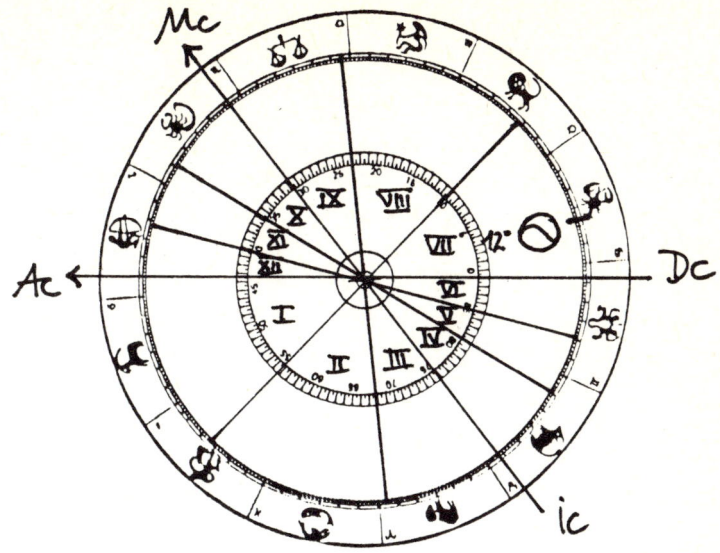

ausgelebt werden. Außerdem hatte er es aufgrund seines großen beruflichen Engagements versäumt, sich einen größeren
Bekanntenkreis aufzubauen. Dies wirkte sich um so negativer aus, da seine Frau schon vor 10 Jahren verstorben war und
die beiden Töchter in einer anderen Stadt lebten. Da es ihm
an anderen Möglichkeiten mangelte, seine [Pl.]-Energie auszuleben, und ihm auf dem Arbeitsmarkt keine Chance einge-
räumt wurde, wieder eine Führungsposition zu erlangen, ver-
lagerte sein Unbewußtes die [Pl.]-Energie auf die körperliche
Ebene. Ständige spastische[8] Erscheinungen ([Pl.]) im Mund-
bereich ( ☉☽ ) unterdrückten seine Kontaktfähigkeit (H7).
Diese Unterdrückung war der Gegenpol zu seinem Macht-
anspruch, so war das Krankheitsbild umgekehrt das Komplementärbild zum Bild der Macht, an dessen Realisierung er in
der Außenwelt gehindert wurde. Als ihm aufgrund seiner
[Pl.]-H7-Problematik empfohlen wurde, verstärkt Begegnungen aufzusuchen, erklärte er, daß er aufgrund seiner Spasmen,
die ihn beim Sprechen behinderten, keine Begegnungen mehr
eingehen könne. Die Krankheit wurde zum Selbstschutz: Lieber krank — als in der Begegnung den Dominanzanspruch
aufzugeben.

Sein Unbewußtes gewährte ihm über die Krankheit Aufschub, bis er entweder eine andere Möglichkeit zu agieren finden oder das zugrundeliegende Defizit auffüllen konnte.

Das Unbewußte prüft also immer, auf welche Art und Weise das Defizit oder die Schwäche kompensiert werden können.

Kann das Komplementärbild, das einen Ausgleich als Ziel anvisiert, realisiert werden? Ist dieses Ziel erreichbar? Wenn es nicht erreichbar ist, wenn das Defizit nicht kompensierbar erscheint oder die Kompensation als zu schwierig erachtet wird, wenn die Diskrepanz zwischen dem Jetztzustand und dem Ziel bzw. Ideal zu groß erscheint, zieht es den Weg der Somatisierung vor. Insofern ist die Krankheit ein Ersatzweg, ein Umweg zu einem Ziel. Eine chronische Krankheit sagt deshalb immer aus, daß dem Menschen, der an ihr leidet, der Weg zur Zielerfüllung zu lang, zu beschwerlich oder dem Bewußtsein zu gefährlich war und daß sein Unbewußtes deshalb die chronische Krankheit vorgezogen hat.

Zugleich gewährt die Krankheit immer ein *Alibi*, was man alles tun und leisten hätte können, wenn nicht die Krankheit einen befallen hätte.

Jetzt kann man so tun, als ob man das Ziel schon erreicht hätte, jetzt kann man den anderen erzählen, daß man »oben und erfolgreich« gewesen wäre, wenn die Krankheit nicht dazwischen gekommen wäre — und bekommt dabei schon jetzt ein klein wenig Anerkennung. Auf diese Art und Weise ist durch die Krankheit eine Vorwegnahme des Zieles möglich. Der beschwerliche Weg braucht nicht mehr beschritten zu werden.

## Dechiffrierung von erotischen Phantasien

Im nebenstehenden Horoskop von Frank B. sehen wir ☾ Konjunktion ♄ im Haus 7 im Quadrat zu ♀ Konjunktion ♅ im Haus 10.

Frank B. war gehemmt (♄), seine seelische Eigenart (☾)

bzw. sein wahres Wesen (☾) und seine wirklichen Gefühle (☾) in der Partnerschaft (Haus 7) auszudrücken. Seine Problematik zeigte sich entsprechend in seiner Partnerin, die in allen Punkten die traditionelle Rolle (♄) der Frau (☾) perfekt (♄) darzustellen wußte. Sie erklärte die durch die Rollennorm verursachte Hemmung (♄) zum Ideal (♄-Kompensation), war rechtschaffen, fleißig, treu, jedoch sexuell prüde. Dies betrachtete sie jedoch nicht negativ, sondern interpretierte es als Ausdruck ihres Anstands. Da Frank B. mit ihr deshalb auf sexuellem Sektor nur wenig Befriedigung finden konnte, flüchtete er immer mehr in erotische (♀) Phantasien (♆). Schließlich interessierte er sich mehr und mehr — wenn auch unter Schuldgefühlen (☾♄) — für Pornohefte und Pornofilme (♀♆). In seinem Arbeitszimmer hatte er im Schreibtisch ein abschließbares Fach, in dem er die entsprechenden Bilder aufbewahrte.

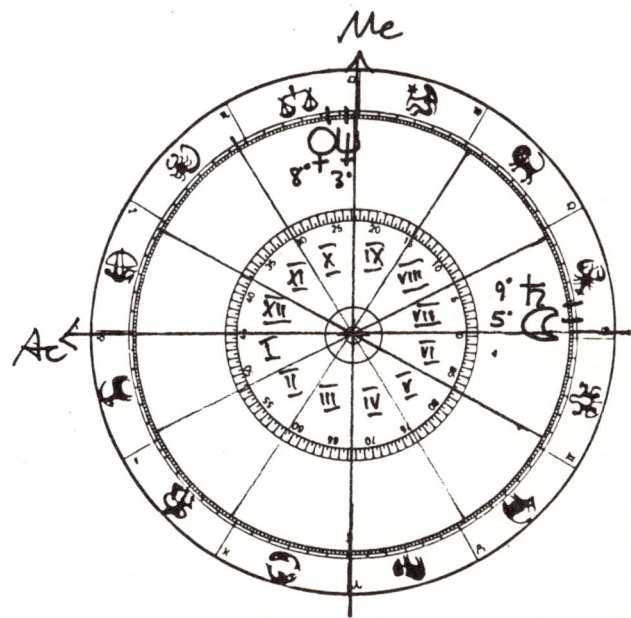

Eines Tages hatte Frank B. vor einer Geschäftsreise vergessen, den Schreibtisch-Schlüssel abzuziehen. Als Angelika, seine Frau, das Arbeitszimmer reinigte, fielen ihr die Pornohefte in die Hände. Zunächst war Angelika wie erstarrt. Dann verbrannte sie in einem plötzlichen Wutanfall sämtliche Bilder.

Als Frank B. von seiner Geschäftsreise heimkehrte, machte ihm Angelika eine Szene. Er mußte ihr versprechen, nie wieder so »schmutziges Zeug« zu berühren, andernfalls würde sie die Scheidung einreichen.

Kurze Zeit später erkrankte Frank B. an einer Harnröhrenentzündung (Urethritis), die schließlich — da sie sich als therapieresistent erwies, in einen chronischen Zustand überging.

Dieser Konflikt, in dem Frank B. sich befand, kann man als »Madonnen- und Huren-Konflikt« bezeichnen. Madonna (☿♄) und Hure (♀♇) sind zwei extreme Reaktionen des weiblichen Prinzips im Menschen auf ein strenges Überich (♄) und stehen zueinander spiegelbildlich. Die Madonna verleugnet ihre Natur, ihre wirkliche Weiblichkeit zugunsten der Norm und ist stolz darauf, sich nur *einem* hingeben zu können (brav und anständig zu sein) und nicht eine Hure zu sein. Doch die Hure verkörpert den Gegenpol zur Madonna, indem sie die verdrängte Natur der Madonna widerspiegelt. Beide Grundtypen sind jeweils in ihrem Bestehen voneinander abhängig: Die Hure existiert aufgrund der Tatsache, daß so viele Männer vor der Madonna flüchten. Die Madonna dagegen könnte sich nicht als edel und gut empfinden (Kompensation der Hemmung im Fühlen), wenn es keine Huren gäbe. Die Hure verkörpert in der Außenwelt die verdrängte Erotik der Madonna, denn dieser Mangel an erotischen Reizen ruft beim Manne das Bild der Hure hervor. Die Madonna stört durch ihre Einseitigkeit das Gleichgewicht, so daß zwangsläufig eine Gegentendenz (Hure) einsetzt, um es wieder zu erlangen. Die Materialisation dieses in fast jedem Manne der abendländischen Kultur wohnenden Bildes der Hure sind die Pornohefte und -filme. Insofern verdankt die Pornoindustrie ihre Blüte den sexuellen und erotischen Tabus, die tief in den Seelen der Menschen verankert sind, und den daraus resultierenden inneren Komplementärbildern. Wären keine inneren Komplementärbilder bei den Menschen vorhanden, hätte die Pornographie sich keinen Marktanteil erobern können. Die Komplementärbilder im Geist des Mannes verschwinden erst, wenn das Defizit (Madonna) ausgeglichen ist. Ein Ausgleich kann also entweder erfolgen, indem der Mann zu einer Hure geht und damit das Phantasiebild Realität werden läßt — in diesem Falle muß er aber immer wieder dort erscheinen, da das zugrundeliegende Defizit nicht beseitigt ist —, oder er stellt die Norm, die, indem sie das Gleichgewicht stört und dem Leben zuwiderläuft, das Defizit verursacht, in Frage, begründet in sich einen neuen Maßstab und ermöglicht damit seiner (körperlichen und seelischen) Liebesfähigkeit zu wachsen. Aufgrund seiner eigenen Veränderung und Entwicklung findet er dann auch außen seine *Identität* in einer Frau, die weder Madonna noch Hure ist, die das Körperliche und Seelische gleichberechtigt in sich vereint hat und somit auch fähig ist zu einer gleichberechtigten Partnerschaft. Die gleichberechtigte Frau hat ihren Schatten (Hure) integriert. Eine solch schrittweise Assimilation des Schattens ist ein schwieriges Unterfangen, da dieser Prozeß mit einer Identitätskrise einhergeht. Die Frau zweifelt an ihrem inneren Madonnabild, hat aber Angst, als Hure zu gelten, wenn sie an diesem Bild nicht mehr festhält und ihre wirkliche Natur nicht mehr zugunsten der im Patriarchat aufgezwungenen Rolle verleugnet. Sie befindet sich in einem Schwebezustand ($\Psi$), der durch Angst und Unsicherheit gekennzeichnet ist. In diesem Stadium ist sie anfällig für Süchte aller Art, aber auch für eine Somatisierung der Problematik (meist Unterleibsleiden).

Doch setzen wir uns wieder mit der Situation von Frank B. auseinander:

Frank B's. erotische Phantasien waren die geistige Reaktion auf die Mangelsituation in der Partnerschaft, und die Pornohefte und -filme waren der sichtbare äußere Ausdruck der inneren Komplementärbilder. Sie wirkten verstärkend auf die erotischen Phantasien von Frank B. (Verstärkerprinzip — jede Materialisation wirkt verstärkend auf die innere Situation bzw. Konstellation). Da seine inneren und äußeren Komplementärbilder mit Schuldgefühlen belastet waren, war es nur eine Frage der Zeit, bis die Maßregelung oder Strafe erfolgte. Ein Schuldgefühl zu verspüren, bedeutet ein Defizit an Recht zu haben, und dieses Defizit an Recht kann nur durch den Gegenpol — durch den Richter bzw. durch die Strafe — ausgeglichen werden. Diese äußere Situation war die Widerspiegelung von Frank B's. innerer Spannung zwischen ☾ Konjunktion ♄ in 7 (Schuldgefühle gegenüber dem Partner) und ♀ Konjunktion ♆ in 10 (erotische Traumbilder [♀♆] als Ideal [H 10]). Indem Angelika diese Bilder verbrannte, verbrannte sie die Ausgleichsmöglichkeit ihres Mannes. Solange sich Frank mit dem Maßstab seiner Ehefrau identifiziert, die ablaufenden Mechanismen und Gesetzmäßigkeiten nicht durchschaut und kein Recht auf Ausgleich anmeldet, wird er stets der Verlierer sein. Es ist also wichtig für beide Partner, zu durchschauen, was in ihrer Beziehung abläuft, um sich von dem alten Rollenspiel Gewinner und Verlierer zu lösen und sich miteinander auf einer neuen objektiveren und reiferen Ebene auseinandersetzen zu können. Auf diese Art und Weise kann dann auch weitgehend Somatisierungen vorgebeugt werden. Frank B's. chronische Urethritis resultierte astroanalytisch gesehen aus der Dekompensation des ♆, der auf seinen »Minuspol« zurückfiel und insofern eine Verunsicherung des ♀-Prinzips hervorrief. Die natürliche Energie bzw. die Abwehrkraft der ♀ wurde geschwächt (♆) und damit entwickelte sich eine Anfälligkeit gegenüber der Krankheit. Diese manifestierte sich gerade an der Stelle, die dem Lebensfeld Erotik (♀) analog ist, nämlich am Blasensystem (♀).

Es wäre nun aber zu einseitig, nur Frank B's. körperliches Leiden zu schildern, ohne das seelische Leid von Angelika zu sehen. Die Entdeckung der Pornobilder ihres Mannes war für sie ein seelisches Trauma, wurde sie dabei doch mit dem Gegenpol ihrer Hemmung konfrontiert. Dies schmerzte sie besonders, weil ihr das Wundpflaster für ihre Hemmung, ihr Maßstab bzw. ihr Ideal von »Anstand und Sauberkeit«, weggerissen wurde. Sie erlitt die Auswirkungen ihrer eigenen Hemmung, die wiederum Folge der Maßstäbe und Ideale ihrer Erziehung war. Insofern wurde ihr Maßstab ihr Karma. Ist der Maßstab nicht den Lebensgesetzen entsprechend, sondern ist durch ihn im Gegenteil das innere ökologische Gleichgewicht gestört, muß ein Ausgleich erfolgen. Dieses Ausgleichen durch das Karma wird aber oft nicht als positiver Beitrag zur eigenen Harmoniefindung erlebt, sondern wird als sehr unangenehm und schmerzhaft erfahren. Um den Schmerz abzuwehren, wird die Einsichtnahme in die Zusammenhänge häufig blockiert und die Konfrontation mit dem Gegenpol als Bestätigung für den eigenen Maßstab oder das eigene Ideal gewertet (Gesetz der Bestätigung). Damit verhindert man jedoch die Entwicklung der eigenen Persönlichkeit wie auch die der Partnerschaft, die Fähigkeit, selbst aktiv Harmonie zu schaffen, kann nicht ausgebildet werden. Indem Angelika schließlich mit ihrem Maßstab »siegte«, weil ihr Frank nicht einen alternativen Maßstab entgegensetzen konnte, lief sie nicht Gefahr, selbst zu erkranken.

Frank B's. Beispiel steht prototypisch für all die Fälle, in denen Kompensationen bzw. die Ausbildung von Komplementärbildern unterdrückt werden oder aufgrund von eigenen oder fremden Maßstäben nicht erlaubt sind. Unterdrückung der Reaktionen der Natur — sei es auf körperlicher, seelischer oder geistiger Ebene — muß zwangsläufig zu Krankheit und Leid führen. Der Körper kann dann nur ersatzweise reagieren und drückt über das Krankheitsbild das aus, was auf andere Art und Weise nicht ausgedrückt werden konnte.

Wir sind bei Frank B. nicht auf den Inhalt seiner Phantasie eingegangen, weil dies Gegenstand einer allgemeinen Betrachtung werden soll.

Grundsätzlich gilt: Vom symbolischen Inhalt der Sexualphantasien kann auf die entsprechende seelische Grundproblematik eines Menschen geschlossen werden. Bei den meisten Menschen tauchen bestimmte Grundbilder immer wieder auf, die nur von Zeit zu Zeit jeweils variiert werden. Einige haben ganz bestimmte »Drehbücher«, wie sich der Partner in einer bestimmten Szene verhalten und was er dabei sagen soll.

Hier kann die Astrologie als Lehre von Symbolen wertvolle Dienste leisten, da hiermit die Grundbilder des betreffenden Menschen verhältnismäßig leicht dechiffriert werden können. Durch eine gleichzeitige Horoskopanalyse kann das Problem noch weiter beleuchtet werden. Daß sich die meisten Sexualphantasien wiederholen oder fast über Jahre hinweg ähnlichen Inhalt haben, verwundert nicht, wenn man bedenkt, daß die sexuellen Phantasien genauso Reaktionen auf frühkindliche Einflüsse darstellen wie die anderen Komplemantärbilder auch.

So wie man in der steten Reproduktion von Haß und Aggression verharren kann, kann man auch erotische Bilder mit einem bestimmten Inhalt jahrelang reproduzieren. Die Tendenz dazu ist besonders gegeben bei den Konstellationen ♀♂, ♀[Pl.], ♀♄, ♀♅ und ♀♆ sowie insbesondere bei Männern bei Planetenkonstellationen in H 5, H 7 und vor allem in Haus 8.

Beispiel: Karl L.
Sexualphantasie: Von einer »Domina« an einen Stuhl gefesselt und geknebelt zu werden.

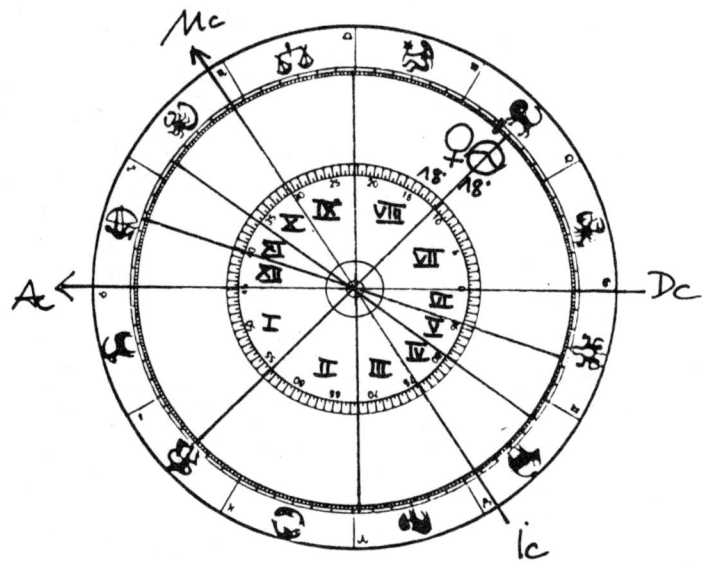

Nach der psychologischen Astrologie erscheint die eigene verdrängte oder unterdrückte Anlage in der Sexualphantasie in symbolischer Form. Hat jemand, wie oben aufgeführt, die Sexualphantasie, gefesselt ([Pl.]) und geknebelt ([Pl.]) zu werden, so erlebt er immer wieder seine eigene gefesselte ([Pl.]) und geknebelte ([Pl.]) Kontakt- und Liebesfähigkeit (♀), die in frühester Kindheit unterdrückt ([Pl.]) wurde oder unter einem steten Erwartungsdruck ([Pl.]) stand.

Wenn die Natur des Kindes »instinktiv« erkennt, daß keine Chance besteht, die Anlage auf die ursprüngliche Art und

Weise auszuleben, schließt sie entsprechend den gegebenen Umständen einen Kompromiß, um das Überleben der Anlage doch noch sichern zu können. Dies geschieht über das Einblenden von Bildern, die diesen Schmerz kompensieren und zugleich abwehren. Darf eine Anlage nicht weiterentwickelt werden, wird sie in ihrem Wachstum behindert, hat man Angst, sie frei zu entfalten, dann muß die Natur eine Zwischenlösung, einen Kompromiß schaffen. Dieser Kompromiß kann die Flucht (Kompensation der Angst) in sexuelle Phantasien sein. Werden die sexuellen Komplementärbilder auch im Erwachsenenalter ständig reproduziert, verharrt der Betreffende im alten Reaktionsmuster und verhindert so auch eine nachträgliche Ausbildung der Anlage. Die Folge ist, daß etwa bei der obengenannten ♀[Pl.]-Konstellation ständig schwerwiegende Probleme in Begegnung, Liebe und Partnerschaft bestehen. So kann es sein, daß in jeder Begegnungssituation offene oder verdeckte Machtkämpfe ([Pl.]-Kompensation) ablaufen, die eine harmonische Entwicklung der Partnerschaft unmöglich machen. Die steten Auseinandersetzungen können verdeutlichen, daß sich die Beteiligten noch in der Vergangenheit befinden und dem Wiederholungszwang ausgeliefert sind. Um die [Pl.]-Anlage der Realität entsprechend auszuleben, muß die fremde Vorstellung oder die Erwartungshaltung, die von Kindheit an bestand, analysiert, bewußtgemacht und durch eine eigene Vorstellung ersetzt werden. Dies ist nur möglich, wenn sich der Betreffende ein Konzept[8] ([Pl.]) erarbeitet, nachdem er seine ♀-Anlage ausbilden kann. Das kann z. B. geschehen, indem sich der Betreffende Literatur besorgt, die ihn mit realen ♀-Vorstellungen (Partnerschaft, Erotik etc.) vertraut macht, indem er sich mit Therapiesystemen und -methoden (z. B. Transaktionsanalyse) auseinandersetzt, die ihm sowohl seine Beziehung zum Mitmenschen analysieren helfen als auch auf eine Neuformierung der Persönlichkeit hinzielen, oder indem er Kurse besucht, die seine Kontakt-und Beziehungsfähigkeit fördern. Auf solche und andere Art und Weise kann er ein neues Konzept erwerben, das er mit dem Partner abstimmen und in die Praxis umzusetzen versuchen kann. Werden die ♀- und [Pl.]-Anlagen schrittweise erlöst, verschwinden dann auch mehr und mehr die sexuellen Komplementärbilder. Sie waren nur *Ersatz* und stellten eine Art Krücke dar, um trotz der geknebelten und unterdrückten Anlage das Gleichgewicht im Persönlichkeitssystem noch aufrechtzuerhalten. Zugleich waren sie auch *Flucht* vor der unlösbar erscheinenden Aufgabe, die ersten Entwicklungsschritte mit dieser Anlage zu gehen. Schwierig ist jedoch, daß Komplementärbilder sexuell stark stimulierend wirken, so daß oft — wie bei jeder Sucht — wenig Bereitschaft besteht, das Problem anzugehen.

Abschließend können wir in einer Zusammenfassung feststellen:

1. Irreale sexuelle Komplementärbilder sind die *Reaktionen* der Natur auf karmische oder frühkindliche Einflüsse und dienen als Abwehr gegenüber dem Urschmerz, eine Anlage nicht real, d. h. ihrer Natur entsprechend, entfalten zu können.

2. Sie haben wie alle Komplementärbilder sowohl Ausgleichs- als auch Signalfunktion.

3. Sie werden immer wieder reproduziert mit oft jahrelang dem gleichen symbolischen Inhalt.

4. Sie ändern sich oft trotz Partnerwechsels nicht, sondern werden in jede neue Beziehung übernommen.

5. Sie werden, wenn der Partner sich nicht entsprechend dem Bild verhält, einfach eingeblendet, um die körperliche Erregung zu steigern.

6. Sie *verstärken* die ursprüngliche Problematik. So kann es sein, daß ein junger Mann immer mehr seine Kontaktschwäche durch Flucht in erotische Traumbilder kompensiert. Die Traumbilder schwächen seine reale Begegnungsfähigkeit, und die geschwächte Begegnungsfähigkeit verursacht eine verstärkte Flucht in den Traum...

7. Nicht nur die Pornoindustrie, sondern auch viele Illustrierte und Zeitschriften sowie die Werbung nutzen das in der patriarchalen Gesellschaft vorherrschende ♀-Defizit

und animieren mit entsprechenden Abbildungen zum Kauf. Ihre immens hohen Umsätze zeigen auf, wie groß der Mangel an Kontakt (♀), Liebe (♀), Erotik (♀) und Freude (♀) in unserer Gesellschaft geworden ist.

# Krankheit aufgrund einer Diskrepanz zwischen Inhalt und Form
## bzw. weil keine Identität gefunden wird

Jeder Persönlichkeitsanteil in uns braucht in der Außenwelt einen *Bezug*. Jede Energie will gelebt werden, will eingesetzt werden, will sich austauschen, braucht außen ein Feld, auf dem sie sich entfalten kann.

Wenn dieser äußere Bezug fehlt, können diese Energien oft nicht anders als über den eigenen Leib ausgelebt werden. Der Körper fungiert dann als *Ersatz* für die äußere materielle Welt. Insbesondere erkranken viele Menschen an einem Konflikt, der als Diskrepanz zwischen Inhalt und Form bezeichnet wird. Diese Diskrepanz besagt, daß eine Anlage nicht entsprechend ihrem seelisch-geistigen Inhalt gelebt wird, sondern formal anders in Erscheinung tritt. Eine solche Entsprechung zwischen Innenwelt und Außenwelt ist nicht gegeben, wenn etwa jemand innerlich eine atheistische Einstellung hat, aber äußerlich den Frommen und Religiösen mimt (z. B. um nicht anzuecken, um nicht von den Eltern enterbt zu werden usw.), wenn jemand aus finanziellen Gründen in einer Wohnung mit alten Möbeln lebt, die nicht seinem Geschmack entsprechen, wenn jemand sich in einen engen, konservativen Lebensrahmen zwingen läßt, innerlich aber revolutionäre Tendenzen in sich trägt.

Wer eine Anlage mit Inhalt gefüllt hat, muß diesen — auch wenn er nicht der Norm gemäß ist — nach außen tragen, da sonst die Gefahr einer Somatisierung besteht.

Aus diesem Grunde sind auch viele Menschen, die sich mit dem patriarchalen System nicht mehr identifizieren können, häufig krank, weil sie keine oder nur wenig Möglichkeit finden, ihren Anlagen in der Außenwelt Ausdruck zu verleihen.

Eine ähnliche Problematik besteht, wenn jemand mit dem, was er tut oder was er tun soll, keine Identität empfindet. Fast jeder hat das schon einmal erlebt: Um nicht als unhöflicher oder nicht hilfsbereiter Mensch zu erscheinen, hat man sich trotz inneren Widerstrebens *überwunden* und hat den Bekannten noch spät nachts nach Hause gefahren, obwohl man lieber gleich ins Bett gegangen wäre, oder man hat jemandem bei der Arbeit geholfen, obwohl man eigentlich seine Zeit schon anders verplant hatte. Und dann hat man — welch »ungerechtes« Schicksal — auf dem Rückweg eine Karambolage oder man verletzt sich bei der Arbeit oder, was noch häufiger ist, man wird dann während der Arbeit noch kritisiert oder erntet nur Undank. Was läuft hier ab? Warum wird man nicht belohnt dafür, wenn man Gutes tut und sich aufopfert?

Aufopferung bedeutet, daß die eigene Natur, das eigene Wesen geopfert wird zugunsten einer fremden Erwartung oder Vorstellung bzw. um von anderen anerkannt oder geliebt zu werden. (Man hat sich so in eine Kindrolle manövriert und buhlt bei seinen Eltern um Liebe.) Indem eigene lebendige Persönlichkeitsanteile verdrängt werden müssen — und jede Verdrängung ist mit einer Pervertierung der ursprünglichen Energie verbunden —, kommt schließlich diese pervertierte Energie von außen auf die Person zu (Gesetz der Wiederkehr des Verdrängten). Der Betreffende befindet sich mit seiner Anlage auf einer Frequenz, die für negative Einwirkungen empfänglich ist.

Hieraus folgt, daß der einzelne ein Recht darauf empfinden muß, all das auszuleben, was er (an Möglichkeiten) in sich trägt, was in ihm angelegt ist. Er braucht die Erlaubnis (♄), sein Leben so einzurichten, daß es angenehm und akzeptabel ist. Er muß Mittel und Wege finden, die Außenwelt der Innenwelt entsprechend zu gestalten, ohne andere Menschen oder die Umwelt zu beeinträchtigen. Letzteres ist jedoch nur möglich, wenn er vorher seine wirkliche Identität entdeckt hat; ansonsten versucht der Betreffende, die Außenwelt entsprechend seiner zweiten Natur zu gestalten, was zur Folge

194

hat, daß er unter Umständen die Natur der Mitmenschen und die Allnatur ebenso zu knebeln und zu blockieren versucht, wie seine Natur geknebelt und blockiert wurde.

Um die seelischen Schäden zu kompensieren, ist die Menschheit gerade dabei, die äußere Natur zu zerstören. So sind etwa die Betonwüsten in der Außenwelt nur die Widerspiegelung der Verbetonierung und Asphaltierung in der Innenwelt der Menschen. Auch hier gilt es also zu unterscheiden zwischen einem realen und einem irrealen Ausleben der Anlagen. Zwar kann auch das irreale Ausleben der Anlagen vorübergehend zu einer Gesundung oder Spannungslinderung führen, etwa wenn jemand seinen Mars ausagiert, indem er mit seinem Motorrad durch die Straßen rast ($\delta$), aber es ist letztendlich immer mit Gefahren und negativen Feedbacks (Unfälle, Lärmschädigung, Umweltverschmutzung etc.) verbunden. Hinzu kommt, daß das symbolische Ausagieren — so ausgleichend es zunächst auch sein mag — das reale Wachstum der Anlage immer wieder abwehrt und verhindert. Identität schaffen im realen Sinne heißt also die persönliche Umwelt so zu gestalten, wie es der *wirklichen* Natur des Betreffenden entspricht.

Wenn er seine eigene Identität gefunden hat, kann er auch außen erkennen, was ihm innen entspricht. Er wird einen Partner wählen, eine Wohnung nehmen, einen Beruf ergreifen, wo er sich identifizieren kann.

Wenn Außen- und Innenwelt in Einklang kommen, wird ein Gesundungsprozeß eingeleitet.

So gibt es zwei Möglichkeiten zur Gesundung:

a) Gesundung durch Kompensation, d. h. indem das, was fehlt, symbolisch ersetzt oder ausgeglichen wird (siehe obiges $\delta$-Beispiel).

b) Gesundung durch Identität oder durch das, was einem ähnlich ist (vgl. Homöopathie »Ähnliches wird mit Ähnlichem geheilt«). Das wäre eine Gesundung durch die eigene Natur und deren Ausdruck in der Außenwelt (Natura sanat). Das dem eigenen Wesen Gemäße in der Außenwelt wirkt dann wieder auf die Innenwelt zurück.

# Krebs als Folge von materieller und psychischer Fremdbestimmung

Wie festgestellt wurde, beruht die Wirkung der verschiedenen Krebsursachen auf einer entsprechenden Informationsverfälschung , d. h. es werden nicht mehr gesunde Zellen nach dem ursprünglichen Programm produziert, sondern das Karzinom zwingt sein Programm auf, gibt eine falsche Information, bei der nur noch krebsige Zellen produziert werden.

Man hat diesen Vorgang mit dem Entern eines Schiffes verglichen, dessen Mannschaft in den Dienst der Piraten gezwungen wird.

Wenn der Krebs also den gesunden Zellen sein Programm aufzwingt und die Zellproduktion nun nach seinem Muster sich vollziehen muß, so hat der Organismus fremde Truppen in seinem Land, die Stück für Stück des gesunden Gewebes erobern.

Er hat seine Eigenständigkeit verloren — er wird fremdbestimmt. Und bei dem Wort Fremdbestimmung müssen wir hellhörig werden: Versucht die Menschheit nicht seit Beginn der Phase des Patriarchats die Natur zu unterjochen?

Versucht sie nicht ständig, der Mutter Natur ihr künstliches Programm aufzuzwingen*), versucht sie nicht ständig, die Ökologie der Natur zu durchkreuzen, um statt dessen eine Ökonomie zu begründen, die den natürlichen Kreisläufen keine Chance gibt? Jeder Eingriff in den Kreislauf der Natur stört den homöostatischen Mechanismus, d. h. bringt das natürliche Gleichgewicht in Unordnung und hat entsprechende Reaktionen der Natur zur Folge, die kollektiv den Namen Naturkatastrophen und individuell den Namen Krankheit tragen.

Der Mensch wohnt in der Natur und die Natur in ihm, sagt Paracelsus; wir sind abhängig von ihr, wir sind ein Teil von ihr. Wir introjizieren die Außenwelt, d. h. wir beziehen unbewußt die Außenwelt in unsere Seele ein, und so wohnt auch das Naturfremde außen in uns.

---

*) Deshalb tritt die Krebserkrankung vorwiegend bei hochtechnisierten Völkern auf.

Wird die Natur fremdbestimmt, werden auch wir fremdbestimmt — materiell und psychisch.

Wir verleiben uns denaturierte Nahrung ein, tragen ungesunde Kleidung, leben in ungesunden, mit unnatürlichen Materialien ausgestatteten Wohnungen, wir introjizieren den künstlichen Lärm, sind radioaktiven Strahlen ausgesetzt und atmen giftige Gase ein.

Und der Organismus kompensiert und kompensiert.

Er kann zwei, drei, fünf, acht oder zehn Risikofaktoren ausgleichen, zunächst auf physiologischer Basis, ohne erkennbares Krankheitszeichen, später auch in Form von Krankheit und Leid, die darauf hinwirken wollen, daß die Ursachen abgestellt werden.

Eines Tages jedoch ist das Kompensationspotential respektive das Abwehrsystem erschöpft und die Schwelle erreicht, an der kein Ausgleich mehr stattfinden kann. Der Kampf zwischen eigener Natur und der materiellen und psychischen Künstlichkeit ist damit entschieden. Ungehemmt kann nun der Krebs in das gesunde Gewebe eindringen und dort seine volle Destruktivität entfalten.

Während vorher neugebildete Krebszellen, deren Entstehung ein alltägliches Ereignis in jedem vielzelligen Organismus ist, noch von einem intakten Immunsystem beseitigt werden können, ist bei einer nicht mehr intakten Resistenz mit einer Geschwulstbildung zu rechnen.

»Ein Organismus mit Abwehrschwäche hat eine ungenügende karzinolytische Potenz und ist daher nicht mehr in der Lage, sich vor Geschwulstbildung zu bewahren. Er hat — anders ausgedrückt — die Fähigkeit gewonnen, eine Geschwulst entstehen zu lassen." (Issels)[22].

Während die lokalistische Auffassung den Krebs als eine rein örtliche Erkrankung ansieht, definiert das ganzheitliche Konzept den Krebs als eine primär allgemeine Erkrankung. Erst auf dem Boden dieser Allgemeinerkrankung entsteht die Krebsgeschwulst als ihr Hauptsymptom. Sie kann sich daher nur in einem kranken Organismus entwickeln.

Die Krebskrankheit ist also die Ursache für die Krebsgeschwulst und die Krebsgeschwulst die Spätfolge einer jahre- und jahrzehntelang vorhergehenden Allgemeinerkrankung.[22]

Doch nicht nur materielle Fremdstoffe schädigen das Abwehrsystem des Organismus, sondern auch die psychische Fremdbestimmung spielt in der Ätiologie des karzinomatösen Geschehens eine entscheidende Rolle. Wer seine eigene Natur zugunsten eines anderen verleugnet, wer sein eigenes Selbst gegenüber der personellen Umwelt nicht vertritt und nicht zu ihm steht, läßt zu, daß der andere eine Filiale in ihm begründet und ihn fremdbestimmt.

Indem der eine glaubt, gut zu sein, wenn er total im Sinne eines anderen funktioniert, schwächt er sein psychisches Abwehrsystem. Doch nicht nur der, der sich verleugnet, sondern auch der, der für seine (neurotischen) Zwecke den anderen egoistisch nutzt, bleibt unmündig und wird an einer effektiven Selbstverwirklichung gehindert.

Viele sind sich dessen nicht bewußt, daß andere in ihnen wohnen, daß sie Knechte der Umwelt sind, daß sie nur Sklaven, Erfüllungsgehilfen einer fremden Besatzungsmacht sind. Genauso wie viele Okkupanten sich dessen nicht bewußt sind, daß sie die anderen versklaven, sie nicht sie selbst sein lassen, sie nicht entsprechend ihrer eigenen psychischen Struktur leben lassen. Und gerade dieses schleichende unmerkliche Besetzthalten, dieser geheime, oft unausgesprochene Zwang ist das Gefährliche der Szenerie. Die Situation kann sich zuspitzen, wenn z. B. der Verlust einer wichtigen Bezugsperson zu beklagen ist. Persönlichkeitsanteile, die bisher auf den Partner projiziert waren und die auf diese Weise das eigene Persönlichkeitssystem stabilisierten, müssen nun zurückgenommen werden. Die innere Ökologie ist damit entgleist. Falls der Betreffende keine Möglichkeit hat, die Defizite durch Entwicklung und Wachstum aufzufüllen oder nicht wenigstens ersatzweise andere Projektionsflächen finden kann, besteht die Gefahr der Verlagerung des Problems auf die körperliche Ebene.

So tritt Krebs in vielen Fällen dann auf, wenn das Gleichgewicht zwischen dem Elternrollenspieler und dem Kinderrollenspieler nicht mehr aufrechterhalten werden kann.

Die psychische Fremdbestimmung ist jedoch nicht nur ein Phänomen, das sich im Erwachsenenalter zeigt, sondern beginnt bereits im pränatalen Stadium, d. h. im Mutterleib.

Ist das im Entstehen befindliche Kind nicht erwünscht und wird es nur wegen Gesetz, Moral, Konvention, Anstand oder Pflicht ausgetragen, so kann dadurch bereits die Disposition zu Krebs gelegt sein. Denn: Wenn die seelische Entfaltung und Entwicklung des werdenden Kindes gehemmt und erstickt wird, so wird damit automatisch durch die Wechselwirkung von Psyche und Soma auch der körperliche Organismus in Mitleidenschaft gezogen. Die seelische »Sauerstoffnot« läuft dann synchron mit dem Sauerstoffmangel auf zellulärer Ebene, der von Warburg entdeckt wurde.

Insbesondere aber ist es auch — tiefenpsychologisch gesehen — das Über-Ich, das bei der Entstehung der Krebskrankheit von entscheidender Bedeutung ist. Das Über-Ich ist die durch karmische Belastung, Kindheitseindrücke, Erziehungseinflüsse und sonstige Umwelteinflüsse erworbene psychische Instanz. Das Über-Ich entsteht durch Einverleibung der Normen, Vorschriften, Gebote und Verbote der Umwelt in die seelische Welt.

Dabei bleibt es ohne Belang, ob die entsprechenden Normen und Tabus ausgesprochen werden oder unausgesprochen bleiben. Dieses ins Innere aufgenommene Kontrollsystem, das dem Individuum von seinen Eltern und anderen erwachsenen Autoritätspersonen in der Kindheit eingepflanzt wurde, verlangt — wenn es überdimensioniert wurde — totalen Gehorsam. Die menschliche Natur kann sich dann nicht mehr frei entfalten, sondern muß nach einem fremden Muster leben.

Funktioniert sie einmal nicht im Sinne der fremden Instanz oder verstößt gegen eines ihrer relativen Gebote und Verbote, hat das Individuum einen Schuldkomplex. Der Schuldkomplex ist Hinweis dafür, fremdbesetzt zu sein. Dieser Schuldkomplex ist selbstverständlich streng zu unterscheiden von einer wirklich bestehenden Schuld, etwa wenn ein echter Verstoß gegen objektiv bestehende Gesetze vorliegt. Fest steht jedoch, daß ein autoritäres, strenges Über-Ich mehr zu Krebs disponiert als ein Kodex, der freiheitlichere Richtlinien beinhaltet.

Die Disposition zu Krebs wird also karmisch, pränatal oder in frühester Kindheit gelegt. Diese Disposition wird geweckt durch kontinuierliche Einwirkung von materieller und psychischer Fremdbestimmung. Krebs ist, wenn die Natur nicht mehr anders reagieren kann als auf Selbstvernichtung zu schalten, wenn sie nicht mehr das Potential an Energie aufbringen kann, das zur Kompensation notwendig wäre. Der Krebs ist ein Gleichnis für die innere und äußere Selbstvernichtung des Menschen, ein Gleichnis für das Selbstmordprogramm des Menschen und der Menschheit.

Krebs ist die Bilanz, die die Natur am Kulminationspunkt des menschlichen Strebens nach Macht über die Mutter Natur zieht.

Krebs bedeutet eine selbständige Umkehr des Körpers als Ersatz dafür, weil die notwendige geistige Umkehr bzw. die notwendige Neuorientierung nicht erfolgt ist, weil die dem Karzinom vorausgehenden jahrelangen Signale nicht beachtet wurden.

Krebs bedeutet Tod oder Wandlung, Vernichtung der eigenen Natur oder Ausschaltung dessen, was vernichtet, was destruktiv ist.

Die beste Krebsprophylaxe ist demnach, Fremdbestimmungen materieller und psychischer Art zu vermeiden.

Um ihnen jedoch ausweichen zu können und um nicht unbewußt doch fremdbesetzt zu werden oder unbewußt nicht doch die fremden Besatzungsmitglieder aufzusuchen, müssen die Fremdbestimmungen in allen Schattierungen und Nuancen der menschlichen Seele bewußtgemacht werden.

Nur dadurch hat die Psyche dann keine Identität mehr mit dem Faraday'schen Käfig im Hochhaus, keine Identität mehr mit dem nörgelnden Ehepartner, keine Identität mehr mit gesundheitszerstörenden Genußmitteln...

Je weiter der Bewußtmachungsprozeß fortgeschritten ist, desto mehr kann sich das eigene Selbst entfalten, desto mehr kann die Natur über sich selbst bestimmen, desto mehr findet die menschliche Seele wieder eine Identität mit dem natürlichen Programm innen und außen, mit den Gesetzen des Lebens, mit natürlicher Nahrung, Kleidung und Wohnung, mit freien Menschen, die das Leben lieben.

Einer solchen Bewußtmachung, die einer psychischen Operation gleichkommt, wird jedoch erbitterter Widerstand ent-

gegengebracht. Der Krebskranke will sich seinen »Halt« (♄),
der ihn paradoxerweise umbringt, nicht nehmen lassen, will
sich seine »Identität« nicht rauben lassen. Und gerade diese
bisherige Identität (☿) muß zerstört werden, bevor das Carci-
nom den Organismus zerstört. Der Regression (♄), die ein
Wesensmerkmal des Krebses ist, müssen die evolutionären
Tendenzen der Bewußtmachung und der anschließenden neu-
en Identitätsfindung (☿) entgegengestellt werden.

Wenn der Krebs multikausal bedingt ist, drängt sich
zwangsläufig ein multitherapeutisches Vorgehen auf. Jede
Krebstherapie, die nicht radikal eine Lebensumstellung des
Patienten vornimmt, die nicht die Ursachen beseitigt, die
nicht eine Radikalreinigung des Körpers und zugleich der Psyche vornimmt, ist nur Symptombekämpfung und kann nur
temporären, aber nie dauerhaften Erfolg zeitigen. Erst wenn
erkannt wird, daß neben der somatischen Therapie auch Psyche und Umwelt mit in den therapeutischen Prozeß einbezogen werden müssen, erst wenn auf eine multikausale Ganz-
heitstherapie übergegangen wird, erst dann können wir mehr
Heilungen von Krebs entgegensehen.

# Heilung

Wir wir gesehen haben, kann eine chronische Krankheit auch
an den seelischen und geistigen Reaktionen abgelesen werden, sofern sie nicht gerade *Ersatz* für diese Reaktionen ist.

Insbesondere aber kann die Art der Erkrankung anhand der
Maßstäbe, Normen, Ideale, Ziele und Einstellungen des betreffenden Menschen ersehen werden, denn es besteht ein un-
mittelbarer Zusammenhang zwischen falschen Maßstäben,
die eigenen lebendigen Persönlichkeitsanteilen widersprechen, und der Art der Krankheit. So muß jemand zwangsläufig erkranken, wenn er den Maßstab aufstellt, er müsse die familiäre Tradition fortsetzen und den elterlichen Betrieb übernehmen, aber in seinen Interessen anders gelagert ist, wenn er
die Einstellung hat, nach 45 dürfe man sich nicht mehr verlieben, aber ein potentieller Partner hierfür auftaucht, wenn er

das Ideal hat, man müsse sich für den Mitmenschen aufopfern, aber viele Persönlichkeitsanteile nach eigener Verwirklichung drängen... Der einzelne kann in solchen und anderen Fällen nicht anders reagieren als mit einer chronischen Krankheit. Die chronische Krankheit stellt einen Anpassungsmechanismus an einen lebensfremden Maßstab oder an Vorstellungen und Einstellungen dar, die der lebendigen Individualität und dem Leben schlechthin zuwiderlaufen. Sie wird zu einem eingefahrenen Reaktionsmuster, denn solange hier der »alte« Saturn, d. h. die übernommenen alten Moralvorstellungen und die patriarchalen, lebensfeindlichen Maßstäbe bestehen, bleibt der Natur des Menschen nichts anderes übrig, als immer auf dieselbe Art und Weise zu reagieren.

Der »alte« Saturn wird in diesen Fällen tatsächlich zu einem »Hüter der Schwelle«. Der einzelne wagt nicht, die Schwelle zu überschreiten, weil Angst besteht, damit ein Tabu zu übertreten. Die Schwierigkeit liegt darin, daß die Übertretung der Tabus nun keineswegs mit Gesundung oder Heilung gleichzusetzen ist, im Gegenteil: Der Übertritt der Tabus verursacht Schuldgefühle, die wiederum Strafen nach sich ziehen — Unfälle und Krankheitsfälle mehren sich (Selbstbestrafungstendenz des Über-Ich). Der alte Saturn wird wieder *bestätigt*.

Ferner bedeutet die Übertretung eines Tabus meist, daß der Betreffende in eine gesellschaftliche Randposition gedrängt wird, er verliert Kontakte, verliert an Ansehen, wird vielleicht sogar gemieden oder ausgestoßen. Die Gruppe grenzt sich ihm gegenüber ab, ähnlich wie der körperliche Organismus sich gegenüber einem Fremdkörper abzugrenzen und diesen schließlich abzustoßen versucht.

Diese Außenseiterposition, die oft mit Einsamkeit gekoppelt ist, sowie der Verlust an Kontakten und an Zuwendung, die finanziellen Einbußen und der verlorene Stellenwert in der Gruppe verursachen häufig neue Krankheiten und Leiden.

Der alte (verzauberte) Saturn verursacht ferner als »Hüter der Schwelle« eine *Abwehr*,

a) die Problematik, das Defizit oder die Schwäche bewußt werden zu lassen,

b) sich über andere Lebensvorstellungen zu informieren,

c) die natürliche Anlage oder Fähigkeit auszubilden bzw. zu erlernen,

d) den lebendigen Persönlichkeitsanteil in der Außenwelt auszudrücken.

Informationen, die außerhalb des Anerkannten liegen, abzuwehren bedeutet, dem alten Saturn total ausgeliefert zu sein, bedeutet nicht mitreden und mitbestimmen zu können, bedeutet nur *reagieren* zu dürfen. So vermauern sich viele gegenüber Sonnenenergie, gesunder Ernährung, gegenüber Kleidern aus Naturfasern, gegenüber Baubiologie, gegenüber Psychologie, gegenüber Naturmedizin, gegenüber Psychosomatik, gegenüber neuen Formen der Partnerschaft... und haben damit keine Wahl zwischen verschiedenen Möglichkeiten. Es besteht keine freie Wahl zwischen konventioneller und biologischer Vollwertnahrung, zwischen Allopathie, Homöopathie, Akupunktur und Psychosomatik, zwischen der Institution Ehe mit ihren Normen und Maßstäben und anderen Formen des Zusammenlebens...

Um gesund bleiben zu können oder gesund zu werden, ist es ferner erforderlich, unterscheiden zu können zwischen dem, was gesund, und dem, was krank macht. Diese Fähigkeit zu unterscheiden kann jedoch — nachdem unser natürlicher Instinkt in dieser Hinsicht weitgehend verlorengegangen ist — nur über Information und Aneignung von Wissen wiedergewonnen werden. Es ist mehr als schwierig, einer chronischen Krankheit den Laufpaß zu geben, wenn man nichts weiß von der Schädlichkeit von bestimmten Lebensgewohnheiten, nicht über Ernährung Bescheid weiß, nicht weiß, welche Baustoffe dem eigenen Organismus zuträglich sind, nicht weiß, daß die Krankheit Ersatz dafür ist, weil eine Fähigkeit nicht oder pervertiert ausgebildet wurde...

Bevor man gesunden kann, muß man den *Ablöseprozeß* von der Krankheit geschafft haben und dieser Ablöseprozeß ist unter anderem nur durch die Aneignung von Wissen und — darauf folgend — durch eine Umstellung in einem oder mehreren Lebensbereichen möglich.

Krankheit ist also immer eine Aufforderung zur Transformation. Es kommt daher nicht von ungefähr, daß Transformation ([Pl.]), das Prinzip Stirb und Werde ([Pl.]), Aneignung von Wissen ([Pl.]) und Therapie ([Pl.]) derselben Symbolkette angehören.

Die Bereitschaft zur Gesundung und zur Gesundheit kann also nur derjenige schaffen,

1. der sich Informationen nicht versperrt und der deshalb weiß, was krank macht und was zur Aufrechterhaltung der Gesundheit beiträgt,

2. der die Bereitschaft zur Krankheit abgelegt hat, der den Ablöseprozeß von der Krankheit bzw. von dem, was krank macht, vollzogen hat,

3. der sich in die Gesetze der Gesundheit integriert und Gesundheit praktiziert.

So wünschen sich viele sehnlichst Gesundheit, haben aber unbewußt nicht die Bereitschaft dazu, weil sie die Krankheit als Krücke brauchen oder den krankmachenden Lebensstil beibehalten wollen . . . Sie hoffen lieber auf ein Wunder. Leider muß dieses Wunder selbst vollbracht werden bzw. es muß selbst die Bereitschaft für dieses Wunder geschaffen werden.

Gesundheit ist nicht etwas, das von außen auf einen zukommt, sondern Gesundheit muß erworben werden. Mit der Gesundheit verhält es sich ebenso wie in der Partnerschaft: Wie nur dann ein Partner auftauchen kann, mit dem man glücklich und zufrieden ist, wenn man die innerseelische Bereitschaft dazu hat, wenn man partnerfähig geworden ist, so kann sich Gesundheit nur dann einstellen, wenn man dazu bereit ist, d. h. gesundheitsfähig oder zumindest gesundungsfähig geworden ist.

Nur wer dazu bereit ist, findet dann auch — aufgrund der inneren Affinität — den Arzt, Heilpraktiker oder Psychotherapeuten, der das Mittel verschreibt oder die Therapiemethode anwendet, das bzw. die schließlich die Gesundung einleitet bzw. als Katalysator wirkt.

Ist diese innerseelische Bereitschaft nicht gegeben, kann jemand u. U. jahre- und jahrzehntelang die verschiedensten

Therapeuten konsultieren, ohne jemals »Erfolg« zu haben. In einigen Fällen holt er sich sogar — aufgrund seiner innerseelischen Disposition — sogenannte iatrogene, d. h. durch ärztliche Einwirkung entstandene Schäden.

Besonders tragisch ist das Schicksal jener Personen, die sich und ihren Lebensstil zwar in Frage stellen, aber die Hinweise und Signale der Krankheit falsch deuten.

So meinen viele, sie waren noch nicht brav und folgsam genug, noch nicht anpassungsfähig und gehorsam genug oder haben zuwenig getan, um andere zufriedenzustellen. Sie gehen mit sich zu Gericht und urteilen dabei nach dem alten Maßstab von Gut und Böse und nehmen sich vor, sich zu bessern. Sie bedenken dabei nicht, daß sie dadurch die Problematik meist nur vertiefen. Noch mehr von eigener Lebenskraft zugunsten der patriarchalen Maßstäbe und der Elternrollenspieler zu opfern, bedeutet zwangsläufig, daß die menschliche Natur noch mehr mit Schmerz und Leid reagiert.

Hier ist es wichtig, daß sich der einzelne vor Augen führt, daß meist — ähnlich wie in der Homöopathie — zunächst mit einer *Erstverschlimmerung* zu rechnen ist. Bildet etwa eine unter starker Nervosität leidende Frau ihre ☿-Anlage aus, emanzipiert sich, versucht mitzubestimmen und beansprucht für sich mehr Freiheiten, so kann es sein, daß ihre Umwelt zunächst darauf negativ reagiert. Es werden ihr Vorhaltungen gemacht, man versucht sie abzublocken, ihr womöglich Schuldgefühle aufzuoktroyieren, bezeichnet sie vielleicht ferner als »egoistisch« usw.

Indem sie ihre Anlage auszubilden versucht, wächst also außen der Widerstand und der Druck der Umwelt. Die Mitmenschen wollen sie weiter in der bisherigen Rolle sehen, weil jene unter Umständen für die Aufrechterhaltung ihres Gleichgewichts notwendig ist, weil sie komplementär mit ihr verbunden sind oder weil ihre Freundschaft auf dieser Rolle aufgebaut ist. Die dadurch bedingte Krise, die konstruktiver Natur ist, ist streng zu unterscheiden von einer Krise, die mit negativen Feedbacks verbunden ist, weil gegen Lebensgesetze verstoßen wurde.

Die Krise ist hier der Hinweis dafür, daß die Frau sich auf dem richtigen Wege befindet. Wenn sie diese Erstverschlechterung überstanden hat, leuchtet am Horizont ein neues Leben mit neuen Freunden. Die ⛢-Anlage ist erlöst, die Nervosität (⛢) verschwunden. Fällt sie jedoch in die alte Rolle zurück, weil sie die Krise nicht mehr durchzustehen vermag, so ist damit eine große Heilungschance vertan. Eine solche Resignation ist in solchen Fällen mit einer weiteren Chronifizierung des Leidens verbunden, während die Verschlimmerung, die durch das persönliche Wachstum hervorgerufen wurde, als eine Umwandlung des Leidens vom chronischen in den akuten Zustand anzusehen ist. Die innere Unterdrückung und Blockierung der Anlage wird nach außen verlagert und kann dadurch leichter überwunden werden.

Durch die äußeren Hemmschuhe werden die inneren bewußt. Durch die äußere Konfrontation wird der einzelne angeregt, Maßstäbe und Normen in Frage zu stellen und neue eigene Maßstäbe zu finden. Wie diese ⛢-Anlage kann auch jede andere Anlage entfaltet werden. Wichtig ist hier vor allen Dingen, daß man den *Weg* zur Gesundheit geht. Wer nur das *Ziel* Gesundheit vor dem geistigen Auge hat (als Komplementärbild) und keinen Schritt zu diesem Ziel zu gehen wagt, wird krank bleiben. Gesundheit ist das Resultat, das *Ergebnis*, die zwangsläufige Folge von vielen kleinen Schritten. Der Satz: *Der Weg ist das Ziel,* gilt auch hier. Deshalb stellt sich die Gesundheit immer erst dann ein, wenn man sie nicht mehr verkrampft anstrebt.

Die Motivation des Patienten, manifestes, schweres Leiden loszuwerden, führt nicht weit, weil sie genau proportional zur Abnahme der Symptome geringer werden muß (Sigmund Freud). Man könnte auch sagen, daß Gesundheit mit *Inhalt* gefüllt werden muß und nicht nur als *Form* angestrebt werden darf.

Eine andere Problematik liegt darin, daß es Gesundheit im eigentlichen Sinne während der patriarchalen Phase der Menschheit nicht gibt. Durch das Urtrauma ist die Natur des Menschen in ihrem Wachstum und ihrer ursprünglichen Ökologie gestört worden. Zwar gelingt es vielen Menschen, diese Störung so zu kompensieren, daß sie sich dennoch »gesund« fühlen, doch ihre Gesundheit ist nur eine »kompensatorische Gesundheit« und nicht eine, die mit Inhalt gefüllt ist und gewachsen ist. Es ist nur eine Frage der Zeit, wann das Kompensationspotential der betreffenden menschlichen Natur sich erschöpft hat. Krankheit und frühes Altern sind die zwangsläufige Folge des Sich-Verbrauchens im Akt der steten Kompensation.

Echte, dauerhafte Gesundheit ist nur möglich, wenn die irrealen Formen des Auslebens einer Anlage abgelegt werden, wenn Anlagen und Fähigkeiten real ausgebildet werden, wenn die reale Form die irreale Form ersetzt, wenn man seine Energien konstruktiv verwenden kann:

— statt sich aufzuregen (♅) verändert oder sich befreit (♅)

— statt sich zu ärgern (♂) die Energie (♂) in Aktivität umsetzt

— statt ständig zu fliehen (♆) Verantwortung zeigt (♆) usw.

Diese Umwandlung von der irrealen in die reale Form soll nachfolgend am Fall von Sigrid S. aufgezeigt werden.

*Vorher:*

Im vorliegenden Horoskop von Sigrid S. sehen wir die ♀ als H. v. 1 in H. 5 im ♓. ♆ ist H. v. 5 und steht in 12, d. h. Handlungsfähigkeit und Selbständigkeit sind verdrängt. Diese verdrängte Anlage (♆ H. v. 5 in H. 12) schwächt Sigrids Durchsetzungsfähigkeit (♆ □ ♂) und ihre Lebenskraft (♆ Opposition ☉). Sie litt jahrelang unter einer Herz-Kreislauf-Insuffizienz (♆ Opposition ☉).

Hinzu kommt, daß der ♂, der als H. v. 6 die ☉ beherrscht, mit dem ♄ in Konjunktion steht. Die körperlichen Triebe und Energien (♂), das Durchsetzungsvermögen (♂) und die Initiative (♂) sind durch ihr Über-Ich (♄) abgeblockt (♄). Diese Blockade unterbindet den freien Fluß der ♂-Energie und führt zu einem Energiestau, der sich dann über den Leib in Form von Kopfschmerzen (♂) und Entzündungen (♂) Ausdruck verschafft. Zugleich geben ihr diese Beschwerden ein Alibi (♄), um nicht aktiv werden zu müssen, um nicht Initiativen ergreifen zu müssen. Sigrid S.: Ich würde ja gerne aktiv werden, kann aber nicht aufgrund meines geschwächten körperlichen Allgemeinzustandes.

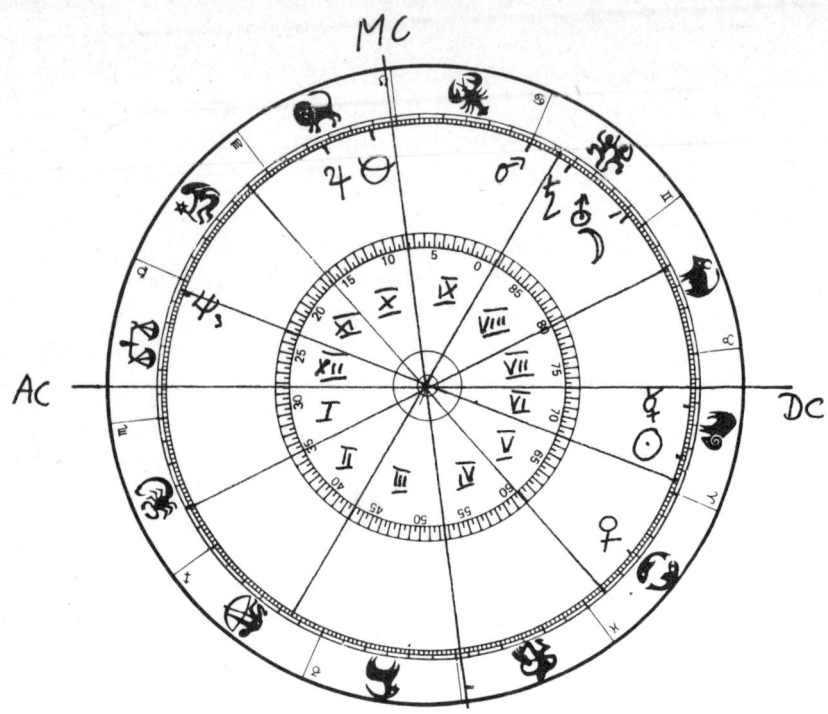

Aufgrund dieser innerseelischen Problematik sucht sich Sigrid S. einen Partner, der als Repräsentant ihres Über-Ichs in der Außenwelt in Erscheinung trat — einen um 20 Jahre älteren Mann, der sie von Anfang an in der Kindrolle festzuhalten versuchte und ihre zaghaften Initiativen und Aktivitäten abzublocken verstand. Weil Sigrid S. die seelische Schöpfung des Partners (Künstler) (☉ H. v. 10 = H. v. 4 beim Partner) für ihren Erfolg nutzen wollte ([Pl.] ♃ in 10) (☉ H. v. 10 in H. 6), mußte sie sich total an den Partner anpassen (☉ in H. 6). Eines Tages jedoch, als sich ihr innerseelischer Konflikt ♆ □ ♂ ♄ aktualisieren wollte, versuchte sie die Anpassungszwänge und Blockaden zu umgehen (♆), indem sie heimlich (♆) mit Max, einem ungemein kräftig gebauten jungen Mann (♂) eine Liebschaft begann. Aufgrund des ♆-Quadrats handelte es sich um einen Quartalsäufer (♆), der im Zustand der Trunkenheit enorm aggressiv (♂) werden konnte. So kam es, daß Max eines Nachts in das Haus des Künstlerehepaars einbrach, indem er einfach mit Anlauf durch die gläserne Terrassentür sprang. Im Treppenhaus kam es dann zu einer direkten

208

Auseinandersetzung zwischen Ehemann (♄) und Liebhaber (♂), wobei der Ehemann, der in nüchternem Zustand war, die Situation klar beherrschte und Max kurzerhand die Treppe hinunterwarf. Diese äußere Situation war die Widerspiegelung von Sigrids innerer Konstellation, bei der ihr Über-Ich immer noch stärker war als die ungestüme Energie, die in ihrem Unbewußten brodelte. (Der betrunkene [♆] Liebhaber [♂] symbolisierte außerdem ihr verdrängtes [♆] Energiepotential [♂] bzw. ihre verdrängte Aggression gegenüber dem Ehemann.) Entscheidend ist, daß während der Zeit der Liaison mit Max die Kopfschmerzen und Entzündungen verschwunden waren. Ihr inneres Problem wurde nach außen verlagert.

Nach diesem Vorfall versuchte Sigrid sich wieder an ihren Maßstab innen und an ihren Ehemann außen anzupassen. Die Folge war, daß die alten körperlichen Leiden nicht nur wieder, sondern sogar noch in verstärktem Maße auftraten. Insbesondere machte ihr nunmehr auch ein Nieren- und Blasenleiden (♀□♄) zu schaffen, das sich jeglichen Therapiemethoden gegenüber als resistent erwies. Auch verstärkten sich ihre Komplementärbilder bzw. ihre Wünsche, die sie schon seit über 10 Jahren in sich trug: Ruhm und Traummann. Die Konjunktion von ☾ und ⚸ erlebte Sigrid zum einen als Projektion auf den Partner, der ihr ein außergewöhnliches (⚸) Haus (☾) bauen sollte, und zum anderen in schubweise auftretenden Unterleibsbeschwerden (⚸☾), die sie oft tagelang ans Bett fesselten.

Fazit: Sigrid S. lebte ihre Energien vorwiegend in Form von Krankheiten und Projektionen aus.

*Nachher:*

Zunächst war es für Sigrid S. wichtig, daß sie ihren ♄ umwandelte.* Es mußte ihr klarwerden, daß sie als Kind in ihrer

---

*) Um Mißverständnissen vorzubeugen: Eine Psychotherapie oder Astroanalyse ist kein Ersatz für eine notwendige ärztliche Behandlung einer ernsten Erkrankung. Um den Heilungsprozeß zu beschleunigen und Wiederholungen zu vermeiden, sollte jedoch jede Krankheit zweigleisig angegangen werden, d. h. auf der körperlichen *und* der psychischen Ebene.

Durchsetzung und Initiative gehemmt wurde und daß es damals für sie besser war, sich an die Maßstäbe der Umwelt anzupassen. Heute ist jedoch die Situation anders. Sie ist eine erwachsene Frau geworden und braucht deshalb nicht mehr zuzulassen, vom Partner ständig gehemmt und gemaßregelt zu werden.

Sie empfand nun ein Recht (♄) darauf, aktiv zu werden, sich durchzusetzen und Initiativen zu ergreifen (♂). Indem die ♂-Anlage frei und dadurch verfügbar wird, können auch ☉ und ☿, die vom ♂ beherrscht werden, aus ihrem verwunschenen Zustand erlöst werden; denn das 6. Haus wird nur solange als Anpassung, Unterordnung, Gehorsam, Dienen und als »Haus der Krankheit« erlebt, solange der Horoskopeigner sich nicht gleichberechtigt fühlt, deshalb seine eigene ♄-Anlage in der Projektion erlebt und glaubt, sich daran anpassen zu müssen. ☉ in 6 in realem Sinne bedeutet, sich zu verwirklichen, indem man analysiert, wahrnimmt und beobachtet, indem man seine Gefühle zeigt, indem man seine seelische Eigenart zum Ausdruck bringt, indem man eine Arbeit ausübt, die dem eigenen Wesen gemäß ist. Der seelische Ausdruck (H 6) erschöpft sich dann nicht mehr in der steten Anpassung an die Maßstäbe und Ideale, vielmehr wird durch den seelischen Ausdruck die eigene Natur gehegt und gepflegt (H 6).

Diese Entzauberung der ☉ ist wiederum die Vorbedingung für die Erlösung der [Pl.] und ♃-Energien im 10. Haus, die von der ☉ beherrscht werden; denn solange sich Sigrid S. anpaßt, kann sie den von ihr angestrebten Erfolg nicht ernten. Hinzu kommt, daß das Streben nach Ruhm und Ehre nur die Kompensation für die Frustration war, die aus der steten Anpassung resultierte.

Die Umwandlung des ♄ hatte ferner zur Konsequenz, daß Sigrid Verantwortung (♄) für sich selbst übernahm. Sie nahm ihre Projektion vom Partner zurück, daß sie über ihn in der Öffentlichkeit erfolgreich in Erscheinung treten könnte. Die Auflösung dieser Projektion lief synchron mit der Auflösung der Anpassung an den Partner (☉ in H 6 Opposition ♆ in H 12). Dadurch ist sie aus dem Kreis — weil Anpassung, deshalb Frustration, weil Frustration, deshalb Streben nach Ruhm, weil Streben nach Ruhm, deshalb Anpassung ... — ausgestiegen. Ferner löste sie ihr Nutzungsbestreben auf (♆ in 12 Opposition ☉ in H 6) und nahm sich vor, ihr Schicksal selbst in die Hand zu nehmen. Da sie von ihrem innerseelischen ♄ her die Erlaubnis (♄) hatte, konnte sie nun Initiative (♂) ergreifen. Aufgrund ihrer vielen Beschwerden und Krankheiten hatte Sigrid S. Interesse an psychologischen und medizinischen Fragen gefunden. Sie meldete sich zu einer psychotherapeutischen Ausbildung an, die sie nach einigen Jahren erfolgreich abschloß. Sigrid S. hatte nun eine Möglichkeit gefunden, ihre ☉-Anlage auf einer anderen Ebene auszuleben. Indem sie ihre analytischen Fähigkeiten und ihre Fähigkeit, differenziert wahrzunehmen und zu beobachten, einsetzte, fand sie immer mehr Anerkennung ([Pl.]♃ in H 10). Jetzt, wo sie keine Anerkennung mehr nötig hatte, weil sie eine Arbeit ausführte, die ihrem Wesen gemäß war, wurde ihr Anerkennung zuteil (positive Verstärkung). Zudem gewann Sigrid immer mehr Vertrauen zu ihrer eigenen Schöpferkraft (♀ in 5 und ☉ in 6).

Auch in der Partnerschaft zeichnete sich nun ein günstigeres Bild ab. Ein Jahr nach der Scheidung (☊ in 8) von ihrem Ehemann lernte Sigrid (aufgrund ihrer persönlichen Veränderung) einen neuen Mann kennen, mit dem sie eine freie, offene Partnerschaft (☊ in 8) praktizierte.

Diese Form war nur möglich, weil sie aufgrund ihres beruflichen Engagements über ein eigenes Einkommen verfügte und somit von den Finanzen des Partners ( H. 8 = H. 2 des anderen) unabhängig (☊ in 8) war. Auch im wohnlichen Bereich wußte sie es so einzurichten, daß sie sich — obwohl sie mit ihrem neuen Partner zusammenlebte — nicht wieder in Abhängigkeit manövrierte. Das außergewöhnliche (☊) Haus (☽), mit dem sie hätte Aufsehen erregen können, war als Komplementärbild genauso verschwunden wie das Komplementärbild des Ruhmes und des Traummannes und — wie ihre zahlreichen Krankheiten.

Der Umstand, daß sie einmal ständig kränkelte, erscheint Sigrid S. heute wie ein böser Alptraum, aus dem sie nun erwacht ist.

Sigrid beginnt erst jetzt wirklich zu leben.

Der Fall von Sigrid S. zeigt, daß es immer wichtig ist, den ersten Schritt zur Veränderung zu wagen.

Die Krankheit verursacht zunächst eine negative Verstärkung, so daß der einzelne sich noch weniger durchsetzen kann, noch weniger Initiative ergreifen kann, noch weniger zum Handeln fähig ist ... Man glaubt, man hätte nicht die Kraft, etwas zu unternehmen, etwas Konstruktives aufzuziehen, zu verändern ... Doch wer trotzdem die ersten Schritte macht, kann beobachten, wie während des Schreitens die Krankheitssymptome abnehmen, weil — um zu gehen — die Energie, die bisher in der Krankheit gebunden war, nach außen treten muß.

# Glück

# Eine Schmusegeschichte
(Englisches Original von Claude Steiner)

Vor langer, langer Zeit lebten einmal zwei glückliche Leute, Franz und Anna, mit ihren beiden Kindern Sebastian und Luci. Um zu verstehen, wie glücklich sie waren, muß man wissen, wie es damals zuging. In jenen Tagen wurde jedem Kind bei der Geburt ein kleiner warmer Schmusesack mitgegeben. Und jeder, der in diesen Sack hineinlangte, konnte einen warmen Schmuser herausholen. Die Nachfrage nach warmen Schmusern war sehr groß, weil derjenige, der einen warmen Schmuser geschenkt bekam, sich am ganzen Körper warm und liebkost fühlte. Menschen, die nicht regelmäßig warme Schmuser bekamen, holten sich leicht eine Krankheit im Rücken, die zur Verschrumpelung und dann zum Tode führte.

In jenen Tagen war es sehr leicht, warme Schmuser geschenkt zu bekommen. Jedesmal, wenn sich jemand nach einem warmen Schmuser sehnte, konnte er zu jemandem hingehen und sagen: »Ich hätte gerne einen warmen Schmuser.« Der andere griff dann in seinen Schmusesack und zog einen Schmuser heraus, so groß wie eine Kinderhand. Sobald dieser Schmuser das Tageslicht erblickte, lächelte er und verwandelte sich in einen großen flauschigen, warmen Schmuser. Man legte ihn dann auf die Schultern, auf den Kopf oder in den Schoß und er schmiegte sich an und verschmolz mit der Haut und verströmte überall ein gutes Gefühl. Die Menschen erbaten sich oft warme Schmuser voneinander, und da sie stets freigiebig verteilt wurden, brauchte keiner Angst zu haben, zu kurz zu kommen. Es waren immer genug im Umlauf und deshalb waren alle glücklich und fühlten sich die meiste Zeit warm und liebkost.

Eines Tages ärgerte sich eine böse Hexe darüber, daß alle so glücklich waren und niemand ihr Zaubermittel kaufen wollte. Die Hexe war hinterhältig und listig und entwarf einen gemeinen Plan. Eines wunderschönen Morgens kroch die Hexe zu Franz, während Anna mit ihrer Tochter spielte, und flüsterte ihm ins Ohr: »Schau Franz, schau dir nur all die warmen Schmuser an, die Anna Luci gibt. Weißt du, wenn sie das so weitermacht, wird sie irgendwann keine mehr haben und dann werden keine mehr für dich übrig sein!« — »Meinst du, daß nicht immer, wenn wir hineinlangen, ein warmer Schmuser in unserem Schmusesack ist?« fragte Franz erstaunt, und die Hexe sagte heimlich grinsend: »Keineswegs, und wenn sie einmal alle weg sind, gibt es eben keine mehr. Man hat dann einfach keine mehr.« Mit diesen Worten entschwand sie auf ihrem Besen und man hörte sie noch lange kichern.

Franz nahm sich dies zu Herzen und fing an darauf zu achten, ob Anna einen von ihren warmen Schmusern verschenkte. Schließlich wurde er besorgt und traurig, weil er Annas warme Schmuser sehr gernemochte und sie nicht verlieren wollte. Er fand es plötzlich nicht mehr richtig, daß Anna ihre warmen Schmuser an die Kinder und andere Leute verteilte. Wenn Anna jemand anderem einen warmen Schmuser gab, begann er sich zu beschweren, und weil Anna ihn gernehatte, hörte sie auf, anderen Menschen so häufig warme Schmuser zu geben, und sie reservierte sie für ihn. Die Kinder beobachteten dies und kamen bald auf die Idee, daß es falsch sei, warme Schmuser herzugeben, wann immer man wollte oder darum gebeten wurde. Auch sie wurden sehr vorsichtig. Sie beobachteten ihre Eltern genau, und wenn sie das Gefühl hatten, daß sie anderen Menschen zu viele Schmuser gaben, fingen sie an, sich zu beschweren. Auch wurden sie allmählich besorgt, daß sie selbst zu viele warme Schmuser vergeben könnten. Obwohl sie jedesmal, wenn sie in den Sack langten, dort einen warmen Schmuser vorfanden, langten sie immer seltener hinein und wurden immer geiziger.

Schon bald bemerkten die Menschen den Mangel an warmen Schmusern, und sie fühlten sich immer weniger warm und liebkost. Sie fingen an zusammenzuschrumpfen und gelegentlich starben Menschen an Mangel von warmen Schmusern. Immer häufiger gingen die Menschen zur Hexe und kauften ihre verschiedenen Mittelchen, obgleich sie nicht zu wirken schienen.

Nun, die Situation wurde wirklich immer ernster: die böse Hexe, die all dies gesehen hatte, wollte nicht wirklich, daß die Menschen sterben, da Tote ja keine Zaubermittel kaufen.

Deshalb entwickelte sie einen neuen Plan: sie gab jedem einen Sack, der dem Schmusesack sehr ähnlich sah, nur daß er kalt war. Im Sack der Hexe waren kalte Fröstler. Diese kalten Fröstler gaben den Menschen kein warmes und liebkosendes Gefühl, sondern hinterließen fröstelnde Kälte unter den Menschen. Aber sie vermieden eine Verschrumpelung des Rückens. Von jetzt an sagten die Leute jedesmal, wenn jemand von ihnen einen warmen Schmuser haben wollte: »Ich kann dir keinen warmen Schmuser geben, aber hier hast du einen kalten Fröstler«, denn sie bangten um ihren Vorrat an warmen Schmusern. Manchmal geschah es, daß zwei Menschen aufeinander zugingen und dachten, sie bekämen warme Schmuser. Doch einer von beiden überlegte es sich dann doch, und schließlich gaben sie sich nur kalte Fröstler. Die Folge war, daß zwar nur noch wenige Leute starben, jedoch waren sehr viele Menschen unglücklich und fühlten sich kalt und fröstelnd.

Die Situation wurde sehr schwierig, da es seit dem Kommen der Hexe angeblich immer weniger warme Schmuser gab. Aus diesem Grunde wurden die warmen Schmuser, die vorher selbstverständlich wie Luft waren, außerordentlich selten und wertvoll. Dies veranlaßte die Menschen, alle möglichen Dinge zu tun, um sie zu bekommen. Bevor die Hexe aufgetaucht war, waren die Leute in kleinen Gruppen zusammengekommen und hatten sich nie darum gekümmert, wer wem warme Schmuser gab. Aber seit dem Erscheinen der Hexe schlossen sich die Menschen nur noch in Paaren zusammen und reservierten so alle warmen Schmuser ausschließlich füreinander. Vergaß man sich einmal und gab jemand anderem einen warmen Schmuser, bekam man ein schlechtes Gewissen. Diejenigen, die niemanden finden konnten, die ihnen warme Schmuser geben konnten, mußten ihre warmen Schmuser kaufen und mußten Überstunden machen, um das Geld dafür zu verdienen.

Einige Leute wurden irgendwie beliebt und bekamen eine Menge warmer Schmuser, ohne selbst welche herzugeben. Diese Leute verkauften dann aus ihrem Überfluß an warmen Schmusern welche an die »ungeliebten« Leute, die die warmen Schmuser zum Überleben brauchten.

Aber es geschah noch etwas anderes Merkwürdiges: nämlich, daß die Leute kalte Fröstler sammelten, die ja umsonst in unbegrenzter Menge zu haben waren, diese weiß und flauschig machten und dann als warme Schmuser ausgaben. Diese scheinbar warmen Schmuser waren in Wirklichkeit Plastikschmuser und verwirrten die Leute sehr. Zum Beispiel kamen zwei Menschen zusammen und tauschten freigebig Plstikschmuser aus, die ihnen ja eigentlich ein gutes Gefühl geben sollten; statt dessen fühlten sie sich jedoch schlecht. Da sie aber meinten, sie hätten warme Schmuser ausgetauscht, wurden die Menschen ganz bedrückt und durcheinander und merkten dabei nicht, daß ihre kalten, fröstelnden Gefühle in Wirklichkeit von den vielen Plastikschmusern kamen.

Die ganze Situation war also total verzwickt, und all das kam nur daher, daß es der Hexe gelungen war, den Leuten einzureden, daß sie eines Tages, wenn sie es am wenigsten erwarteten, beim Hineinreichen in ihren warmen Schmusesack dort nichts mehr finden werden.

Vor gar nicht allzu langer Zeit geschah jedoch etwas Unerwartetes: eine Frau mit breiten Hüften und langen Haaren, die im Zeichen des Wassermanns geboren war, kam in dieses unglückliche Land. Sie schien noch gar nichts von der bösen Hexe gehört zu haben und sorgte sich nicht darum, daß sie einmal keine Schmuser mehr haben könnte. So verteilte sie ihre warmen Schmuser freigebig und sogar ohne gebeten zu werden. Man nannte sie die Zigeunerin und man war über sie verärgert, setzte sie doch den Kindern in den Kopf, daß man sich nicht um ein Ausgehen der warmen Schmuser zu sorgen brauchte. Die Kinder mochten sie sehr gern, denn sie fühlten sich gut in ihrer Nähe und begannen wieder, warme Schmuser zu verteilen, wann immer sie Lust dazu hatten.

Die Erwachsenen wurden immer besorgter und beschlossen ein Gesetz zu verabschieden, das die Kinder davor schützen sollte, ihren Vorrat an warmen Schmusern zu vergeuden. Dieses Gesetz sollte das verschwenderische Verschenken warmer Schmuser ohne Genehmigung verhindern. Vielen Kindern schien es jedoch nichts auszumachen. Trotz des Gesetzes gaben sie einander weiterhin warme Schmuser, wenn sie sich danach fühlten, und immer, wenn sie darum gebeten wurden. Da es sehr viele Kinder gab, fast so viele wie Erwachsene, bestand die Hoffnung, daß sie sich vielleicht durchsetzen würden.

Im Augenblick ist es schwer zu sagen, was geschehen wird. Es ist noch nicht raus, ob Gesetz und Ordnung der Erwachsenen das Aufbegehren der Kinder bezwingen können, oder ob die Erwachsenen sich der Zigeunerin und den Kindern anschließen werden.


## Quantitatives und qualitatives Glück


Was ist Glück? »Eine Griessuppe, eine Schlafstelle, keine Zahnschmerzen — das ist schon viel« *(Theodor Fontane).*

In der Schmusegeschichte wird deutlich,

a) daß Anlagen, wie die Fähigkeit, Zärtlichkeit zu geben, durch ihren Einsatz nicht verlorengehen, sondern im Gegenteil verstärkt werden.

b) daß immer dann, wenn ein Regelkreis durchbrochen wird, mit einer Kettenreaktion zu rechnen ist — das gilt sowohl für einen »positiven« als auch für einen negativen »Regelkreis«.

Im einzelnen soll nun in den folgenden Kapiteln untersucht werden, welche Möglichkeiten bestehen, ungünstige Regelkreise zu verlassen und in einen anderen Regelkreis umzusteigen, der Glück und Erfüllung bringt. Auch hier gilt es zu unterscheiden zwischen dem Glück, das der wirklichen Natur des Menschen entspricht, und dem Glück der zweiten Natur, das sich vorwiegend im Ersatz erschöpft. Wir sprachen bereits bei den Komplementärbildern davon, daß in unserer westlichen Industriegesellschaft die wahren Bedürfnisse des Menschen oft ignoriert werden und an deren Stelle Ersatzbedürfnisse getreten sind, die dann mit den entsprechenden

Konsumartikeln gestillt werden müssen. Ferner stellten wir fest, daß dieser Ersatz nie effektiv befriedigt, da das ursprüngliche Defizit bestehen bleibt.

Im Patriarchat wird das Glück vorwiegend in materiellen Werten gesehen, also nach quantitativen Gesichtspunkten gemessen. Über je mehr Ersatz — Macht, Ruhm, Geld und Besitztümer — jemand verfügt, desto glücklicher wird er eingeschätzt. Er hat die Ideale und Ziele der patriarchalen Gesellschaft erreicht. Es gelang ihm, seine Kindheitstraumata und Hemmungen zu kompensieren. Fritz Riemann schreibt hierzu:[23]) »Wir beurteilen einander nach äußeren Erfolgen, nach den sogenannten Statussymbolen — der Mensch ›dahinter‹ interessiert nur, wenn überhaupt, erst sekundär. Das beginnt schon in der Schule, wo die Leistung in Zensuren gemessen und damit der Leistungsehrgeiz gezüchtet wird, was sich mutatis mutandis durch unser ganzes Leben fortsetzt. Der Mitmensch wird uns dadurch zum Rivalen, den es auszustechen gilt, nicht in spielerischem Messen der Kräfte, sondern im harten Kampf darum, wer Hammer, wer Amboß ist. Damit züchten wir einen einseitig rational-intellektuellen Leistungstyp heran, was nur zu oft auf Kosten menschlicher Qualitäten geht und unsere Glücksfähigkeit mindert. Die ersten Weichen hierzu werden schon in der Familie gestellt.«

Die Kinder werden vielfach zu Ehrgeiz, Verzicht, Leistung, Arbeit und Gehorsam angehalten. Die patriarchale Erziehung ist daher eine Antiglückserziehung. Man will zwar das Beste für die Kinder, doch die Art von Glück, die den Kindern für den Verzicht auf Leben bzw. für den Verzicht auf die Entfaltung der eigenen Persönlichkeit als Belohnung versprochen wird, ist nur ein kompensatorisches Glück, ist nur Ersatz, Ersatz gerade für das, worauf sie verzichtet haben. Permanent sind »Antreiber« am Werk, die schließlich verinnerlicht werden. Strebe weiter, arbeite weiter — jetzt kannst du noch nicht genießen, — später... später, wenn du das Abitur erreicht hast, später, wenn du promoviert hast, später, wenn du verheiratet bist, später wenn du ein Haus gebaut hast, später, wenn du beruflich Karriere gemacht hast, später, später, später... beginnt für dich das Leben. Es erübrigt sich zu erwähnen, daß auf diese Art und Weise das »Leben« i. S. eines wirklichen Lebendigseins nie beginnt. Zwar verleihen Reifezeugnis, Diplom, Promotion, Hochzeit und Beförderung »Glückserlebnisse«, können aber doch letztendlich nicht effektiv befriedigen. Es ist nur die patriarchale Art Glück zu erleben. Glück bedeutet hier, die Persönlichkeit durch Erfüllen von Rollennormen und Idealen zu stabilisieren, andere übertrumpfen oder überflügeln zu können . . .

Das Glück des einen basiert im Patriarchat häufig auf dem Unglück des anderen.

Viele ältere Menschen spüren, daß das Leben an ihnen vorbeigelaufen ist, und fragen sich: Ist das wirklich alles gewesen? Da sie nie andere Lebensformen kennengelernt haben — weder im Elternhaus noch in der Schule —, blieb ihnen wirkliches Leben und Glück weitgehend verborgen. Sie wurden in den Antiglücksschulen nur für das patriarchale System vorbereitet, nicht aber für ein erfülltes und zufriedenes Leben. Selten werden in Lehrplänen Sachgebiete berücksichtigt, welche die Lebens- und Glücksfähigkeit des einzelnen besonders fördern können, wie Ernährungslehre, gesundes Bauen und Wohnen, Gartenbau, Ökologie, Medizin, Tiefenpsychologie, Schicksalskunde oder Erziehung zur Partnerfähigkeit.

Da diese und andere Lebensgebiete kaum angesprochen werden, muß der einzelne den beschwerlichen Umweg über das Schicksal nehmen und da leidvolle Lernprozesse absolvieren. Erst wenn er gesundheitlich geschädigt wurde oder lange genug seelischen Schmerz erfahren hat, werden ihm die Folgen einer falschen Ernährung, einer ungesunden Wohnung, eines auf irrealen Einstellungen basierenden Verhaltens *bewußt*. Viele lernen auch ihren Körper nur über Krankheiten kennen — vorher wissen sie nichts über Lage und Funktion der Nieren, welche Aufgabe die Bauchspeicheldrüse hat, etc.

Blicken wir in der Gesellschaft um uns, so müssen wir uns fragen: Wo zeigt sich Liebe? Wo herrscht Freude? Wo versteht man das Leben real zu genießen? Viel häufiger sehen wir statt dessen Hektik, Angst, Leid, Frustration, Mißmut, Hemmung, Depression, Lüge, Schein, Krankheit, Schmerz, Mühsal und Plage. Die Meldungen aus aller Welt haben überwiegend negativen Gehalt. Sie handeln nur von Katastrophen, Unfällen, Krieg und neurotischen Machtspielen.

So bleibt für viele nur die Hoffnung. Jede Woche aufs neue hoffen Millionen von Menschen, mittels eines Toto- oder Lottogewinns einem frustrierenden Dasein entfliehen zu können. Die Hoffnung läßt sie ausharren. Die Chance, bereits in der nächsten Woche Millionär zu sein und aus der Tretmühle erlöst zu werden, läßt sie weitertreten.

Und je mehr man weitertritt, desto schneller dreht sich das Rad. Es besteht kaum mehr die Möglichkeit, einmal innezuhalten und nachzudenken über sich, das Leben, die Gesellschaft, das System des Patriarchats — und das Glück.

Wieder andere laufen jeden Tag in freudiger Erwartung zum Briefkasten — und sind immer wieder enttäuscht, wenn er nur mit Rechnungen, Mahnungen und Reklame gefüllt ist — oder eilen stets voller Hoffnung ans Telefon. Viele können — außer dem gewünschten Geldsegen — gar nicht konkretisieren, was sie erwarten oder worauf sie hoffen. Da sie vorwiegend passiv bleiben, erwirken sie nur wenige freudige Überraschungen. Insbesondere Kindrollenspieler erwarten ständig das Glück von außen. Eric Berne bezeichnet ein solches Verhalten als »Warten auf den Weihnachtsmann«[7]: »Für die kleinen Kinder existiert der Weihnachtsmann, der ihr Verhalten beobachtet und registriert. Dieser übt Macht aber nur über die kleinen Kinder aus, denn die großen Kinder glauben nicht mehr an ihn, zumindest nicht an jenen Weihnachtsmann, der in einer Maskierung einmal im Jahr an einem ganz bestimmten Tag zur Erde herabkommt. Neben dem Wissen um die Herkunft der Babys ist es gerade die Tatsache, nicht mehr an diese Art von Weihnachtsmann zu glauben, die die großen von den kleineren unterscheidet. Aber auch die großen Kinder haben wie die Erwachsenen ihre eigene Version von einem Weihnachtsmann — jeder eine andere.

Daneben existiert aber auch sein Gegenspieler! Während der Weihnachtsmann ein freundlicher Geselle in pelzbesetztem rotem Mantel ist, der schöne Gaben bringt, ist sein Gegenspieler ein grimmiger Mann in einem schmucklosen schwarzen Mantel, der eine Sense mit sich führt: der Tod. Im Verlauf der späteren Kindheit entsteht folgende Gruppierung: eine ›Lebens-Gruppe‹, die ihr Leben damit zubringt, auf den

›Weihnachtsmann‹ zu warten, und eine ›Todes-Gruppe‹, die in entsprechender Weise auf den Tod wartet. Ihren Erwartungen liegen Illusionen zugrunde, auf denen alle Skripts (Lebenspläne) beruhen: Daß nämlich entweder eines Tages der ›Weihnachtsmann‹ kommen und Geschenke für die Gewinner mitbringen wird oder aber, daß eines Tages der Tod kommen und mit seinem Erscheinen alle Probleme der Verlierer lösen wird.«

Und an anderer Stelle schreibt Berne weiter: »Damit der Patient eine Besserung seines Zustandes erhoffen kann, muß seine Illusion, auf der sein bisheriges Leben beruhte, zerschlagen werden, damit er dann in der Welt des Hier und Heute leben kann — und nicht in seiner Welt des ›wenn ich nur ...‹ oder des ›Eines-Tages‹ ...«

Das ist die schmerzlichste Aufgabe, die der Skript-Analytiker zu erfüllen hat: Er muß seinen Patienten endgültig Klarheit darüber verschaffen, daß es keinen Weihnachtsmann gibt.

Hier taucht nun die Frage auf: Was soll man an die Stelle dieser Illusion setzen? Was ist unter einem realen Glück zu verstehen, wenn das Streben nach Macht, Ansehen, Geld und Prestigegütern nur Kompensation und Ersatz ist und wenn der Genuß von Nikotin, Alkohol und Drogen nur Flucht vor dem alten Saturn und den damit verbundenen Frustrationen darstellt? Wo ist eine Alternative, wenn Glück, das der menschlichen Natur entspricht, im Rahmen der Maßstäbe, Ideale und Normen, die eben jenes Glück, d. h. das Gleichgewicht, die Homöostase, die Ökologie, die Harmonie der körperlichen, seelischen und geistigen Natur zerstören, nicht gefunden werden kann?

Die Astrologie gibt hierfür über das Waageprinzip wertvolle Hinweise. Nach ihr ist Glück das Gleichgewicht zwischen Yin und Yang, zwischen Inhalt und Form, zwischen Ruhe und Aktivität, zwischen Introvertiert und Extrovertiert, zwischen Innen und Außen, zwischen Seele und Körper.

Glück ist demnach etwas Qualitatives und Subjektives, es ist nicht quantitativ meßbar. Es ist ein Unterschied, ob einer Glück hat (I. Quadrant — sichtbarer Bereich) oder ob er Glück empfindet (II. Quadrant — seelischer Bereich).

Wohl hängt ein großer Teil unserer Glücksempfindungen eng mit Glückszufällen und Glücksgütern zusammen, aber eben nur ein Teil. Glücksempfinden kann ein Frühlingsmorgen dem Gammler spenden — während umgekehrt Umstände, die gemeinhin als glücklich gelten, nicht zwangsläufig ein Glücksgefühl nach sich ziehen: nicht der Lotteriegewinn bei einem, der von Eifersucht zerrissen ist; nicht die Silbermedaille bei dem Sportler, der die Goldene wollte.[24]

Glück im Sinne der Astrologie bedeutet, die inneren Anlagen in der Außenwelt verwirklichen zu können, Innenwelt und Außenwelt in Einklang zu bringen. Von diesem Einklang (H 7) oder dieser Harmonie (H 7) aus, ist es erst möglich, Freude und Glück anzusammeln (H 8), auszubauen und zu vermehren (H 9). Deshalb werden in der klassischen Astrologie die ♀ als das kleine Glück und ♃ als das große Glück bezeichnet.

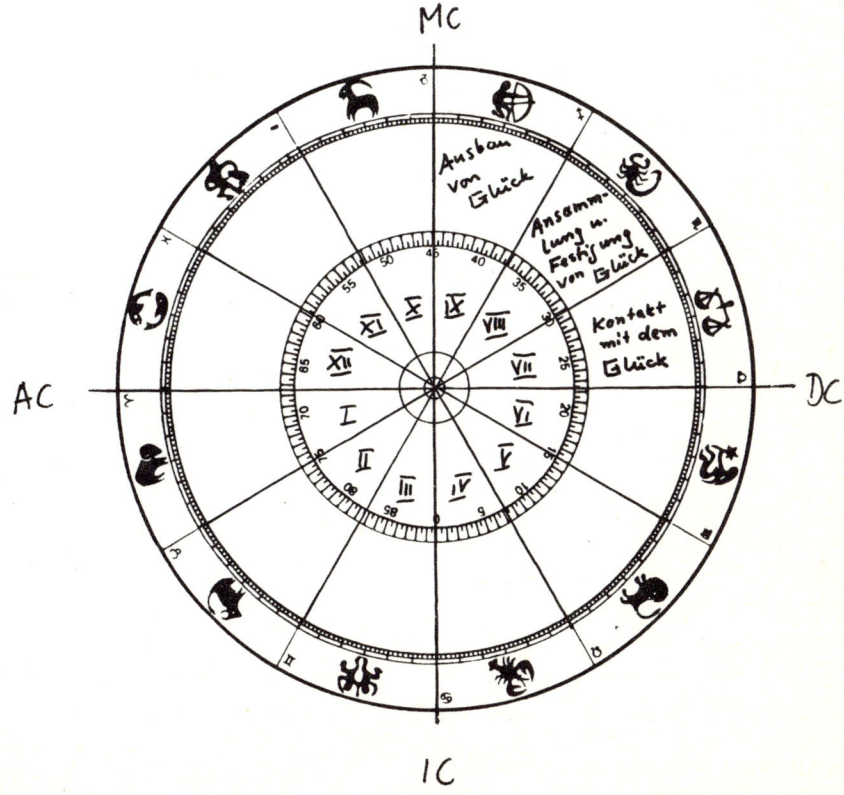

MC

AC

DC

IC

223

# Abwehr gegenüber dem Glück

Indem der einzelne nach dem patriarchalen Glück, d. h. nach seinem Ausgleich sucht, kann er wirkliches Glück nicht finden. Er hat gar keine Zeit und keine Kraft mehr, nach dem Glück seiner wirklichen Natur zu suchen. Ja mehr noch — aufgrund seines Urtraumas hat er sogar eine *Abwehr* gegenüber realem Glück.

Er mag sich sehnlichst Glück wünschen, im Unbewußten besteht jedoch keine Bereitschaft dafür; oft liegt vielmehr die Bereitschaft für Pech und Leid vor.

Nachfolgend werden einige Möglichkeiten aufgeführt, auf welche Art und Weise abgewehrt werden kann.

1. Abwehr aufgrund von falschen Maßstäben und Einstellungen:

   Manche wünschen sich Glück und Erfolg, leben aber nach Maßstäben, die gerade das Gegenteil bewirken. Tragisch wird die Situation jedoch dadurch, daß die meisten Menschen das Gesetz von Ursache und Wirkung nicht bewußt auf ihr eigenes Leben übertragen und somit Pech und Mißerfolg nicht als Folge ihres eigenen Verhaltens und ihrer eigenen Einstellungen und Ideale sehen.
   Auf diese Art und Weise haben sie keine Möglichkeit, ihren Lebenskurs zu korrigieren. Je mehr Mißerfolg sie ernten, desto mehr hoffen sie auf das große Glück.
   Letzteres soll sich — ihrer Ansicht nach — einstellen, ohne daß Veränderungen vorgenommen werden müssen. Sie wollen ihren bisherigen Lebensstil und ihr bisheriges Verhalten beibehalten. Sie haben Angst vor dem Neuen und Unbekannten. Weit verbreitet ist auch die Vorgehensweise, sich selbst *Schranken* zu setzen:

   Vorstellungen wie:
   Ich habe zu wenig Schulbildung...
   ich bin nur ein Arbeiterkind...
   das kann ich mir nicht leisten...
   das traue ich mir nicht zu usw. oder

Sprüche wie: »Schuster bleib bei deinen Leisten« oder
»Bescheidenheit ist eine Zier«

sind dazu angetan, Möglichkeiten a priori unmöglich zu
machen. Prentice Mulford schreibt hierzu:[25] »Mancher,
der sich prüft, mag finden, es gebe Stellungen im Leben, in
die er sich nie zu träumen wagte. Von zehn Abwaschfrau-
en würden neun es nie wagen, sich auch nur einen Augenblick im Geiste als Directricen jenes Hotel-Unternehmens
zu denken, deren bescheidenstes Glied sie sind. Gelegentlich aber steigt eine Person aus ähnlich dürftiger Stelle zu
einer weit höheren: Diese wagte den Gedanken.

Insbesondere sind es immer wieder die Maßstäbe des jeweiligen Milieus, die den einzelnen daran hindern, sich
von Armut, Elend und Leid zu befreien.
Der einzelne scheitert an bestimmten Grenzen, die er
nicht zu überschreiten wagt — etwa, wenn er nicht wagt,
sich beruflich selbständig zu machen, weil seine Umwelt
ihm davon abrät, oder wenn er eine Ausbildung machen
will, aber dazu kein Geld hat.
Ähnlich gelagert war auch die Situation jener Menschen,
die in den sechziger und siebziger Jahren mehr als 50% des
Kaufpreises eines Baugrundstückes angespart hatten, aber
sich dennoch zu keinem Kauf entschließen konnten, weil
sie den Maßstab hatten, man solle sich niemals in Schulden stürzen. Manche sparen heute noch der jährlichen
Preissteigerungsrate nach und kommen so nie ans Ziel.
Wieder andere lassen sich — um in der Baubranche zu bleiben — von Bauträgern überhöhte Preise diktieren, wodurch sie ein Leben lang zur Abzahlung verurteilt sind. Sie
wagen nicht, selbst etwas zu unternehmen, Initiative zu
ergreifen, sich mit anderen Familien zusammenzuschlie-
ßen, eine Interessengemeinschaft zu gründen, ein Grund-
stück zu kaufen, einen Architekten und eine Baufirma zu
beauftragen. Auf diese Art und Weise könnten Eigentumswohnungen, Reihenhäuser, Doppelhaushälften nicht nur
individueller, sondern sehr viel billiger erstellt werden.
Doch lieber bleibt der einzelne in seiner Kindrolle und
paßt sich in jeder Hinsicht an das Vorgegebene an. Er kann

nicht mitbestimmen beim Grundriß, nicht oder nur wenig mitbestimmen bei der Ausstattung der Wohnung, nicht mitbestimmen, welche Leute ihm als Nachbarn genehm sind...

Insbesondere sind es auch die sogenannten Einschärfungen, die jemand als Kind von seiten der Eltern und Erzieher erhalten hat, die Glück und Erfolg verhindern können.

So bedeutet etwa die Aufforderung: Gehorche und bleib anständig, soviel wie: Bleib arm, bleib subaltern, bleib in niedrigen Einkommensklassen, laß zu, daß andere über dich bestimmen.

2. Abwehr aufgrund von Angst vor Verantwortung:
   Wer Angst hat, Verantwortung zu übernehmen, hat keine Möglichkeit, sein Leben selbst zu gestalten. Er läßt zu, daß andere über ihn bestimmen. Auf diese Art und Weise ist Glück für ihn etwas, was von außen zufällig kommt. Er kann sich damit der Mühe entziehen, die eigene Glücksfähigkeit auszubilden.

3. Abwehr durch Entwertung:
   Um ein Leben im Sinne des alten Saturn bzw. im Sinne der zweiten Natur weiterführen zu können, muß jeder Schritt, der zu einem wirklichen Leben führen würde, entwertet werden. Neue Chancen und Möglichkeiten werden dann einfach als Illusion oder als Utopie bezeichnet und dadurch abgewehrt.

4. Abwehr aufgrund von Schuldgefühlen:
   Aufgrund von alten, überkommenen Maßstäben fühlen sich viele »schuldig«, wenn sie ihre Lebensenergien nicht für fremde Ziele einsetzen. Sie reagieren mit schlechtem Gewissen, wenn sie nicht das patriarchale Ideal von steter Anpassung, Unterordnung, Arbeit, Müh und Plag erfüllen.

Im Horoskop eines Menschen kann die Abwehr des Glücks, eine lebendige Anlage entfalten zu dürfen, anhand von ♄-Aspekten (sofern der ♄ noch nicht als Lebensgesetz erlebt wird) ersehen werden. Der Betreffende entwickelt dann ein Schuldgefühl, wenn es gilt, diesen Persönlichkeitsanteil zu leben.

*Beispiel:*
Der Betreffende hat Schuldgefühle, etwas wahrzunehmen (☿), was außerhalb des konventionellen Maßstabs (♄) liegt.

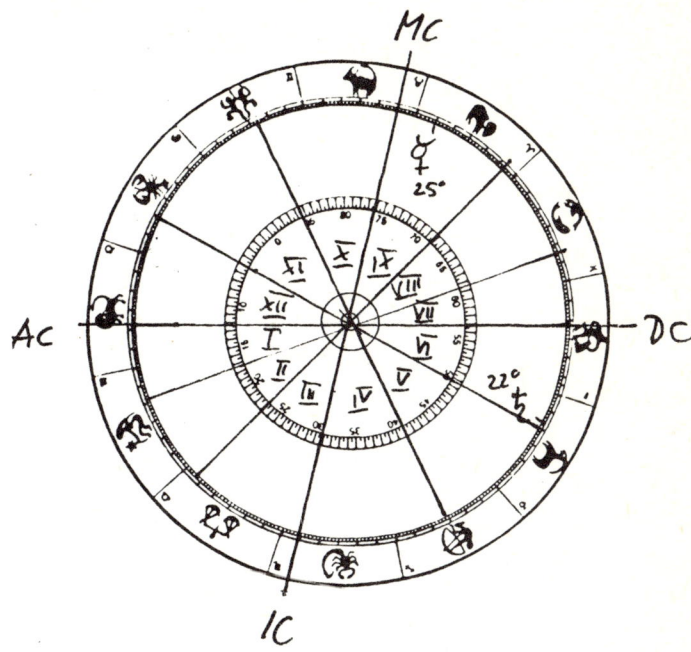

5. Abwehr durch scheinbar äußere Umstände:
Manche projizieren ihr inneres Glücksverbot nach außen und werden dann scheinbar durch äußere Umstände daran gehindert, Glück und Erfolg erleben zu dürfen.
So werden die Eltern, der Vorgesetzte, der Partner usw. als Hemmschuhe vorgeschoben, um nicht wirklich für das eigene Glück etwas unternehmen zu müssen. Die äußere Blockade dient dann dem Betreffenden unbewußt als *Alibi*, um in den alten Geleisen bleiben zu können, und zugleich als *Bestätigung* des alten Saturns, der nach weiterer Opferung von Lebenskraft zu seinen Gunsten verlangt.

6. Abwehr aufgrund von Elternrollenspiel:
Viele Menschen erheben ihr Informationsdefizit zum Maßstab und wehren damit jede Möglichkeit, sich weiterzuentwickeln oder Gesetzmäßigkeiten in bezug auf Schicksal und Glück zu erkennen, ab.

Die Identifikation mit der Norm entbindet sie zum einen davon, sich über etwas Gedanken zu machen, und verleiht ihnen zum anderen ein Gefühl der Überlegenheit, da sie von allen Seiten bestätigt werden. Daraus entsteht das Paradoxon, daß sie in ihrer Unwissenheit als wissend erscheinen und der Wissende als der Dumme, der aufgeklärt oder wieder auf den Pfad der Vernunft gebracht werden muß. So ist es z. B. nicht möglich, mit dem »Überlegenen« über das Für und Wider der Institution Ehe zu diskutieren. Er kann gar nicht mitreden, weil er weder darüber reflektiert hat noch sich anderweitig informiert hat. Dieser Anspruch auf Vollkommenheit und Unfehlbarkeit, der aus einer Hemmung resultiert, zeichnet viele Elternrollenspieler aus. Auf diese Art und Weise können sie erfolgreich jedwelche alternative Information abwehren. Aus der Sicht des anderen erscheint diese Abwehr, die mit einer Angst vor dem Lebendigen einhergeht, als Interesselosigkeit. Die Abwehr ist aber nichts anderes als ein Schutz für die seelische Wunde des betreffenden Menschen.

7. Abwehr durch Ablenkung und Flucht:
Um effektives Leben und Glück abzuwehren, versteht es mancher, sein Leben so einzurichten, daß letzteres sich in Nebensächlichkeiten erschöpft. Der einzelne zieht sich auf ein Nebenfeld zurück, um auf dem Hauptfeld des Seins nicht aktiv werden zu müssen (Alfred Adler). So werden endlose Rituale absolviert, werden fiktive Ziele angestrebt oder fruchtlose Konflikte heraufbeschworen, um nicht nachdenken zu müssen, um anstehenden Problemen auszuweichen, um nicht mit der »Wirklichkeit« konfrontiert zu werden. Auf diese Art und Weise gelingt es vielen, ihre Zeit so zu strukturieren, daß sie keine Zeit für die Ausbildung von Fähigkeiten, für den Aufbau ihrer Persönlichkeit, für Informationsaufnahme, für menschliche Begeg-

nungen, für Liebe und Zärtlichkeit ... zur Verfügung haben.

Sie haben ihr Leben so eingerichtet, daß immer dann, wenn Wesentliches angesprochen werden würde, der Hund bellt, das Telefon läutet, das Auto noch schnell in die Werkstatt gefahren werden muß, eine wichtige Sendung im Fernsehen nicht versäumt werden darf ...

Es kann bei einem solchen planlosen und ziellosen Leben nie etwas geerntet werden, weil nie etwas gesät wurde. Das Leben besteht in solchen Fällen meist in der Ablenkung vom Leben, in der Flucht vor dem Leben (z. B. durch Arbeitssucht, Alkohol etc.) und im Beseitigen der auftretenden Folgen, die die mangelnde Produktivität, Vorsorge und Planung hervorgerufen haben.

8. Abwehr, indem man Glück von den Mitmenschen und von der Gesellschaft abhängig macht:
Um sich nicht um das Glück selber bemühen zu müssen, erwarten viele das Glück von den anderen oder von der Gesellschaft: Wenn der Partner liebevoller oder wenn die Gesellschaft humaner werden würde, dann könnte man endlich glücklich sein!

9. Abwehr durch den Glauben, an die Vergangenheit gebunden zu sein:
Wer den Maßstab in sich trägt, zu einmal getroffenen Entscheidungen immer stehen zu müssen, hat keine Möglichkeit zur Korrektur seines Schicksals.
So harren viele in einem Beruf aus, den sie in ihrer Jugend gewählt haben und in dem sie heute unglücklich sind, oder glauben, bei dem heute ungeliebten Partner bleiben zu müssen, mit dem sie vor 20 Jahren die Ehe geschlossen haben ...

Das daraus resultierende Leid wird dabei meist als Schicksal, als »Karma« bezeichnet, das man märtyrerhaft ertragen müsse. In Wirklichkeit erleidet der Betreffende nur seinen eigenen Maßstab, der die Hemmung kompensiert, das eigene Leben nach dem Hier und Jetzt neu zu gestalten.

10. Abwehr aufgrund von Krankheit:
In diesen Fällen inszeniert das Unbewußte eine Krankheit, um nicht Verantwortung für sich selbst übernehmen und das Glück selber schaffen zu müssen. (Siehe Kapitel Gesundheit).

11. Abwehr durch stete Auflehnung gegenüber dem Alten und Herkömmlichen:
Auflehnung und Protest sind wichtige und notwendige Reaktionen gegenüber Macht, Unterdrückung und Willkürentscheidungen. Sie können aber auch — ähnlich der seelischen Reaktionen wie Haß, Wut und Aggression — zum Selbstzweck werden. Es besteht die Gefahr, daß der einzelne in der Protesthaltung verharrt und seine Aktivität sich darin erschöpft, nur immer Kritik zu üben oder zu demonstrieren. Für manchen ist dieser Weg bequemer, als Pionierarbeit zu leisten und etwas Neues aufzubauen.
Dieselbe Energie, die für die Auflehnung gegenüber dem Alten verwendet wird, könnte konstruktiver für ein alternatives Projekt eingesetzt werden.

12. Abwehr durch »Auskosten von Unglück«:
Wer unglücklich ist, ist nicht bereit, Glück zu empfangen. So kosten manche in masochistischer Manier ihr Unglück aus und »suhlen« sich im Leid. Meist handelt es sich hier um ein frühkindliches Reaktionsmuster, mittels dessen man Zuwendung erhalten oder Trost erwirken will.

# Bereitschaft für das Glück

Bei dem Phänomen Glück gelten jene Gesetzmäßigkeiten, die wir schon in bezug auf die Partnerschaft (Teil I) und in bezug auf die Gesundheit (Teil II) in gleicher Weise kennengelernt haben:

— das Gesetz der Affinität
— das Gesetz der Anziehung
— das Gesetz des Ausgleichs

— das Gesetz von Inhalt und Form
— das Gesetz von Ursache und Wirkung,

— das Gesetz der Bestätigung (jeder Maßstab bestätigt sich selbst)

— das Gesetz der Wiederkehr des Verdrängten

— das Gesetz der positiven und negativen Verstärkung.

Auch muß hier, ebenso wie in anderen Bereichen, differenziert werden:

— zwischen erster und zweiter Natur bzw. zwischen real und irreal

— zwischen Weg und Ziel

— zwischen unbewußter und bewußter Bereitschaft.

Bereitschaft bedeutet, daß jemand bereit ist zu empfangen, daß er die Disposition für etwas Bestimmtes in sich trägt bzw. daß er eine Affinität mit bestimmten Ereignissen in der Außenwelt hat. Man kann körperlich (♂), seelisch (☾), geistig (♀) oder vom Bewußtsein her (♄) für etwas Bestimmtes bereit sein.

Wie jemand bereit für einen neuen Partner sein kann oder die Bereitschaft haben kann, gesund zu werden, so kann er auch bereit sein für das Glück.* Eine unbewußte Bereitschaft für das Glück liegt vor, wenn letzteres sich plötzlich und un-

---

*) Partnerschaft, Gesundheit und Glück stehen ohnehin miteinander in steter Wechselbeziehung.

erwartet einstellt. Von bewußter Bereitschaft spricht man, wenn man sich diese Bereitschaft bewußt erarbeitet hat und das Glück sich als zwangsläufige Folge davon einstellt. Hier sind insbesondere das Gesetz der positiven und der negativen Verstärkung und das Gesetz der Anziehung relevant. Diese lassen sich noch einmal gut am Beispiel der Partnerschaft verdeutlichen: Wer in sich ungeborgen ist, zieht außen die Ungeborgenheit an, wohnt in einer Wohnung, in der er sich nicht geborgen fühlt, oder zieht einen Partner an, der ihm keine Geborgenheit schenken kann, sondern seine Ungeborgenheit verstärkt.

Wer hingegen in sich geborgen ist, sucht auch außen die Geborgenheit auf — er wohnt in einem schönen, behaglichen Heim oder lebt mit einem Partner zusammen, der ebenfalls in sich geborgen ist und deshalb auch Geborgenheit vermitteln kann. Der Partner verstärkt damit die eigene Fähigkeit. Nur wer eine Fähigkeit *hat*, dem wird auch von außen *gegeben*. Auch das Glück setzt eine innere Disposition voraus. Die Glücksfähigkeit muß unter Umständen zuerst psychisch »erarbeitet« werden, ehe von außen eine positive Verstärkung des Schicksals einsetzen kann.

Doch wie kann die Bereitschaft für das Glück geschaffen werden?

Nachfolgend seien einige Punkte angeführt, die unumgängliche Voraussetzungen für das Glück darstellen:

1. *Entillusionierung und Aufgabe der Abwehrmanöver*
   Wer sich Glück psychisch erarbeiten will, muß zunächst einmal die Illusion aufgeben, daß das Glück eines Tages von außen käme, wenn er sich nur angemessen verhielte und geduldig darauf warten würde (siehe S. 221 — Warten auf den Weihnachtsmann).

2. *Absolvierung des Ablöseprozesses von Unglück und Pech*
   bzw. von den Maßstäben, Einstellungen und den Verhaltensweisen, die immer wieder Unglück, Pech, Frustration, Krankheit und Ablehnung hervorrufen.
   Besonders irreale Maßstäbe verhindern es, Glück erleben zu können, und vertiefen negative Erfahrungen. Solange z. B. Brigitte U. überzeugt war, eine Mutter müsse Tag und

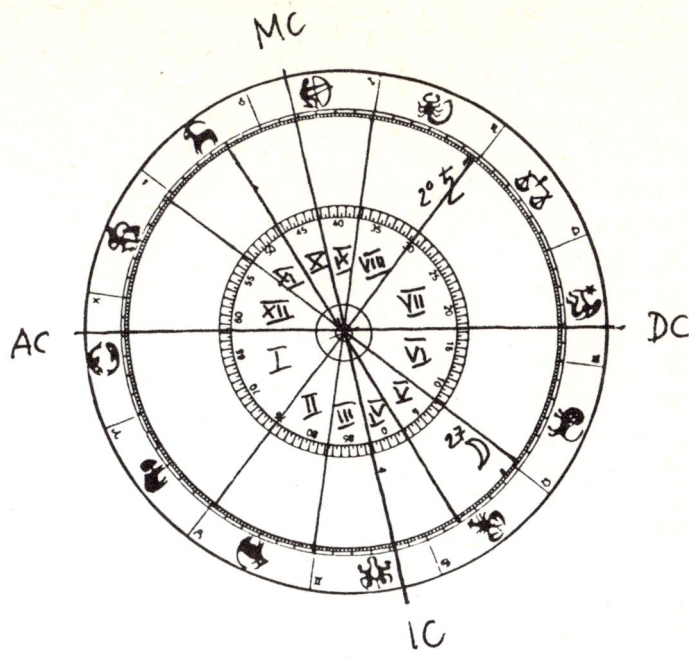

Nacht stets für zwei kleine Kinder verfügbar sein und dürfe kein Eigenleben haben, stand sie unter dem Erfüllungszwang und das Schicksal konnte sich nicht von seiner angenehmen Seite zeigen. In der Folge war Brigitte U. monatelang depressiv gestimmt (☾ □ ♄) und litt unter mannigfaltigen Krankheitssymptomen. Erst mit zunehmendem Leistungsdruck erkannte sie, daß auch sie ein Recht auf Selbstverwirklichung beanspruchen dürfe, ja im Interesse ihrer Gesundheit sogar beanspruchen müsse, und so konnte nach und nach ihre alte Einstellung, die sie von ihrer Mutter unreflektiert übernommen hatte, aufgelöst werden.

Brigitte U. ergriff nun selbst die Initiative und gab bei einer Zeitung eine Anzeige auf, um sich für ihre Kinder eine Betreuungsperson für zwei Nachmittage in der Woche zu suchen.

Nachdem sich herausgestellt hatte, daß die Kinder bei der Betreuerin gut untergebracht waren, begann sie ihre freien Nachmittage zu genießen. Ihre Depressionen und körperlichen Beschwerden verschwanden mehr und mehr.

Sie kann jetzt ihren Kindern viel liebevoller und herzlicher begegnen, weil sie nun ausgeglichener und harmonischer ist. Selbst die beiden Kinder haben sich durch diese Umstrukturierung positiv verändert. Brigitte U. hat erkannt: Glück muß man sich zugestehen und auch zu beanspruchen wagen.

Wird der Ablöseprozeß von veralteten Maßstäben, Einstellungen und negativen Verhaltenweisen nicht vollzogen, verharrt der Betreffende in seinem alten Skript. Aufgrund von bestimmten Einstellungen und aufgrund eines bestimmten Verhaltens kann daher — auch ohne Horoskop — das entsprechende Schicksal vorausgesagt werden: Wie alt der Betreffende etwa werden wird, ob sein Leben aufregend oder langweilig verläuft, ob er häufig Unfälle haben wird, welchen Partnertypus er anziehen wird, ob er beruflichen Erfolg haben wird, welche Krankheiten er erwirken wird...
Indem der Betreffende in einem Schicksalszwang bzw. in einem »Skriptzwang« gefangen ist, kann er sich selbst kaum selbständig entwickeln und nicht frei entscheiden.
Er spult nur seine karmische bzw. elterliche Programmierung ab, ohne die Möglichkeit zu haben, selbst auf sein Schicksal Einfluß zu nehmen.
Will man glücklich werden, ist es auch erforderlich, mehr und mehr von unproduktiven und ineffizienten Energieeinsätzen Abstand zu nehmen.
Wer stets seine wertvollen Lebensenergien für Ärger, Schimpfkanonaden, Haß, Wut, Neid, Aggression, Aufregung, Auflehnung, Rebellion, Krankheit etc. verschleudert, hat schließlich keine oder nur noch wenig Kraft, etwas Konstruktives zu schaffen. Zudem lösen diese Verhaltensweisen wiederum negative Reaktionen in der Umwelt aus, wodurch ein negativer Regelkreis entsteht.
Ferner: Immer nur zu r e a g i e r e n bedeutet, der Sklave oder der Spielball anderer zu bleiben — nicht seines eigenen Glückes Schmied zu sein.
Als Lösungsansatz bietet sich an, daß sich der einzelne selbstkritisch die Frage stellt: Was haben mir meine vie-

len Abwehrmanöver und meine endlosen Reaktionen bisher eingebracht?

Dabei ist es entscheidend — das bisher Erwirkte (Intrigen, Unglück, Leid, Krankheit etc.) einzublenden, um sich dann zu fragen: Wie könnte ich meine Energien konstruktiver einsetzen und welche Auswirkungen habe ich dann zu erwarten?

Denn wenn alte Gewohnheiten und Bewußtseinshaltungen aufgelöst werden, ohne etwas Anderes, etwas Neues, etwas Besseres an deren Stelle zu setzen, ist eine allgemeine Orientierungslosigkeit die Folge, die wiederum zu neuen negativen Feedbacks disponiert. Es ist also wichtig, daß Alternativen gefunden werden, daß ein neues Konzept vorhanden ist und neue Maßstäbe gefunden werden, an denen man sich zukünftig ausrichten kann.

Wird dieser Weg nicht nur geistig beschritten, sondern auch im täglichen Leben praktiziert, ist der Ablöseprozeß bald vollzogen.

3. *Die Überwindung von Schuldgefühlen durch Umpolung*
Veraltete Maßstäbe aufzugeben ist jedoch schwieriger und problematischer, als sich, oberflächlich betrachtet, vermuten läßt. Denn warum halten sonst so viele Menschen trotz Unglück, Krankheit, Zwietracht, Krieg und Leid an den alten Maßstäben fest?

Warum klammern sie sich an diese, obwohl das Leben ihnen bisher nicht oder nur wenig von all dem gab, was sie sich so sehr wünschten; und sind überzeugt,

daß das Glück auf allen Lebensgebieten innerhalb des Rahmens der alten Normen und des alten Moralkodex doch noch zu erreichen wäre?

Zunächst können viele nicht erkennen, daß das Unglück die Wirkung auf die Ursachen, auf die Normen und Ideale der Vergangenheit ist, da sie es nicht zu erkennen wagen. Wenn etwas nicht gesehen werden darf, geht das Denken — und sei der Intelligenzquotient noch so hoch — im Kreis.

Die Normen und Ideale, die Elternhaus, Milieu, Gesellschaft und Kulturkreis bestimmten, in denen der einzelne lebte und lebt, wurden zum großen Teil — allerdings in individuell verschieden starker Ausprägung — in der Kindheitsphase unbewußt verinnerlicht. Sie in ihrer Relativität zu erkennen, sie gegebenenfalls aufzugeben oder zu übertreten bewirkt im Erwachsenen, auch wenn sie für die derzeitige Lebenssituation nicht mehr relevant sind, Unsicherheit, Angst und Schuldgefühle.

Anstatt daher die eigenen realen Anlagen zu entdecken, zu entfalten und das Recht auf freie Entwicklung der Persönlichkeit mit Inhalt zu füllen, wird häufig in übernommenen Verhaltensmustern und Wertvorstellungen verharrt bzw. werden die Anlagen nur pervertiert und verzaubert ausgelebt.

Das Ausleben der realen Lebensprinzipien schädigt keinen Menschen, nur das Ausleben der pervertierten, verzauberten Anlagen hat in den zwischenmenschlichen Beziehungen negative Auswirkungen, die nur durch Gebote, Verbote und durch Kontrollen in Schach gehalten werden können.

Warum bleiben trotzdem Schuldgefühle bei Verstößen gegen patriarchalische Konventionen und Sitten bestehen? Ein Grund mag wohl darin liegen, daß fast alle Menschen nach Anerkennung streben und die Eigenschaft »gut« mit der Einhaltung der Rollennormen gleichsetzen. Die vorgegebene Rollenerwartung zu erfüllen bedeutet, ein »guter« Mensch zu sein, die Nichterfüllung wird mit »böse« assoziiert.
Auch will z. B. ein Kindrollenspieler dem Elternrollenspieler nicht »weh« tun; denn wenn er nicht im Sinne des Maßstabs funktioniert, den der Elternrollenspieler aufstellt, fügt er jenem psychische Schmerzen zu oder erzeugt Ärger.

Hierzu ein Beispiel:

Die Mutter von drei erwachsenen verheirateten Söhnen hat den Maßstab aufgestellt, daß das Weihnachtsfest immer gemeinsam gefeiert werden müsse. Heinz, einer der drei Söhne, und seine Frau empfinden jedoch das gemeinsame Weihnachten als langweilig. Für sie kostet es eine große Überwindung, die Feiertage im Kreise der Familie zu verbringen. Nur widerwillig entsprechen sie der durch die Mutter aufgestellten Norm. Lange diskutieren Heinz und Angelika darüber, ob sie diese nicht einmal durchbrechen und Weihnachten nach ihrem eigenen Geschmack und auf ihre eigene Art und Weise verbringen könnten. Heinz jedoch meint, er könne das seiner Mutter nicht antun und er hätte ihr gegenüber Schuldgefühle. Also fahren sie wie alle Jahre wieder zur Mutter.

Beide — der Elternrollenspieler und der Kindrollenspieler — wollen gut sein. Die Mutter meint es »gut« — wenn sie den Maßstab »Weihnachten gemeinsam« aufgestellt hat, und ihr Sohn Heinz will ein »guter Junge« sein und beugt sich — wenn auch widerwillig — dem fremden Maßstab.

Heinz begibt sich damit in die für den Kindrollenspieler so typische masochistische Haltung. Er dachte nur daran, daß er seiner Mutter wehtun könnte, nicht aber, daß er, indem er im Sinne des Maßstabs seiner Mutter funktioniert, verdrängen muß und damit sich selber, seiner eigenen Natur, weh tut. Er muß einen fremden Maßstab *erleiden*.

Seine Mutter verfügt über ihn. Sie braucht zur Erfüllung ihres Ideals seine Person. Sie bedenkt nicht, daß sie ihren Maßstab pauschalisiert und andere damit vergewaltigt und daß die Zuwendung und menschliche Wärme, die ihr an diesen Tagen von Heinz und Angelika entgegengebracht werden, nicht echt sein können.

Ihr Maßstab ist eine Form ohne Inhalt.

Heinz wird sich solange immer wieder wehtun, solange er nicht ein *Recht* darauf empfindet, Weihnachten auf eigene Art zu verbringen.

Nicht seine Mutter ist schuld an seinem Schmerz, sondern der Maßstab in ihr.

Doch steht es jedem frei, die alten, nicht mehr relevanten Zwänge abzuschütteln und ein eigenes Leben zu leben. Die Selbstbestimmung beginnt dort, wo die Fremdbestimmung (das Skript) abgeschüttelt wurde.

Um von der Fremdbestimmung zur Selbstbestimmung zu gelangen, sind jedoch wichtige Entwicklungsprozesse zu absolvieren. Insbesondere ist es notwendig, die Schuldgefühle umzupolen, da der einzelne somit ständig in der Phase der Auflehnung und des Kampfes gegenüber alten Maßstäben und deren Repräsentanten steckenbleibt. Bestehen zuerst Schuldgefühle, wenn er entsprechend seiner Eigenart und nicht im Sinne der unpersönlichen, patriarchalischen Maßstäbe und Ideale lebt, so treten bei einer Umpolung Schuldgefühle auf, wenn er *nicht* seine Eigenart entfaltet und sich noch nach einem fremden Muster ausrichtet. Er hat nun ein Schuldgefühl gegenüber seiner eigenen Natur, nicht mehr dem pauschalen Maßstab gegenüber. Eine solche Umpolung ist jedoch nur möglich, wenn der bisherige Maßstab ad absurdum geführt werden kann.

Derjenige, der umpolt, muß wissen und empfinden, *warum* eine Rollennorm spezifisch für ihn keine Gültigkeit mehr hat — und *warum* er bei Übertretung oder Mißachtung keine Schuldgefühle mehr zu haben braucht. Er muß erkennen, welche familiären oder gesellschaftlichen Umstände damals diesen Maßstab bei ihm entstehen ließen und welche Wirkungen dieser Maßstab gezeitigt hat.

Aufgrund dessen kann er absehen, was ihm die Zukunft bringen würde, wenn er weiter nach dieser Richtlinie leben würde. Er kann aber nur dann den alten Maßstab in sein seelisches Archiv legen, wenn er einen neuen Maßstab, eine neue ethische Richtung, die seiner Natur und der menschlichen Natur sowie jeweils seiner Entwicklung entspricht, gefunden hat. Dieses neue Ziel kann ohne Verdrängung und ohne seelische Schmerzen angestrebt werden, weil es nicht mehr statisch ist und deshalb dem Leben nicht mehr zuwiderläuft.

Damit hat der einzelne die Symbolebene des Erwachsenen erreicht; es ist die Symbolebene, wo keine oder nur noch wenig psychische Schmerzen ertragen werden müssen. Die Symbolebene des Erwachsenen tut nicht mehr weh, da man sich z. B. nicht mehr unterdrücken, maßregeln oder hemmen läßt, denn der Saturn ist nunmehr integriert und steht damit als Anlage zur Verfügung. Langsam wird nun begonnen, das Schicksal selbst zu gestalten. In diesem Stadium wird erkannt, daß die patriarchale Phase des Menschen und der Menschheit eine notwendige, wichtige Entwicklungsphase war, die Bewußtsein brachte; denn nur durch die vorgegebene Norm und durch das Fremde konnte das Eigene erkannt und bewußt werden.

4. *Übernahme der Verantwortung für das Glück*
   Wenn der einzelne ein *Recht* (♄) auf persönliches Glück empfindet und damit die Erlaubnis (♄) vorhanden ist, das Leben im Rahmen der eigenen Möglichkeiten angenehm zu gestalten, wird ihm zugleich die Verantwortung für sein Glück bewußt.
   So kann er etwa in einer Diskussionsrunde, die sich für ihn immer nur in langweiligen und uninteressanten Themen erschöpft hat, dem Gespräch eine neue Richtung geben, kann eine Theaterveranstaltung, die ihm nicht gefällt, vorzeitig verlassen, kann den Abend so gestalten, daß er Freude daran haben kann...
   George Bernhard Shaw meint hierzu in »Frau Warrens Gewerbe«: »Man gibt immer den Verhältnissen die Schuld für das, was man ist. Ich glaube nicht an die Verhältnisse. Diejenigen, die in der Welt vorankommen, gehen hin und suchen sich die Verhältnisse, die sie wollen und wenn sie sie nicht finden können, schaffen sie sie selbst.

5. *Ausbildung der Fähigkeiten*
   Nach der psychologischen Astrologie ist immer dann Glück zu erwarten, wenn der einzelne seine Anlagen ausbildet und auslebt. Er empfindet dann Glück, seine körperlichen Triebe ausleben zu können (♂), materielle Sicherheit zu erfahren (♀ ♀), sich verbal und nonverbal ausdrücken zu können (☿II), Geborgenheit zu erleben (☽), Selbständigkeit zu zeigen (☉) usw.
   Glück im Sinne der wahren Natur des Menschen bedeutet also, sich selbst realisieren zu können. Glück ist insofern ein Mosaik aus vielen Bausteinen und mit vielen Wechselbeziehungen. Reales Glück ist keine bloße Kompensation, sondern persönliches Wachstum mit den daraus re-

sultierenden Freuden. Erich Fromm drückt dies in »Psychoanalyse und Ethik« so aus[26]:

»Glück ist eine aus der inneren Produktivität des Menschen entstehende Leistung, kein Geschenk der Götter. Glück und Freude ist nicht die Befriedigung eines auf physiologischem oder psychologischem Mangel beruhenden Bedürfnisses; nicht die Beseitigung einer Spannung, sondern die Begleiterscheinung aller produktiven Aktivität im Denken, Fühlen und Handeln. Glück deutet darauf hin, daß der Mensch die Lösung des Problems der menschlichen Existenz gefunden hat: die produktive Verwirklichung seiner Möglichkeiten und somit zugleich das Einssein mit der Welt und das Bewahren der Integrität seines Ich. Indem er seine Energie produktiv verbraucht, steigert er seine Kräfte: er ›brennt, ohne verzehrt zu werden‹.«

6. *Loslassen.*

Wer das Glück zwanghaft anstrebt, kann es nicht erlangen. Glück ist etwas, was erwirkt wird. Es ist das *Ergebnis* eines Weges, den es zu beschreiten gilt.

Es stellt sich quasi als Nebeneffekt der Bemühungen und Etappen, die absolviert worden sind, ein. Wird das Glück zum Selbstzweck und als *Ziel* krampfhaft angestrebt, wird wie bei der Partnersuche und bei der Gesundheit damit meist der *Weg* dazu abgewehrt.

Erst wenn der einzelne die Energie, die er in dem Wunsch nach Glück investiert hat, dazu verwendet, die Weichen für das Glück zu stellen, fordert er das Glück heraus. Er muß loslassen, um aktiv und damit empfängnisbereit zu werden.

7. *Den Weg zum Glück gehen*

Das Glück kommt zu dem, der ihm die Tür öffnet, sagt ein altes Sprichwort. Oder anders ausgedrückt: Es kommt zu dem, der die *Bereitschaft* dazu hat.

Es sollte jedoch vorher geklärt werden, für was man bereit sein will.

Bereit für beruflichen Aufstieg? Bereit für einen liebevollen Partner? Bereit für materiellen Reichtum?

Zuerst muß also eine konkrete Vorstellung vorliegen, ehe

dieses Ziel realisiert werden kann. Zum zweiten heißt es, den Weg dorthin klar abzustecken und ihn auf das jeweilige Ziel abzustimmen.

Der Weg zum beruflichen Aufstieg ist ein anderer als der Weg zu einer glücklichen Partnerschaft. Will man die Voraussetzung für ersteres Ziel schaffen, müssen verschiedene Etappen bewältigt werden, wie z. B. Managementseminare, Rhetorikkurse, etc.

Hier gilt es vor allen Dingen, die Gesetze des Erfolges zu lernen und sich in sie zu integrieren, während es bei der zweiten Zielvorstellung mehr darum geht, die Partnerfähigkeit und Liebesfähigkeit auszubilden, um die Bereitschaft für eine Partnerschaft zu legen, die Harmonie und Glück beinhaltet. Wenn auch die Wege zu den verschiedenen Zielen anders sind, eines ist allen gemeinsam:

Das Gesetz von Inhalt und Form.

Wer sich redlich bemüht, die Voraussetzungen für ein bestimmtes Ziel schafft und sich in die Gesetze, die auf dem jeweiligen Weg zu beachten sind, integriert, wird proportional dazu auch »vom Schicksal belohnt« werden. Schritt für Schritt nähert er sich der Verwirklichung, d. h. der Materialisation bzw. dem Sichtbarwerden seines seelisch-geistigen Inhalts. Er zieht entsprechend seinem Inhalt, den er sich erarbeitet hat, dann auch die entsprechenden formalen Ereignisse in der Außenwelt an.

Um Mißverständnissen vorzubeugen, sei in diesem Zusammenhang aber erwähnt, daß ein Inhalt nicht automatisch in der Außenwelt die ihm entsprechende Form findet. Wenn jemand seine Innenwelt bzw. seine Seele reinigt, sind deshalb lange noch nicht die Probleme der Außenwelt überwunden. Oder wenn sich jemand geistig weiterentwickelt hat, sich also einen geistigen Inhalt angeeignet hat, wird ihm deswegen noch nicht die geeignete Form dazu von außen geschenkt. Es bleibt also dem Betreffenden nicht die Arbeit erspart — wie im 1. Beispiel —, auch die Außenwelt in Ordnung zu bringen, oder wie im nachfolgenden Beispiel, sich selbst die Form anzueignen, mittels derer er seine geistigen Inhalte wirkungsvoll vermitteln kann. Wenn er darauf wartet, daß die Form auf ihn zukommt, wartet er vergebens. Er muß also zusätzlich zum Inhalt auch die Fähigkeit erwerben, dem Inhalt den entsprechenden Ausdruck verleihen zu können. Nur — und das ist das Entscheidende an diesem Gesetz — das Schicksal greift dann unterstützend und fördernd ein, wenn er wirklich Anstalten macht, sein Lernpensum in bezug auf Inhalt und Form zu erfüllen. Es werden dann Ereignisse eintreten und Angebote kommen, durch die er Gelegenheit hat, seine Anlagen zu entfalten. Es werden Personen angezogen, die ihm auf dem Weg weiterhelfen. Er wird mit Büchern und Schriften konfrontiert werden, die seinen Weg bestätigen, die neue Impulse geben und seine Ideen differenzieren und vervollkommnen. Er wird, seinem Fortschritt entsprechend, eine positive Verstärkung vom Schicksal erhalten.

Zu beachten gilt es bei diesem Gesetz ferner, daß wirklich die dem Inhalt entsprechende Form gefunden wird. Ist dies nicht der Fall, so kann dieses Gesetz nicht oder nur verzerrt wirksam werden. Es bringt dann nur Ereignisse oder Kontakte, die die Diskrepanz zwischen Inhalt und Form ausdrücken.

8. *Eigenschaften, die die Bereitschaft fördern*
Derjenige, dem das Glück oft zufällt, verfügt über bestimmte Fähigkeiten, die den »Pechvögeln« meist fehlen. Jedes Glück basiert auf den kosmischen Anlagen von ♂ bis ♆. Insbesondere sind es folgende Eigenschaften, die der »Glücksgöttin Fortuna« gefallen:

*a) Mut*
Die Widder-♂-H-1-Anlagen, wie die Fähigkeit, aktiv zu werden, seine Energie konstruktiv einzusetzen, Initiative zu ergreifen, etwas zu wagen, ein (kalkuliertes) Risiko einzugehen, Pionierarbeit zu leisten, sind Grundvoraussetzungen für die Maximierung der Glückschancen. Man muß etwas säen, um später zu ernten, man muß etwas investieren, um gewinnen zu können.

»Blumen des Glücks« muß man selber pflanzen[27]. Die meisten Menschen haben Angst davor, den ersten Schritt

242

zu tun, Angst davor, auf andere zuzugehen, Angst, sich eine Blöße zu geben, Angst, sich lächerlich zu machen, Angst, auf Ablehnung zu stoßen ...

Da ihre Mitmenschen dieselben Ängste haben, kann nur selten etwas beginnen, was Freude und Glück bringt. Wenn etwa bei einem Rendezvous jeder der beiden Partner wartet, daß der andere seine Gefühle zum Ausdruck bringt, daß der andere »den Anfang macht«, kann eine Beziehung nicht beginnen. Es ist also wichtig, immer eine *Vorleistung* zu tätigen, selbst auf die Gefahr hin, eine »Niederlage« einstecken zu müssen. Passivität heißt, nie Glückschancen zu haben, und ist somit gleichbedeutend damit, permanent Niederlagen zu erleiden.

b) *Fähigkeit, Informationen aufzunehmen und zu verwerten*

Indem sich der einzelne über verschiedene Möglichkeiten und Wege informiert, kann er frei wählen.

c) *Filtrationsvermögen*

Filtrationsvermögen zu haben bedeutet, eine funktionsfähige seelisch-geistige »Niere« zu besitzen, die auswählt, was einem gemäß ist, womit man Identität hat, davon differenziert, was mit dem eigenen Persönlichkeitssystem unvereinbar ist. Man empfindet ein Recht auf freie Wahl und ein Recht darauf, Identität schaffen zu dürfen. Das persönliche Schicksal basiert auf Wahlen! Das Leben beginnt mit der unbewußten Wahl der Eltern, der Zeitepoche und der Kultur, führt über die Wahl des Berufes, des Partners, des Wohnorts etc. und endet schließlich in der Wahl, auf welche Art und Weise man von dieser Welt Abschied nehmen will.

In diesem Zusammenhang ist es auch wichtig, unterscheiden zu lernen zwischen dem, was irreal und was real ist, sowie zwischen dem, was man vom Schicksal annehmen muß, und dem, was verändert werden kann. Jene Auswirkungen, die durch subjektive Wertvorstellungen, Einstellungs- und Verhaltensweisen bedingt sind, erscheinen änderbar, denn indem der einzelne hier die Ursachen für sein Schicksal selbst legt, hat er ja andererseits auch die Chance, durch eigene Änderungen andere Wirkungen zu zeitigen. Schicksalszwänge, die dagegen auf gesellschaftsspezifische, epochenrelevante und kulturkreisbedingte Ursachen zurückzuführen sind, entziehen sich weitgehend der subjektiven Einflußnahme.

Der einzelne hat nur insofern auf die Zeitepoche und Gesellschaft Einfluß, als er sich selbst verändert. Wenn er selbst umweltfreundlich lebt, dezimiert er mit seinem Beitrag die allgemeine Umweltverschmutzung. Indem er sein Bewußtsein erweitert, wirkt er auf die öffentliche Bewußtseinsbildung ein ...

*d) Fähigkeit der produktiven Zeitstrukturierung*

*e) Fähigkeit, Probleme wahrzunehmen, zu benennen und zu bewältigen.*

*f) Ursache-Wirkung-Denken*
Es ist kaum möglich, bei all seinen Aktivitäten und Handlungen bereits die Wirkungen, die dadurch erzielt werden, vorauszusehen. Aber man kann die Wirkungen als die Folgen der eigenen Ursachen, die man gesetzt hat, erkennen lernen. Viele bekämpfen dann einfach die Wirkungen auf ihr eigenes Verhalten, indem sie etwa das Kind, das sie belogen hat, schlagen, denjenigen, der sich auflehnt, bestrafen oder das Familienmitglied, das mit einer seelischen Krankheit reagiert, in eine Anstalt abschieben.

*g) Vorausschau*
Um die Fähigkeit der Vorausschau zu erwerben, müssen einige Fähigkeiten, die bereits besprochen wurden, vorliegen, wie etwa die Fähigkeit, offen für Informationen zu sein, und die Fähigkeit, die Wirkungen auf eigenes Handeln in etwa abzusehen.

Etwas vorauszusehen ist also nicht gleichbedeutend mit hellseherischen Fähigkeiten, sondern basiert auf der Anwendung von bestimmten Gesetzmäßigkeiten. Es ist eng gekoppelt mit der Fähigkeit, »den Karren aus dem Dreck ziehen zu können« oder rechtzeitig die Fahrt in den Abgrund stoppen zu können. Indem erkannt wird, wohin der

Kurs führt, wenn das bisherige Verhalten, die bisherige Einstellung, die bisherige Ernährungsweise, die bisherigen Lebensgewohnheiten beibehalten werden, kann Unheil verhindert werden.

h) *Ausdauer*

i) *Fähigkeit, das richtige Maß zu finden*

j) *Kompromißfähigkeit*

k) *Fähigkeit, Abwechslung ins eigene Leben zu bringen und andere mit angenehmen Überraschungen zu erfreuen*

l) *Fähigkeit, Materie in Lebenszeit zu verwandeln*
Da wahres Glück sich nicht darin erschöpft, ständig Besitz und Vermögen anzuhäufen oder für jeden Nachkommen ein Haus vererben zu können, braucht man seine Lebenskraft nicht mehr oder nicht mehr in dem Umfang wie früher für langweilige und uninteressante Arbeiten einzusetzen. Man hat es nicht mehr nötig, sich nur für Geld zu »verkaufen«.
Es kann nun umgekehrt Materie wieder in Lebenszeit umgewandelt werden. Lösungsansätze dafür zu finden ist beispielsweise möglich, wenn man sich fragt: Wie lange kann ich unbezahlten Urlaub beantragen, wenn ich den antiken Schrank verkaufe? Muß ich wirklich zwei Eigentumswohnungen haben? Viele könnten ihren sehnlichsten Wunsch, nämlich aus der Tretmühle aussteigen zu können, um ein Leben nach ihrem Geschmack zu gestalten und eine Arbeit, die ihren Interessen entspricht, aufzunehmen, längst realisieren, wenn sie sich wenigstens teilweise von ihrem Besitz und ihrem Vermögen lösen könnten.

m) *Fähigkeit, die Gesetze des Lebens für sich nutzbar zu machen*
Wer z. B. um das Gesetz der Anziehung weiß, kann bei sich dementsprechende Veränderungen durchführen und damit taktieren, was er anziehen will.

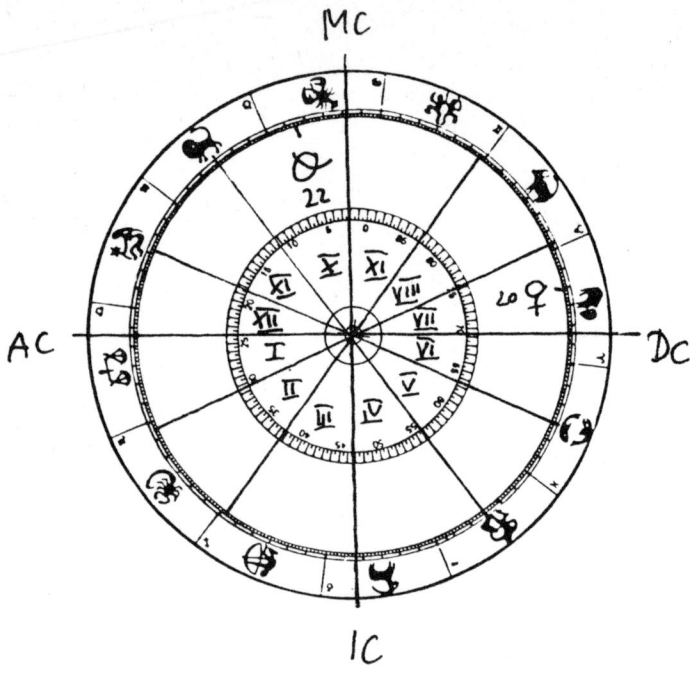

Dies kann am Beispiel von Hugo K. erläutert werden, in dessen Horoskop der Pluto in H 10 im □ zu ♀ in H 7 steht. Hugo K. kompensierte die frühkindliche Unterdrückung ([Pl.]) seiner eigenen Rechte (H 10) durch Streben nach Macht ([Pl.]) in Beruf und Öffentlichkeit (H 10). Dieses Machtstreben unterdrückte seine Kontaktfähigkeit (♀) sowie Harmonie (♀) und Glück (♀) in der Partnerschaft (♀). Dies hatte zur Folge, daß er immer Partnerinnen anzog, die in ihrem äußeren Erscheinungsbild (♀ in H 7 = ♀ in H 1 des anderen) und in ihrem Wesen ([Pl.] in H 10 = [Pl.] in H 4 des anderen) nicht seinen ♀-Vorstellungen entsprachen, sondern seine innere Unterdrückung der ♀ in der Außenwelt widerspiegelten. Aufgrund dieser Frustration verstärkte Hugo K. sein berufliches Engagement, wodurch seine innerseelische Harmonie noch mehr geknebelt wurde. Nachdem ihm diese Problematik bewußt wurde, gelang es ihm, eigene Vorstellungen ([Pl.]) über seine Lebensrechte (H 10) zu entwickeln. Daraufhin strebte er eigene, seiner wirklichen Natur gemäße Ziele an.

Indem er seine Lebensziele (H 10) von Machtstreben auf Selbstverwirklichung umwandelte ([Pl.]), konnte er die stete Kompensation, mit der er immer wieder seine Kontakt- und Partnerfähigkeit störte, abbauen. Durch diese gravierende Lebensveränderung zog er seiner inneren Harmonie entsprechend auch eine Partnerin an, die sowohl äußerlich als auch von ihrem Wesen her mit seinen (nunmehr geänderten) Vorstellungen ([Pl.]) im Einklang (♀) war.

### n) Fähigkeit, im Hier und Jetzt zu leben

Der einzelne läßt sich nicht mehr in fruchtlose Machtkämpfe oder ineffiziente »Spiele« hineinziehen, die Wiederholungen frühkindlicher Erfahrungsmuster sind. Indem er sich vom Wiederholungszwang gelöst hat, reproduziert er nicht mehr ständig frühere Eltern-Kind-Situationen. Er ist erwachsen geworden. Er hat die Brille, mit der er bisher nur ein verzerrtes Bild der Wirklichkeit wahrgenommen hat, abgelegt und kann nun die Welt sehen, wie sie wirklich ist. Er ist fähig, Projektionen, die auf ihm lasten, wahrzunehmen und kann eigene Defizite auffüllen, um nicht selbst ständig projizieren zu müssen.

### o) Fähigkeit, die Selbstbeglückungstendenz des Unbewußten in Gang zu setzen

In der patriarchalen Phase der Menschheit spielte die Selbstbestrafungstendenz des Unbewußten bei Krankheit, Unfall und Leid eine entscheidende Rolle. Nun ist es an der Zeit, diese Selbstbestrafungstendenz durch eine Selbstbeglückungstendenz abzulösen. Dies ist dann möglich, wenn der einzelne seine Anlagen dort abholt, wo sie in der Ausbildung steckengeblieben sind. Indem er sie entwickelt, verbraucht er seine Natur nicht mehr, sondern baut sie auf. Er erwirkt damit eine positive Verstärkung von außen und setzt eine Kettenreaktion des Glücks in Gang, bzw. erzielt den sogenannten »Tischlein-deck-dich-Effekt«.

Auf welche Art und Weise das Tischlein gedeckt werden kann, ist im Horoskop aufgezeichnet, denn die Symbole des Horoskops drücken sowohl die Problematik aus als auch die Lösung, die durch Umwandlung der Anlagen von irreal zu real erfolgen kann. Insbesondere kann dadurch jeder dissonante Aspekt entschärft bzw. aufgelöst werden. Jedes Quadrat, jede Opposition und jede disharmonische Konjunktion kann gelöst werden, wenn der Horoskopeigner bereit ist, einen Entwicklungsschritt zu gehen. Indem er die Anlagen mit einem neuen Inhalt, der realer Natur ist, füllt, kollidieren die Anlagen nicht mehr miteinander. So stören sich z. B. [Pl.] u. ☉ trotz eines Quadrat- oder Oppositionsaspektes nicht mehr, wenn der Betreffende es aufgibt, sich immer wieder gegenüber Macht ([Pl.]) und Autorität ([Pl.]) aufzulehnen (☉). Er muß sich bewußtmachen, daß er zwei so wertvolle Anlagen wie den [Pl.] und den ☉ verschleudert hat, indem er seinen [Pl.] projizierte und mit seiner ☉-Anlage immer nur reagierte. Nach dieser Bewußtmachung sind es folgende Schritte, die zur Ausbildung einer Anlage führen.

1. Entwicklung von eigenen Ideen und Vorstellungen auf dem betreffenden Gebiet, der dem Haus zugeordnet ist, das der jeweilige Planet beherrscht, sowie in das letzterer ausgewandert ist. (Siehe Anhang).

2. Information über entsprechende Literatur, über Gespräche, über visuelle Eindrücke etc.

3. Auswählen dessen, was dabei zu einem paßt, was der eigenen Individualität entspricht.

4. Einüben der Fähigkeit in der Praxis des Lebens.

Wer diese Mühe nicht scheut, wird bald Fortunas Günstling sein. Glück ist dann für den Betreffenden kein Zufall mehr, sondern es *fällt* ihm *zu*, weil er sich eine Identität damit erarbeitet hat.

# Anhang

# Die Herrscher von Haus 1 — Haus 12
## in den verschiedenen Häusern

In »Astrologie und Psychologie — eine neue Synthese« wurde bereits das weite Feld des astrologischen Diagnose- und Deutungsinstruments »Herrscher« kurz angeschnitten. Hier möchte ich eine kurze Wiederholung anhand eines Beispiels bringen und dann etwas tiefer in die Thematik einsteigen, indem ich die 12 Herrscher des Horoskops in den einzelnen Häusern beschreibe. Als Dispositor oder Herrscher eines Hauses wird der Planet bezeichnet, der das Tierkreiszeichen beherrscht, des die jeweilige Häuserspitze anschneidet.

Beispiel:

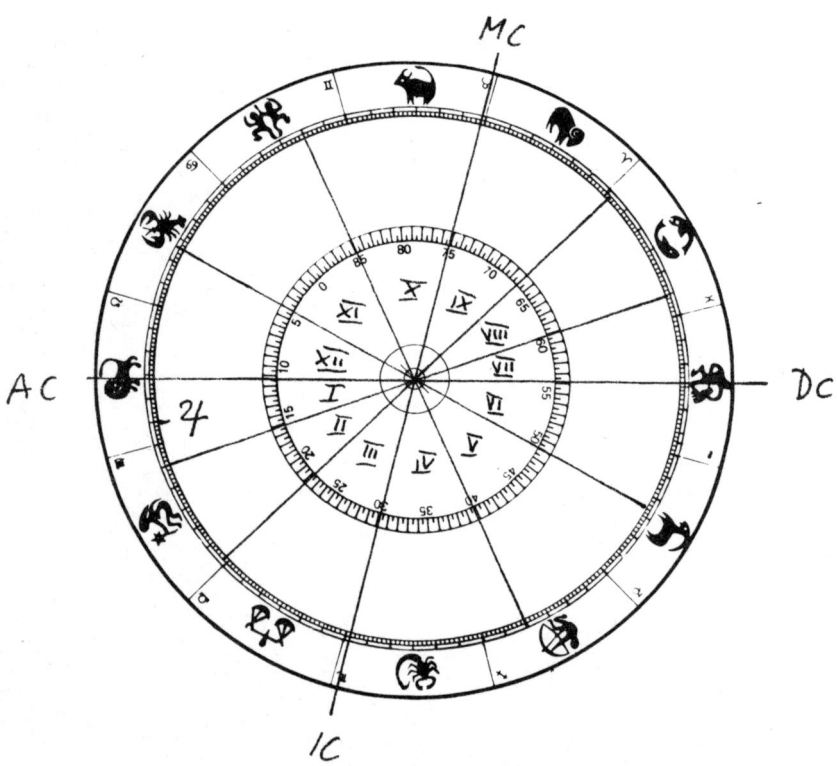

Wenn wir im abgebildeten Horoskop den Herrscher von H 5 suchen, müssen wir schauen, welches Tierkreiszeichen vom 5. Haus angeschnitten wird. Im vorliegenden Beispiel fällt die Spitze des 5. Hauses in das Tierkreiszeichen Schütze. Der dem Schützen zugehörige Planet ist Jupiter. Jupiter steht in unserem Beispiel in H 1. Deshalb können wir sagen: Der Herrscher von H 5 ist Jupiter in H 1. Die Anlage Jupiter — H 5 ist damit in das 1. Haus ausgewandert. Sie wird für H-1-Belange verwendet.

Um jedoch eine Anlage für einen anderen Lebensbereich verwenden zu können, muß zuerst auf dem Feld, das ihr entspricht, der Grundstein dazu gelegt werden. Übertragen auf vorliegenden Fall bedeutet dies, daß der Horoskopeigner zuerst lernen muß, selbständig (H 5) sich Bildung (♃) anzueignen, zu reisen (♃) oder ein Unternehmen aufzubauen, auszubauen oder zu erweitern (♃), um diese Anlage für die Durchsetzung und Selbstbehauptung, für Initiativen, Aktivitäten und Pionierarbeiten oder für eine Führungsrolle (H 1) einsetzen zu können. Über diese Aktivitäten und Pionierarbeiten bzw. über diese Führungsrolle kann die Anlage dann weiter ausgebildet werden. Zwischen H 5 und H 1 besteht also beim Horoskopeigner eine Korrespondenz bzw. eine Wechselwirkung. Je mehr er mit seiner Anlage aktiv wird und sich damit durchsetzt, desto mehr Selbstbewußtsein, Selbständigkeit und Kreativität entwickelt er in bezug auf diese Anlage, und je selbstbewußter und selbständiger er seine ♃-Anlage zu entwickeln versteht, desto wirkungsvoller kann er sich mit dieser Anlage durchsetzen. (Positive Verstärkung bei real ausgebildeten Fähigkeiten)

Durch die Darstellung der 12 Herrscher in den verschiedenen Häusern, die selbstverständlich — dazu ist das Leben zu komplex — nicht erschöpfend sein kann, soll deutlich gemacht werden, daß jeder seine Fähigkeiten auf einem anderen Wege zu erlernen und seine Anlagen für etwas anderes einzusetzen hat bzw. daß jeder seine Erfahrungen anders sammeln muß. Jeder filtriert aus der Fülle des Lebens das aus, was er braucht, und sucht das auf, was ihm entspricht. Jeder geht einen eigenen Weg. Deshalb ist kein Weg pauschal übertragbar.

Der eine lernt über ein Arbeitsverhältnis (H6), sich verbal und nonverbal auszudrücken (☿) bzw. seine Kommunikationsfähigkeit (☿) auszubilden, der andere lernt dies über Reisen (H9), ein dritter über emanzipatorische oder reformerische Bestrebungen (H11). Das Horoskop macht die Individualität offenkundig. Es zeigt auf, wie der eine seine Anlagen mehr für die eigene Sicherheit und Absicherung (H2) braucht, während der andere vielleicht mehrere Anlagen für seine Befreiung oder für sein Unabhängigkeitsstreben (H11) benötigt.

Da die Fähigkeiten vorher in dem Haus ausgebildet werden müssen, in dem sie Herrscher sind, sagt eine starke Planetenkonzentration auf einem Lebenssektor zunächst noch nicht aus, daß sich der Horoskopeigner auf diesem Feld deshalb besonders auszeichnet. Wenn die Natur hier viele Anlagen aufwendet, so besagt das — im Gegenteil — mehr, daß dieser Lebenssektor zunächst schwach ist und durch die entsprechenden Anlagen, die dort plaziert sind, gestärkt werden muß.

Hat jemand 5 Planeten im 2. Haus, so bedeutet das noch nicht a priori, daß hier ein besonders ausgeprägter Eigenwert vorhanden ist, sondern daß die 5 Anlagen dazu angetan sind, im Laufe ihrer Ausbildung und Entwicklung den Eigenwert zu festigen. Um die praktische Anwendung der schematischen Übersicht der 12 Herrscher zu erleichtern, wurde immer ein Beispiel im Anschluß dazu aufgeführt.

Es soll aufzeigen, daß für die individuelle Deutung immer die Eigenschaft bzw. die Symbolik des Planeten (Herrschers) einzusetzen ist.

Schwierigkeiten in der Deutung bereiten dabei immer wieder [Pl.], ♄ und ♆.

Da jene sehr oft »verzaubert« erlebt werden, wird dann nur die unterdrückte ([Pl.]), gehemmte (♄) oder geschwächte bzw. verunsicherte (♆) Anlage für ein anderes Lebensgebiet verwendet. So kann z. B. jemand mit ♆ als Herrscher von Haus 2 in Haus 7 seinen schwachen Eigenwert, seine finanziellen Verunsicherungen (Schulden etc.) oder seine Abgrenzungsschwäche in die Partnerschaft (H7) tragen. Die Kontakt-und Partnerfähigkeit (H7) wird dadurch geschwächt (♆). Auch wird die Partneranziehung (H7) durch die defizitär erlebte ♆-Anlage entscheidend beeinflußt.

Aufgrund der Wechselwirkung zwischen Haus 2 (Ursache) und Haus 7 (Wirkung)[30]) setzt hier eine negative Verstärkung ein: Weil der Betreffende mit dem ♆ als Herrscher von Haus 2 (Ursache) im Eigenwert geschwächt ist, deshalb leidet er unter Kontaktschwierigkeiten (♆ in Haus 7 = Wirkung). Die Kontaktarmut oder Schwierigkeiten in der Partnerschaft wiederum verstärken seine Schwäche im Eigenwert. (Negative Verstärkung bei irreal ausgelebten Anlagen).

## HERRSCHER VON H 1 — H 12

Der Herrscher von H 1 bezeichnet die körperliche Eigenart des betreffenden Menschen.

So wie ein Baum sich hier fragen müßte: Bin ich ein Kirschbaum, ein Apfelbaum, ein Walnußbaum, eine Tanne oder eine Weide, so heißt es für den Menschen hier die Frage aufzuwerfen: Wer bin ich körperlich bzw. was muß ich verkörpern? Zu welchem Körper muß ich stehen? Mit welchem kosmischen Prinzip beginnt meine Entwicklung? Was muß ich werden? Wo muß ich hineinwachsen? Welche spezifische Aufgabe kommt mir innerhalb der Wechselwirkungen des Seins zu? Welche Rolle spiele ich körperlich in der Welt?

Der Herrscher von H 1 symbolisiert das, was man zu verkörpern hat, symbolisiert das Ich, die Selbstbehauptung, die Aktivität und die zur Verfügung stehenden Energien, die Pionierarbeit und Initiative; insbesondere aber auch das, womit man sich in der Welt durchzusetzen hat, womit man sich einen Platz in der Welt erkämpfen kann und muß. Jemand mit Krebsascendent muß dies auf andere Art und Weise tun als derjenige, dessen Ascendent im Wassermann steht.

Beide Häuser, jenes, in dem ein Planet Herrscher ist, und jenes, in dem er plaziert ist, stehen in enger Wechselwirkung zueinander. Man kann dabei zwei Möglichkeiten einer Beeinflussung unterscheiden:

1. Das Ich, die Person, die körperliche Substanz und Eigenart, die Durchsetzung, die Aktivität und die Initiative, werden für das Haus eingesetzt, in dem der Herrscher von H 1 steht, oder

2. über das Haus, in dem der Herrscher von H 1 plaziert ist, lernt die betreffende Person sich durchzusetzen und zu behaupten, sich einen Platz in der Welt zu erkämpfen, aktiv zu werden, Initiative zu ergreifen, sich einzubringen und sich einzusetzen.

*Herrscher von H 1 in H 1:*

Der eigene Körper bzw. das, was man verkörpert, Aktivität, Kraft, Energien, Wagemut, Initiative, Pionierarbeit, Führungsrolle, werden zur Durchsetzung und Selbstbehauptung verwendet.

*Herrscher von H 1 in H 2:*

Die Eigenart der Person, der Körper, das Ich, Aktivität, Kraft, Energie, Eroberungsdrang, Wagemut, Initiative, Pionierarbeit werden für die Sicherung und Absicherung, für Besitz und Finanzen, für die Stärkung des Eigenwertes verwendet. Über Besitz und Finanzen, über Immobilien und Versicherungen, über Politik und Wirtschaft, über die Entwicklung von Eigenwert wird die Fähigkeit erworben, sich durchzusetzen, zu behaupten und seinen Platz in der Welt zu finden.

*Herrscher von H 1 in H 3:*

Die Eigenart der Person, der Körper, das Ich, Aktivität, Kraft, Energie, Wagemut, Initiative, Pionierarbeit werden für Handwerk, Technik, Naturwissenschaft, Kommunikation (Presse, Rundfunk), Information, Erlangung von Schulwissen, für das Lernen und Studieren und für die Ausbildung der intellektuellen und praktischen Fähigkeiten eingesetzt.

Über H 3 werden H-1-Fähigkeiten ausgebildet, bzw. über H 3 gelingt es der Person, sich durchzusetzen und zu behaupten und ihren Platz in der Welt zu finden.

*Herrscher von H 1 in H 4:*

Die Eigenart der Person, der Körper, das Ich, Aktivität, Kraft und Energie, Initiative, Pionierarbeit werden für die Identitätsfindung, Familie(ngründung), für die Frauenrolle, für Haus, Wohnung und Garten, für die Natur oder für Vereine und Veranstaltungen in der Heimat verwendet.

Über H 4 können H-1-Anlagen ausgebildet werden. Über H 4 findet die Person ihren Platz in der Welt.

*Herrscher von H 1 in H 5:*
Die Eigenart der Person, der Körper, das Ich, Aktivität, Kraft und Energie, Initiative, Pionierarbeit werden zur Stärkung des Selbstbewußtseins und Selbstvertrauens, für schöpferische Arbeit und Gestaltung, für ein Unternehmen, für die eigenen Unternehmungen, für die Kindererziehung, für die Sexualität, für Spiel und Vergnügen verwendet.

Über H 5 werden H-1-Anlagen ausgebildet, und über H 5 gelingt es der Person, ihren Platz in der Welt zu finden und die körperliche Eigenart bzw. das eigene Ich zu entdecken.

*Herrscher von H 1 in H 6:*
Die Eigenart, das Ich, die Substanz, Aktivität, Kraft und Energie, Initiative werden für den Arbeitsprozeß, für Analyse, für die Anpasung, für die Haushaltsführung, für das Dienen, für die Ökonomie, für Hege und Pflege der eigenen Natur und der Allnatur oder für das Zeigen von Gefühlen verwendet.

Über H 6 werden H-1-Fähigkeiten erworben. Über H 6 kann die Person ihren Platz in der Welt finden.

*Herrscher von H 1 in H 7:*
Die Eigenart der Person, der Körper, das Ich, Aktivität, Kraft und Energie, Wagemut, Initiative und Pionierarbeit, werden für den Kontakt mit anderen, für den Partner, für die Partnerschaft, für Erotik und Liebe, für das Schaffen von Harmonie, für den Ausgleich, für die Geschmacksfindung, für die Entdeckung der eigenen Ideen sowie für die Durchsetzung des anderen und für die gemeinsame Durchsetzung verwendet.

Über H 7 werden H-1-Anlagen erlernt. Die Person findet über H 7 ihren Platz in der Welt, sie entdeckt dort ihr eigenes Ich. Sie findet sich über die anderen.

*Herrscher von H 1 in H 8:*
Die Eigenart der Person, der Körper, das Ich, Aktivität, Kraft und Energie, Initiative, Durchsetzungskraft, Pionierarbeit und Wagemut werden für die Partnerbeziehung, für die Ansammlung von gemeinsamem Besitz und von gemeinsamem Vermögen, für die Etablierung des Partners, für die Bildung einer eigenen Meinung oder für Programme[8], Leitbilder, für das Streben nach Macht oder für den eigenen Weg verwendet. Über den Lebenssektor von H 8 kann sich die Person

einbringen und ihre Aufgabe erfüllen, über H 8 findet sie ihren Platz in der Welt.

*Herrscher von H 1 in H 9:*

Die Eigenart der Person, der Körper, das Ich, Aktivität, Kraft und Energie, Wagemut und Initiative, werden für Reisen, Bildung, Weiterbildung, Weltanschauung, Philosophie, Religion, für Ausbau, Aufbau und Weiterentwicklung einer Partnerschaft, für den gemeinsamen Ausdruck als Paar und für den Ausdruck des anderen verwendet.

Über H 9 können H-1-Anlagen ausgebildet werden und die Person findet dort ihren Platz in der Welt.

*Herrscher von H 1 in H 10:*

Die Eigenart der Person, der Körper, das Ich, Aktivität, Kraft und Energie, Initiative, werden für das Streben nach Anerkennung, für Ruhm und Ehre, für Beruf und Öffentlichkeit, für die Entdeckung der eigenen Rechte und der eigenen Verantwortung, für die Elternrolle verwendet.

Über H 10 werden H-1-Anlagen ausgebildet. Die Person findet über das 10. Feld ihren Platz in der Welt.

*Herrscher von H 1 in H 11:*

Die Eigenart der Person, der Körper, das Ich, Aktivität, Durchsetzungsvermögen, Initiative, Kraft und Energie, werden für Befreiung, Emanzipation, reformerische, progressive oder revolutionäre Bestrebungen, Freiheit, Freizeit, Unabhängigkeit, für das Unternehmen des anderen und für gemeinsame Unternehmungen verwendet.

Über H 11 werden H-1-Anlagen ausgebildet. Die Person entdeckt über H 11 ihr Ich und findet ihren Platz in der Welt.

*Herrscher von H 1 in H 12:*

Die Eigenart der Person, der Körper, das Ich, Aktivität, Durchsetzungsvermögen, Initiative, Kraft und Energie, werden zur Wahrnehmung der Welt jenseits dessen, was gesellschaftlich anerkannt ist, für die Subkultur, für alternative Bestrebungen, für die Armen, Kranken und Ausgestoßenen, für Heimlichkeiten, für die Entlarvung, für Süchte, für die Flucht vor der Gesellschaft, für die Umgehung oder Auflösung von Normen und Tabus verwendet.

Über H 12 werden H-1-Anlagen ausgebildet und wird das eigene Ich entdeckt. Über H 12 findet die Person ihren Platz in der Welt.

Beispiel: ♀ (♎) H. v. Haus 1 in Haus 10
Die durch Schönheit, Ästhetik, Ausgewogenheit, Kosmetik, Liebe, Raffinesse, das Herstellen von Harmonie, Kontaktfähigkeit und durch Ideen geprägte Eigenart der Person wird auf dem Sektor des Berufs und der Öffentlichkeit, des Strebens nach Anerkennung und der Elternrolle eingesetzt. Die Person findet mit ♀-Symbolen über H 10 ihren Platz in der Welt.

### HERRSCHER VON H 2 in H 1 — 12

Der Herrscher von H 2 symbolisiert Besitz, Finanzen, Eigenwert, Absicherung und Sicherung, Lebensstil, Abgrenzungs- und Genußfähigkeit, Etablierung, Eigenraum. Dort, wo der Herrscher von H 2 steht, dort will man sich absichern, dort will man sich einen Eigenraum schaffen, dort heißt es sich abgrenzen zu lernen.

Es bestehen 2 Möglichkeiten gegenseitiger Wechselwirkung:

1. Für das Feld, in dem der Herrscher von H 2 steht, verwendet man Besitz und Finanzen.

2. Besitz und Finanzen und Eigenwert werden über das Feld geholt, in dem der Herrscher von H 2 plaziert ist. (Wechselwirkung!)

*Herrscher von H 2 in H 1:*
Besitz und Finanzen werden für die eigene Durchsetzung verwendet.
Besitz, Finanzen und Eigenwert werden über Durchsetzung, Pionierarbeit, Aktivität, Initiative und durch Sport erlangt. Schaffung von Eigenraum durch Eroberung, durch Aggression, durch persönliche »Schärfe« (H 1).

*Herrscher von H 2 in H 2:*
Besitz und Finanzen werden für die eigene Absicherung und

Sicherheit, aber auch für die eigene Etablierung und für die Entwicklung eines Eigenwerts verwendet.

*Herrscher von H 2 in H 3:*
Besitz und Finanzen werden für den eigenen Ausdruck verwendet.

Besitz, Finanzen und Eigenwert werden über Reden, Schreiben, Naturwissenschaften, Mathematik, Massenkommunikationsmittel erlangt bzw. erlernt.

*Herrscher von H 2 in H 4:*
Besitz und Finanzen werden für die eigene Familie, für das eigene Haus, für den Garten, für die Natur, für die Geborgenheit, für die Heimat, für Nahrung und Kleidung verwendet.

Eigenwert wird über Familie, über die seelische Eigenart, über seelische Liebe und Zärtlichkeit oder durch Identitätsfindung erlangt.

*Herrscher von H 2 in H 5:*
Besitz und Finanzen werden für das eigene Unternehmen, für die eigenen Unternehmungen, für Hobbies, für das Ausgehen, für die Sexualität, für Kinder, um selbständig zu werden oder sich selbständig zu machen, für das Spiel verwendet.

Besitz und Finanzen und Eigenwert werden über das eigene Schöpfertum, über die eigene Kreativität, über selbständiges Handeln erworben.

*Herrscher von H 2 in H 6:*
Besitz, Finanzen und Lebensstil werden in die Anpassung, in die Nutzung, in die Ökonomie, in die Sparsamkeit gezogen (ein Beamter heiratet beispielsweise eine Frau, um in eine günstigere Steuerklasse zu kommen). Er verwendet Besitz und Finanzen dafür, um einen Grund zu haben, sich anpassen und weiterfunktionieren zu können. Umgekehrt stärkt die Anpassung und Unterordnung wiederum sein Einkommen und seinen Eigenwert.

*Herrscher von H 2 in H 7:*
Besitz und Finanzen werden für den Partner, für die Partneranziehung, für den Kontakt, für die Partnerschaft, für die anderen (bei Frauen meist für Mode und Kosmetik, also für

die Schönheit), für Vergnügen und Ausgleich verwendet. Eigenwert wird über den Partner und den Kontakt zum Mitmenschen geholt.

*Herrscher von H 2 in H 8:*
Besitz und Finanzen werden für die gemeinsame Etablierung oder für Ansammlung von geistigem Besitz, für den eigenen Weg verwendet. Besitz und Finanzen fließen in den gemeinsamen Lebensstil, in den gemeinsamen Besitz, in die gemeinsame Finanzkasse oder werden für die Etablierung (z. B. berufliche Ausbildung) des Partners verwendet. Eigenwert wird über Besitz und Finanzen des Partners, über die Partnerbeziehung, über die Etablierung als Paar, über den gemeinsamen Lebensstil, über den gemeinsamen Besitz, über den gemeinsamen Genuß, über den geistigen Besitz, über ein Leitbild gefunden.

*Herrscher von H 2 in H 9:*
Besitz und Finanzen werden für Reisen, für Kongresse, für Weiterbildungsveranstaltungen, für Bildung, Religion, Weltanschauung verwendet. Eigenwert wird über Reisen und Weiterbildung sowie über die geistige Welt, über den praktischen Vollzug der Partnerschaft und den Ausdruck des Partners geholt.

*Herrscher von H 2 in H 10:*
Besitz und Finanzen werden für die eigene »Erhöhung«, für die Öffentlichkeit, für das Elternrollenspiel, für Anerkennung, Ruhm und Ehre verwendet. Man setzt sein H 2 ein, um der Norm zu entsprechen, angesehen zu werden, »in« zu sein, »oben« oder übergeordnet zu sein. Politikerkonstellation! Findet seinen Eigenwert über die Öffentlichkeit, über das öffentliche Recht, über Gesetzesinitiativen, über die Norm, über das Ideal, über das Elternrollenspiel.

*Herrscher von H 2 in H 11:*
Besitz und Finanzen werden für die eigene Freizeit, für die Befreiung, fürs Fliegen, für Freiheit, für die Unabhängigkeit, für gemeinsame Unternehmungen, für die Unternehmung des anderen, für Seitensprünge, für Eskapaden, für Erfindungen, für Reformbestrebungen, für die eigene Originalität, für

die eigene Extravaganz und Exzentrik verwendet. Auch: Besitz und Finanzen werden verwendet, um aufzufallen, um sich aus der Masse herauszuheben (z. B. man kauft etwas, was alle überrascht). Eigenwert wird über Emanzipation, über Hobbies, über Außergewöhnliches, über Überraschungen etc. erworben.

*Herrscher von H 2 in H 12:*
Besitz und Finanzen werden für den Hintergrund, für Heimlichkeiten, für die Subkultur, für Alternativen, für Süchte etc. verwendet. Besitz und Finanzen werden getarnt, verheimlicht oder fließen in »dunkle« Kanäle. Auch: Schwacher Eigenwert, schwache Abgrenzung und Genußfähigkeit oder heimlicher Genießer. H 2 wird verdrängt oder im Hintergrund ausgelebt. Eigenwert durch Zeigen von Verantwortung, durch alternative Bestrebungen, durch Ahnungsvermögen, durch kosmische Fähigkeiten, durch Meditation, durch Schein, durch Traum, durch illusionäre Vorstellungen, durch Transzendenz.

Beispiel: [Pl.] Herrscher von H 2 in H 10

Der unterdrückte Eigenwert wird durch Machtstreben in der Öffentlichkeit oder in der Seele des anderen kompensiert. Besitz, Finanzen und Eigenwert werden in die Öffentlichkeit getragen (z. B. auch wenn der Name (H 2) zu einem Begriff in der Öffentlichkeit wird) oder werden beruflich eingesetzt. Chef- oder Vorstandsposten werden angestrebt. Die Unterdrückung des Eigenwerts wird durch Unterdrückung der Identitätsfindung, der seelischen Eigenart, der Gefühle des anderen kompensiert. Eigenwert wird zu erlangen versucht über Macht in einer öffentlichen Stellung als Lehrer oder Elternrollenspieler, aber auch, indem Macht über die Gefühle des anderen ausgeübt wird. Die Gefühle des anderen werden in die eigene Vorstellung gezwungen.
Reales Erleben dieser Konstellation: Indem eine eigene Vorstellung[8] bezüglich Sicherung, Eigenwert und Eigenraum ausgebildet wird, muß der Betreffende nicht mehr nach Macht streben, sondern kann auch eine eigene Vorstellung bezüglich der Entdeckung der eigenen Rechte und der eigenen

Verantwortung (H 10) entwickeln und der Seele des anderen ihren eigenen Weg gehen lassen.

Beim Herrscher von Haus 3 wird deutlich, daß jede Person unter bestimmten Bedingungen eine erhöhte Lern- und Aufnahmebereitschaft aufweist.

Im übrigen symbolisiert der Herrscher von H 3 die mündliche und schriftliche Ausdrucksfähigkeit, die Ausdrucksfähigkeit des Körpers (Körpersprache), praktische und technische Fähigkeiten, den Intellekt, die Kommunikation (Presse, Rundfunk etc.), die Aufnahme, Verwendung und Weitergabe von Informationen.

2 Möglichkeiten (Wechselwirkung):

1. Rede und Schrift, praktische und technische Fähigkeiten, Intellekt, Kommunikation und Information werden für das Haus verwendet, in dem der Herrscher von H 3 steht.

2. Über das Haus, in das der Herrscher von H 3 ausgewandert ist, werden die Fähigkeiten der verbalen und nonverbalen Ausdrucksfähigkeit, die handwerklichen, praktischen und technischen Fähigkeiten, die intellektuellen Fähigkeiten und die Fähigkeit der Kommunikation erlernt oder werden Informationen aufgenommen, verwendet und weitergegeben.

*Herrscher von H 3 in H 1:*
Die rhetorischen, schriftlichen, intellektuellen, praktischen und technischen Fähigkeiten sowie die Fähigkeit der Kommunikation und die Lernfähigkeit werden für die Durchsetzung verwendet. Über Aktivitäten, Initiativen, Pionierarbeiten oder über eine Führungsrolle werden die H-3-Anlagen erlernt oder eingeübt. Lernfähigkeit ist besonders in solchen Situationen gegeben, in denen es sich durchzusetzen und zu behaupten gilt, wenn die Person sich dadurch in den Vordergrund bringen kann oder wenn irgendwo Initiative ergriffen werden oder Pionierarbeit geleistet werden muß.

*Herrscher von H3 in H2:*

Die verbalen, schriftlichen, intellektuellen, praktischen und technischen Fähigkeiten sowie die Fähigkeit der Kommunikation und die Lernfähigkeit werden für die Sicherung und Absicherung, für die Abgrenzung, für Besitz und Finanzen, für politische und wirtschaftliche Zwecke oder für die Steigerung des Eigenwerts bzw. von Status und Prestige verwendet. U.U. Sammlung von Zeitungsausschnitten, Tonbändern, Casetten etc. Über H2 werden H-3-Anlagen erlernt. Lernfähigkeit ist hier besonders gegeben, wenn dadurch eine Vermehrung von Besitz und Finanzen oder eine Steigerung des Eigenwerts zu verzeichnen ist.

*Herrscher von H3 in H3:*

Über Presse, Rundfunk, Technik, Handwerk, Verkehr, Schulwissen, Naturwissenschaften wird die Fähigkeit erlernt, sich verbal und nonverbal ausdrücken zu können.

*Herrscher von H3 in H4:*

Sprache, Schrift, Ausdruck, Bewegung, Intellekt, praktische und technische Fähigkeiten werden für die Identitätsfindung, für die Familie(ngründung), für Haus, Wohnung, Garten, für die Natur, für einen Verein in der Heimat, für Heimatpflege etc. verwendet. Über H4 werden H-3-Fähigkeiten erlernt. Person lernt optimal in einer Situation, in der sie sich geborgen fühlt. Man muß sich hier voll mit einer Sache identifizieren können, um lern- und aufnahmefähig zu sein.

*Herrscher von H3 in H5:*

Sprache, Schrift, Ausdruck, Bewegung, Intellekt, praktische und technische Fähigkeiten werden für den Aufbau eines Unternehmens, für Kindererziehung, für Sexualität, Spiel und Vergnügen oder zur Stärkung des Selbstbewußtseins und Selbstvertrauens verwendet. Über H5 werden H-3-Anlagen erlernt. Optimale Lernfähigkeit, wenn Emotion mitschwingt und wenn weitgehend Selbständigkeit vorhanden ist.

*Herrscher von H3 in H6:*

Sprache, Schrift, Ausdruck, Bewegung, Intellekt, praktische und technische Fähigkeiten werden für den Arbeitsprozeß, für Analyse, für die Nutzung, für den Haushalt oder für die Weiterentwicklung und Differenzierung der seelischen Anlagen verwendet. Person lernt optimal, wenn es darum geht, sich anzupassen, Über H 6 werden H-3-Anlagen ausgebildet.

*Herrscher von H 3 in H 7:*

Der eigene Ausdruck, die rhetorischen, schriftlichen, intellektuellen, praktischen und technischen Fähigkeiten sowie die Fähigkeit der Kommunikation und die Lernfähigkeit werden zum Schließen von Kontakten, für die Partnerschaft, für den Ausgleich, für die Geschmacksfindung, für die Entdeckung der eigenen Ideen verwendet. Lernt optimal, wenn damit neue Eindrücke und Kontakte verbunden sind oder wenn die Situation ausgeglichen und harmonisch ist. Über H 7 werden H-3-Anlagen erlernt.

*Herrscher von H 3 in H 8:*

Rede, Schrift, Ausdruck, praktische und technische Fähigkeiten, Intellekt, Kommunikation und Information werden verwendet, um Bekanntschaften zu Beziehungen werden zu lassen, um eine eigene Meinung und ein eigenes Programm entwickeln zu können, werden aber auch verwendet für die Ansammlung von gemeinsamem Besitz und von gemeinsamen Finanzen, für den Eigenwert als Paar, für das Prestige des anderen, für das gemeinsame Prestige und für den gemeinsamen Lebensstil. Über H 8 werden H-3-Anlagen erlernt. Person lernt am besten, wenn Schemata oder feste Programme aufgezeigt oder vorgegeben werden oder wenn sie sich an Autoritäten orientieren kann. (Sofern der Herrscher 3 unverletzt ist!)

*Herrscher von H 3 in H 9:*

Die sprachlichen, schriftlichen, intellektuellen, praktischen und technischen Fähigkeiten, der eigene Ausdruck sowie die Fähigkeit der Kommunikation und die Lernfähigkeit werden für Reisen, Bildung, Weltanschauung, Religion, Philosophie, den gemeinsamen Ausdruck und für die Sinnfindung verwendet. Über H 9 werden H-3-Anlagen ausgebildet. Lernbereitschaft ist gegeben, wenn ein Sinn vermittelt wird oder wenn durch Tagungen, Kongresse, Bildungs- und Weiterbildungsveranstaltungen neue Erfahrungen möglich werden.

*Herrscher von H 3 in H 10:*

Sprache, Schrift, Ausdruck, Bewegung, Intellekt, Schulwissen, praktische und technische Fähigkeiten sowie Kommunikations- und Lernfähigkeit werden für das Streben nach Anerkennung, für den Ehrgeiz, für die Elternrolle, für Beruf und Öffentlichkeit sowie für die Entdeckung der eigenen Rechte und der eigenen Verantwortung eingesetzt. Lehrerkonstellation! Über H 10 können H-3-Anlagen ausgebildet werden. Optimale Lernfähigkeit, wenn damit Ziele, die den Ehrgeiz stillen, oder höhere Posten erreicht werden können.

*Herrscher von H 3 in H 11:*

Rede, Schrift, Ausdruck, praktische und technische Fähigkeiten, Intellekt, Kommunikation und Information werden für Befreiung, Emanzipation, Freiheit, Freizeit, Unabhängigkeit, für gemeinsame Unternehmungen, für reformerische und progressive Bestrebungen oder für das Unternehmen des anderen eingesetzt. Über H 11 werden H-3-Anlagen weiter ausgebildet. Die betreffende Person braucht für eine ideale Lernbereitschaft die Garantie, daß sie nicht autoritär beherrscht oder manipuliert wird. Optimales Lernen, wenn die Person unabhängig und frei ist.

*Herrscher von H 3 in H 12:*

Die verbalen, schriftlichen, intellektuellen, praktischen und technischen Fähigkeiten sowie die Fähigkeit der Kommunikation und die Lernfähigkeit sind verdrängt oder werden für die Kranken und Ausgestoßenen, für die Alternativbewegung, für die Welt jenseits dessen, was anerkannt ist, für die Subkultur, für die Helferrolle oder für das Zeigen der eigenen Rechte verwendet.

Über H 12 werden H-3-Anlagen erlernt. Unangepaßtes Lernen. Optimales Lernen, wenn keine Vorschriften und Begrenzungen gegeben sind und keine Prüfungen drohen.

*Beispiel:* ♆ Herrscher von Haus 3 in Haus 9

Der unsichere, ängstliche Ausdruck bzw. die schwache

Kommunikationsfähigkeit verunsichert die Weiterentwicklung und Differenzierung der Partnerschaft.

Aufgrund von schwacher Lernfähigkeit oder schwacher Informationsaufnahme und -verarbeitung bzw. aufgrund von Flucht vor konzentriertem Lernen und konzentrierter Informationsaufnahme bestehen nur wenig Entwicklungsmöglichkeiten einer eigenen Weltanschauung und Philosophie; ferner ist dadurch die Sinnfindung erschwert.

Das ausufernde Reden ($\Psi$ Herrscher von Haus 3 in der Kompensation) oder die Helferrolle verunsichern die verbale und nonverbale Ausdrucksfähigkeit des anderen ( H 9 = H 3 des anderen) sowie die partnerschaftliche Kommunikation (H 9 = H 3 der Partnerschaft).

Der unangepaßte Ausdruck, sowie die alternativen Informationen bewirken einen unangepaßten Ausdruck des anderen, eine unangepaßte Kommunikation, sowie eine Weltanschauung und Philosophie jenseits von Konvention und herkömmlicher Moral.

### HERRSCHER VON H 4 in H 1 — 12:

Beim Herrscher von H 4 geht es darum, die seelische Eigenart, die eigene Natur und die menschliche Natur zu entdekken, Geborgenheit zu erlangen, die Stimme des Lebens zu sich sprechen zu lassen, die eigene Identität (Heimat innen) und die Heimat (außen) zu finden. Ferner gibt der Herrscher von H 4 Hinweise ab, wie jemand wohnt.

2 Möglichkeiten (Wechselwirkung):

1. Die eigene Natur, die eigene Identität, die eigenen Gefühle werden über das Haus entdeckt, in dem der Herrscher von H 4 steht.
2. Die eigene Natur, die eigene Empfindung, das eigene Heim wird für den Lebensbereich eingesetzt, in das der Herrscher von Haus 4 ausgewandert ist.

*Herrscher von H 4 in H 1:*
Die eigene Empfindung, das eigene Heim, die eigene Wohnung, die Familie werden für die Durchsetzung verwendet.

Man will hier seine seelische Identität, seine Empfindung verkörpern oder will sie materialisieren (z. B. indem man über Musik, über die Wohnungseinrichtung, Haus und Garten etc. seine Empfindung sichtbar werden läßt). Man lernt seine Identität über Initiative, Pionierarbeit, Aktivität und Sport kennen.

*Herrscher von H 4 in H 2:*
Identitätsfindung über Besitz und Finanzen (auch Identifikation mit Besitz und Finanzen). Das eigene Heim wird für finanzielle Zwecke verwendet (z. B. Vermietung, Verpachtung etc.), das eigene Heim oder die eigene Wohnung verleiht Sicherheit oder steigert den Eigenwert. Ansammlung (H 2) von Wohnungsgegenständen (H 4).

*Herrscher von H 4 in H 3:*
Die eigene Empfindung, das eigene Heim, die eigene Wohnung, die Familie werden für den eigenen Ausdruck verwendet (gibt Gesprächsstoff etc.). Man will die eigene Empfindung mündlich oder schriftlich wiedergeben. Zeigt seine Empfindung u. U. auch symbolisch über Familienphotos (H 3). Drückt sich über Musik (H 4) aus (H 3).

*Herrscher von H 4 in H 4:*
Das eigene Heim, die eigene Wohnung, die Familie werden für die Entdeckung der seelischen Eigenart bzw. für die Identitätsfindung verwendet. Starkes Gefühlsleben!

*Herrscher von H 4 in H 5:*
Die eigene Identität wird über Veranstaltungen, Feste, Spiele, Kinder und über das Sexualleben entdeckt. Empfindungen werden schöpferisch eingesetzt.

*Herrscher von H 4 in H 6:*
Die Identitätsfindung vollzieht sich über den Arbeitsbereich, über Reinigung, Analyse, über Beobachtung und Wahrnehmung. Die Gefühle werden in der Arbeit investiert. Auch manchmal Identifikation mit der eigenen Arbeit!

Die Familie wird in die Arbeit gezogen (z. B. Familienbetrieb). Wohnt meist in Miete oder Untermiete (untergeordnet = H 6)!

*Herrscher von H 4 in H 7:*

Die eigene Identität wird über Kontakte, Begegnungen, über den Partner oder über die Umwelt entdeckt. Verwendet seine Empfindung, seine Wohnung, seine Familie für Kontakte und für das Finden des eigenen Geschmacks.

*Herrscher von H 4 in H 8:*

Die eigenen Empfindungen, die Familie, das eigene Heim werden in die Partnerbeziehung eingebracht. Entdeckung der eigenen Identität über die Partnerbeziehung oder über Leitbilder. Identifikation mit dem gemeinsamen Besitz oder mit dem Besitz des anderen.

*Herrscher von H 4 in H 9:*

Die Identitätsfindung geschieht über die Weiterentwicklung der Partnerschaft, über Weltanschauung, Philosophie, Religion oder über Reisen. Manchmal Haus im Ausland (H 9). Die eigene Empfindung fließt in die Weltanschauung und Philosophie ein. Meist starke Glaubenshaltung.

*Herrscher von H 4 in H 10:*

Die Identitätsfindung geschieht über Beruf und Öffentlichkeitsarbeit. Die eigenen Empfindungen, die eigene Natur, das eigene Heim, die Wohnung werden für berufliche Zwecke verwendet. Mit der eigenen Empfindung, mit Nahrung, Kleidung, Wohnung nach Anerkennung streben. Auch: Die eigene Wohnung wird zur Wohnung des Partners (H 10 = H 4 des Partners) oder Wohnung bei den Eltern (H 10) oder Dienstwohnung (H 10).

*Herrscher von H 4 in H 11:*

Die Gefühle werden in gemeinsamen Unternehmungen, auf progressiven Veranstaltungen, auf Widerstandsbewegungen ausgelebt. Identifikation mit Trends, Reform, Emanzipation, Veränderung, Revolution. Aber auch: Gefühle werden für alles Neue, Überraschende, Spektakuläre investiert — Neophilie. In einigen Fällen wurden auch häufige Umzüge beobachtet. Wohnen außerhalb der Norm, am Stadtrand oder auf dem Lande, Wohnungseinrichtung meist außergewöhnlich oder modern, auch erhöhte Wohnungen mit Aussicht, z. B. Haus am Hang oder Berg etc. sind hier typisch.

*Herrscher von H 4 in H 12:*

Identitätsfindung über Subkultur, Ausgestoßenheit, Einsamkeit, Krankenhaus, Gefängnis, über alternative Bestrebungen, über Meditation und Transzendenz. Die eigenen Gefühle werden für das Auflösen von alten Bewußtseinshaltungen investiert, aber auch für den Schein (Fernsehen), Träume. Ferner: Gefühle werden in der Phantasie, in der Traumwelt, in der Sucht ausgelebt. Zuwendung (H 4) über Hilflosigkeit, Krankheit, Armut, Ausgestoßenheit finden. Einfühlen in den seelischen Ausdruck anderer. Wohnt meist abgeschieden oder fühlt sich in der Wohnung unwohl — isoliert oder ausgestoßen.

Beispiel: ♄ Herrscher von H 4 in H 11:

Das Festhalten an den alten Normen und Idealen in bezug auf Herkunft, Elternhaus, Familie, Geborgenheit, Heim, Verwandschaft hemmt die Emanzipation und Individuation, die Freiheit, Freizeit und Unabhängigkeit, die Selbständigkeit des anderen ( H 11 = H 5 des anderen), die gemeinsamen Unternehmungen (H 11 = H 5 der Partnerschaft).
Wirkung verstärkt die Ursache:
Die Hemmung in H 11 blockiert die Identitätsfindung, die Geborgenheit und das eigene Empfinden.
Die Gesetze der eigenen Natur und der Allnatur bewirken ein Recht auf Freiheit, Freizeit und Unabhängigkeit.


### HERRSCHER VON H 5 in H 1 — 12

Wenn vom Herrscher von H 5 die Rede ist, so spricht man von der Lebenskraft, von eigener Kreativität, vom eigenen Schöpfertum, von der seelischen Bindungsfähigkeit, von der Fähigkeit, sich zu engagieren, von der Fähigkeit zur Selbständigkeit, von der Sexualität und von der Handlungsfähigkeit, aber auch von dem eigenen Unternehmen und den eigenen Unternehmungen.

2 Möglichkeiten (Wechselwirkung):

1. Die eigene Kreativität, Gestaltung, Sexualität oder Unternehmung wird für das Haus verwendet, in dem der Herrscher von H 5 steht.

2. Selbständigkeit, Handlungsfähigkeit, seelische Bindungsfähigkeit, unternehmerische Fähigkeiten werden in dem Haus des Tierkreises erlernt, in das der Herrscher von H 5 ausgewandert ist.

*Herrscher von H 5 in H 2:*
Die schöpferischen und unternehmerischen Fähigkeiten werden für die Ansammlung von Vermögen und die Absicherung der eigenen Person sowie für die Stärkung des Eigenwerts verwendet. Aufbau eines Selbstbewußtseins über Besitz und Finanzen. Die eigene Schöpfung (H 5) materiell (H 2) werden lassen, z. B. Ideen festhalten und fixieren. Etablierung, Absicherung des eigenen Unternehmens! Ausbildung von schöpferischen Fähigkeiten und der Fähigkeit zu Selbständigkeit über den eigenen Lebensstil, über den Umgang mit Besitz und Finanzen oder über gesellschaftliches oder politisches Engagement.

*Herrscher von H 5 in H 3:*
Die eigene Schöpfung, der Glanz, die Emotion, das Unternehmen kommen zum Ausdruck (materiell oder körperlich). Handlungsfähigkeit und Selbständigkeit werden über Technik, Informationsaufnahme und -weitergabe, über die Naturwissenschaften erworben.

*Herrscher von H 5 in H 4:*
Die Unternehmungen und die sexuellen Erlebnisse werden für die Identitätsfindung verwendet. Die Unternehmung wird in das eigene Heim gezogen. Engagement wird für die Heimat, für die Familie und Kinder, für Haus, Wohnung und Garten eingesetzt. Selbständigkeit und Handlungsfähigkeit werden über Haus und Garten, über die Familiengründung, über einen Verein oder eine Partei in der Heimat erlernt.

*Herrscher von H 5 in H 5:*
Selbstbewußtsein wird über das eigene Unternehmen, über die eigenen Unternehmungen, über die schöpferischen und

gestalterischen Fähigkeiten sowie über Kinder erworben. Starker Unternehmungsgeist! Fähigkeit, sich sexuell auszuleben (falls unverletzt!).

*Herrscher von H 5 in H 6:*
Engagement und Kreativität werden für die Arbeit, für das Ökonomische, für Beobachtung, für Reinigung und Analyse eingesetzt (Elternrollenspieler: Engagement für Arbeiter und Angestellte). Über den Arbeitsprozeß werden unternehmerische Fähigkeiten, Selbständigkeit und Handlungsfähigkeit erlernt.

*Herrscher von H 5 in H 7:*
Die eigene Kreativität, die Sexualität, die Unternehmung (en) und der Ausgehdrang sowie die Kinder werden für den Ausgleich und zum Schließen von Kontakten eingesetzt. Selbständigkeit, Engagement und Handlungsfähigkeit werden über den Kontakt mit anderen und über die Partnerschaft erlernt.

*Herrscher von H 5 in H 8:*
Kreativität und Schöpfertum werden für die Ansammlung von geistigem Besitz, für die geistige Sicherung, für eine Ideologie[8]), für ein Leitbild, für einen Plan, für ein System oder für den Aufbau der eigenen Macht verwendet. Engagiert sich für Besitz und Finanzen des anderen und für den gemeinsamen Besitz. Bringt sein Unternehmen, seine Schöpfung bzw. seine Kreativität in die Partnerschaft ein. Über ein System oder ein Leitbild bzw. über die geistige Sicherheit werden Selbständigkeit und Handlungsfähigkeit erlernt.

*Herrscher von H 5 in H 9:*
Lebt den Erlebnishunger (H 5) auf Reisen (H 9) aus. Die eigene Lebenskraft, das eigene Engagement werden für Reisen, Weltanschauung, Bildungsveranstaltungen, Philosophie, Religion und für die Weiterentwicklung der Partnerschaft eingesetzt. Über Reisen, Bildung, Weltanschauung, Religion sowie über die Praxis der Partnerschaft werden Selbständigkeit und Handlungsfähigkeit erlernt. Auch: Sexuelle Erlebnisse auf Reisen und auf Bildungsveranstaltungen.

*Herrscher von H 5 in H 10:*
Kreativität, Schöpfertum und Handeln werden für den eigenen Ehrgeiz und für das Streben nach Anerkennung, für die Öffentlichkeit, für die Elternrolle verwendet. Über die Entdeckung der eigenen Rechte und der eigenen Verantwortung über Beruf und Öffentlichkeit werden Selbständigkeit und eigenes Handeln erlernt. Ansehen durch das eigene Unternehmen, durch Kinder, durch die eigene Kreativität oder durch schöpferische Fähigkeiten.

*Herrscher von H 5 in H 11:*
Engagiert sich und setzt seine kreativen Fähigkeiten sowie seine Handlungsfähigkeit und seine unternehmerischen Fähigkeiten für Reform, Veränderung, Befreiung, Emanzipation, Freiheit, Freizeit, Seitensprünge, für das Herausheben aus der Masse, Unabhängigkeit, gemeinsame Unternehmungen, für die Unternehmung des anderen ein. Selbständigkeit und Handlungsfähigkeit werden über H 11 erlernt.

*Herrscher von H 5 in H 12:*
Erlebnisse im Hintergrund. Sexualität oder Unternehmungen werden in den Hintergrund gezogen. Heimliche Sexualität oder sexuelle Träume! Verdrängte Sexualität und verdrängte Selbständigkeit! Illegale (nicht angemeldete) oder heimliche Unternehmungen. Über die Subkultur, über den Hintergrund, über das Illegale, über die Einsamkeit, über alternative Bestrebungen, über das Zeigen der eigenen Rechte werden Selbständigkeit und Handlungsfähigkeit erlernt.

*Beispiel: ♂ H. von 5 in H 9*

Die schöpferischen, kreativen, selbständigen, emotionalen oder unternehmerischen Energien und Aktivitäten werden für Weltanschauung, Weiterbildung, Philosophie, Religion oder für Reisen verwendet. Emotionaler Angriff auf Rede und Schrift des anderen. Über Reisen, Bildungsveranstaltungen, Weiterbildung, Bücher, geistige Welt, Philosophie, Religion und partnerschaftliche Kommunikation werden unternehmerische und sexuelle Initiativen und Aktivitäten erlernt und das eigene Selbstbewußtsein und Selbstvertrauen entwickelt.

271

Beim Herrscher von H 6 geht es um die Fähigkeit, etwas wahrzunehmen und zu beobachten, zu analysieren, zu reinigen, seine Gefühle zu zeigen, aber auch um die Arbeit bzw. den Arbeitsprozeß und um die Fähigkeit, etwas wirtschaftlich zu nutzen, zu sparen, zu haushalten. Häufig wird der Herrscher von H 6 auch erlebt als Unterordnung, Gehorsam, Anpassung und als Funktionieren i. S. der anderen.
2 Möglichkeiten (Wechselwirkung):

1. Die Fähigkeit, zu beoabachten, zu analysieren, etwas zu nutzen, oder die eigene Arbeit werden für das Haus verwendet, in dem der Herrscher von H 6 steht.

2. Auf dem Lebenssektor, auf dem der Herrscher von H 6 plaziert ist, wird die H-6-Anlage erlernt.

*Herrscher von H 6 in H 1:*
Arbeit, Analyse, Wahrnehmungs- und Beobachtungsfähigkeit, Unterordnung, Gehorsam, Anpassung, werden für die eigene Durchsetzung verwendet. Person macht die H-6-Anlage sichtbar. Person will sich durch Anpassung, Gehorsam oder durch eigene Arbeit durchsetzen. Über Aktivitäten, Initiativen und Pionierarbeiten, über Sport und körperliche Triebe wird die Wahrnehmungs- und Beobachtungsfähigkeit, die Fähigkeit, zu analysieren und Gefühle auszudrücken, gelernt.

*Herrscher von H 6 in H 2:*
Arbeit, Analyse, Wahrnehmungs- und Beobachtungsfähigkeit sowie die Fähigkeit, zu nutzen, zu sparen und zu haushalten, werden für die Ansammlung von Materie, Besitz und Finanzen, für die eigene Sicherheit und Absicherung, für politische Bestrebungen, für den eigenen Lebensstil und für den Eigenwert verwendet. Über Besitz und Finanzen, über Politik und Wirtschaft, über den eigenen Lebensstil wird die Fähigkeit, zu sparen, hauszuhalten, zu analysieren, wahrzunehmen und zu beobachten, erworben. Nutzt den eigenen Besitz und seine Finanzen wirtschaftlich, arbeitet mit dem Vermögen, gebraucht die Materie.

*Herrscher von H 6 in H 3:*

Die Fähigkeit, zu analysieren, sich anzupassen, etwas ökonomisch zu nutzen, hauszuhalten, oder die eigene Arbeit werden für den mündlichen und schriftlichen Ausdruck verwendet. Person spricht und schreibt über H-6-Belange. Über den mündlichen und schriftlichen Ausdruck, über Handwerk, Technik, Naturwissenschaften, Kommunikation (Presse, Rundfunk etc.) wird die Fähigkeit der Analyse, der ökonomischen Nutzung, der Sparsamkeit, der Wahrnehmung und Beobachtung erlernt.

*Herrscher von H 6 in H 4:*

Wahrnehmung und Beobachtung, Analyse, Arbeit, Nutzung werden für die Identifizierung, für die Familie, für Haus, Wohnung und Garten, für den Verein oder die Partei in der Heimat verwendet. Über das Elternhaus, über die Familie, über Haus, Wohnung und Garten, über den Verein oder die Partei in der Heimat, über die Natur, über die Stimme des Lebens wird die Fähigkeit erlernt, wahrzunehmen, zu beobachten, zu analysieren, zu reinigen, ökonomisch zu nutzen, etwas zu gebrauchen und zu verwenden sowie zu sparen und hauszuhalten.

*Herrscher von H 6 in H 5:*

Fähigkeit, wahrzunehmen und zu beobachten, zu analysieren, Gefühle zu zeigen, sowie die Fähigkeit der Sparsamkeit und der ökonomischen Nutzung werden für das Unternehmen, für eigene Unternehmungen, für die Kindererziehung, für Sexualität, Spiel und Vergnügen, für das eigene Selbstbewußtsein, für den Verselbständigungsprozeß und für das eigene Handeln verwendet. Über Kinder, Sexualität, Unternehmen, und Unternehmungen wird die Fähigkeit zur Wahrnehmung, zu Beobachtung, zur Analyse, zu Sparsamkeit und zu ökonomonischer Nutzung erworben.

*Herrscher von H 6 in H 6:*

Die Fähigkeit, wahrzunehmen, zu beobachten, zu analysieren, zu sparen, ökonomisch zu nutzen, wird für den Arbeitsprozeß verwendet oder über ihn erlernt.

*Herrscher von H 6 in H 7:*

Arbeit, Analyse, Wahrnehmung, Beobachtung, Reinigung, Nutzung werden für die anderen, für den Kontakt nach außen, für die Partnerschaft, für den Ausgleich verwendet. Über den Kontakt mit anderen, über die Partnerschaft, über die Geschmacksfindung wird die Fähigkeit erlernt, zu analysieren, wahrzunehmen, zu beobachten, Gefühle zu zeigen, ökonomisch zu nutzen.

*Herrscher von H 6 in H 8:*

Arbeit, Analyse, Wahrnehmung, Beobachtung, Reinigung, Nutzung werden für die Ansammlung von Wissen, für Leitbilder, für die Bildung einer eigenen Meinung verwendet. Nutzt die Zweierbeziehung (durch die feste Beziehung zu einem Menschen, bzw. durch den gemeinsamen Lebensstil können viele Dinge eingespart werden, z. B. wird nur 1 Auto, nur 1 Kühlschrank, nur 1 Fernseher etc. gebraucht). Auch: Tendenz, den Besitz des anderen zu nutzen. Über die feste Beziehung, über den gemeinsamen Lebensstil, über Leitbilder, Dogmen[8]), Pläne und Systeme wird die Fähigkeit zur Wahrnehmung, zur Beobachtung, zur Analyse, zur Sparsamkeit und zur ökonomischen Nutzung erlernt.

*Herrscher von H 6 in H 9:*

Die Fähigkeit, wahrzunehmen, zu beobachten, zu analysieren und ökonomisch zu nutzen, wird für die Weiterentwicklung der Ideen und der Partnerschaft, für Reisen, für Bildung, Weiterbildung, Weltanschauung und Religion verwendet. Über Reisen, über Bildungsveranstaltungen, über Weiterbildung, Kongresse, Tagungen, Bücher, über Weltanschauung, Philosophie, Religion sowie über den mündlichen und schriftlichen Ausdruck des anderen wird die Fähigkeit zur Analyse, zur Wahrnehmung und zur Beobachtung sowie zur ökonomischen Nutzung erlangt.

*Herrscher von H 6 in H 10:*

Die Fähigkeit zur Wahrnehmung und Beobachtung, zu Analyse, Sparsamkeit und zur ökonomischen Nutzung sowie die Anpassungsfähigkeit und das Dienen und das Funktionieren i. S. von anderen werden für das Streben nach Anerkennung, für Beruf und Öffentlichkeit, für die eigene Elternrolle verwendet. Zeigen der seelischen Eigenart in der Öffentlichkeit. Über Beruf und Öffentlichkeit oder über die Elternrolle wird die Fähigkeit erworben, wahrzunehmen, zu beobachten, zu analysieren, zu haushalten und ökonomisch zu nutzen.

*Herrscher von H 6 in H 11:*

Die Fähigkeit, wahrzunehmen, zu beobachten, zu analysieren, zu sparen, zu haushalten, Gefühle zu zeigen, ökonomisch zu nutzen, sowie die eigene Arbeit werden für die eigene Befreiung, für Freizeit, Freiheit, Unabhängigkeit, für progressive, emanzipatorische, reformerische oder revolutionäre Bestrebungen, für das Unternehmen des anderen, für gemeinsame Unternehmungen oder für das Herausheben aus der Masse verwendet. Über Freizeit, Reform, Emanzipation, über das Unternehmen des anderen, über gemeinsame Unternehmungen wird die Fähigkeit erworben, wahrzunehmen, zu beobachten, zu analysieren, Gefühle zu zeigen und zu haushalten. Aber auch: Befreiung von Anpassung, Unterordnung, Gehorsam, Dienen, Arbeit oder unabhängige Arbeit bzw. viele Freiheiten im Arbeitsbereich.

*Herrscher von H 6 in H 12:*

Die Fähigkeit, wahrzunehmen, zu beobachten, zu analysieren, sich seelisch zu reinigen, Gefühle zu zeigen, zu sparen, hauszuhalten und ökonomisch zu nutzen, wird verdrängt oder für den Hintergrund, für alternative Bestrebungen, für die Subkultur, für die Kranken, für die Ausgestoßenen und Einsamen, für die Helferrolle verwendet. Nutzung der Alternativen, der Subkultur, der Heimlichkeit und Abgeschiedenheit. Über die Helferrolle, Subkultur, alternative Bestrebungen oder über Einsamkeit, Ausgestoßenheit, Yoga oder über das Zeigen der Gefühle des anderen werden die Fähigkeiten erlernt, wahrzunehmen, zu beobachten, zu analysieren und Gefühle zu zeigen. Auch: Auflösung von Anpassung, Unterordnung, Gehorsam, Dienen, Arbeit; oder Arbeit auf dem H-12-Sektor.

*Beispiel:* ☽ Herrscher von H 6 in H 10

Die Irritation der Anpassung bzw. die Nervosität, die sich

bei langandauernder Anpassung entwickelt, schaffen die Bereitschaft für (passive) Veränderungen im Beruf und in der Zielrichtung, sowie in den Normen und Idealen.

Auflehnung und Rebellion im Arbeitsleben irritieren die Vorgesetzten (H 10 in der Projektion).

Die Befreiung vom Subalternen, von Abhängigkeit, Gehorsam, Unterordnung und Anpassung bewirkt einen »Milieusprung«, sowie berufliche (aktive) Veränderungen (Laufbahnwechsel, Wechsel der Fachrichtung etc.)

Die Freiheit und Unabhängigkeit in der Arbeit wird zum Ziel erklärt.

Die Fähigkeit, frei wahrzunehmen, das unabhängige Zeigen der Gefühle bzw. der seelischen Eigenart, sowie die unabhängige Arbeit befreien von alten Normen und Idealen bzw. lassen eine neue innere Rechtsordnung entstehen.

## HERRSCHER VON HAUS 7 IN H 1 — 12

Betrachtet man den Herrscher von Haus 7 in den verschiedenen Häusern, so heißt es sich vor Augen zu führen, daß es hier um Kontakte, Partnerschaft, Ideen, erotische Fähigkeiten, Ausgleich, um den eigenen Geschmack und um das Finden des richtigen Maßes geht.

Es bestehen 2 Möglichkeiten (Wechselwirkung):

1. Ausgleich, Kontakte und Partnerfindung finden über das Haus statt, in dem der Herrscher von H 7 steht.

2. Die H-7-Fähigkeiten werden für das Haus verwendet, in dem der Herrscher von H 7 plaziert ist.

*Herrscher von H 7 in H 1:*
Ideen, eigener Geschmack, Partnerschaft und Kontakte werden für die eigene Durchsetzung, für Aktivitäten, für Initiativen, Pionierarbeiten verwendet. Partnerfindung entsprechend der eigenen Durchsetzungsfähigkeit und Initiative. Impulsives Denken. Die Ausbildung von H-7-Fähigkeiten steigert die Durchsetzungsfähigkeit und Selbstbehauptung.

*Herrscher von H 7 in H 2:*

Ideen, eigener Geschmack, Partnerschaft und Kontakte werden zur eigenen Absicherung, für Genuß und Finanzen, für den eigenen Lebensstil verwendet. Man findet seine Harmonie, indem man sich absichert (materiell, finanziell etc.) oder sich abgrenzt und genießt. Materielles Denken oder Sicherheitsdenken. Die Partnerfindung geschieht entsprechend dem Entwicklungsstand des eigenen Wertbewußtseins und entsprechend der finanziellen Situation. Die Ausbildung der H-7-Fähigkeiten steigert den Eigenwert.

*Herrscher von H 7 in H 3:*

Ideen, eigener Geschmack, Partnerschaft und Kontakte werden für den eigenen Ausdruck verwendet. Wissenschaftliches oder praktisches Denken. Der Ausgleich findet über den Ausdruck statt. Partnerfindung entsprechend der Kommunikationsfähigkeiten. Die Ausbildung der H-7-Fähigkeit stärkt die eigene Ausdrucksfähigkeit.

*Herrscher von H 7 in H 4:*

Ideen, eigener Geschmack, Partnerschaft und Kontakte werden für die eigene Identitätsfindung vewendet. Gefühlsmäßiges Denken. Man findet seine Harmonie über Familie und Heim. Die Partnerfindung vollzieht sich entsprechend der Identitätsfindung. Die Partnerfähigkeit wird über die Familie erlernt. Die Ausbildung der H-7-Fähigkeit verstärkt die Geborgenheit und beschleunigt die eigene Identitätsfindung.

*Herrscher von H 7 in H 5:*

Ideen, eigener Geschmack, Partnerschaft und Kontakte werden für die eigene Unternehmung, für die eigene Kreativität und für das eigene Handeln verwendet. Schöpferisches Denken. Man gleicht sich über Kreativität, über Kinder, über Unternehmungen oder über die Sexualität aus. Die Partnerfindung ist abhängig von den eigenen Unternehmungen, vom Entwicklungsstand der Fähigkeit zur Selbständigkeit. Die Ausbildung von H-7-Fähigkeiten fördert die Selbständigkeit und Handlungsfähigkeit.

*Herrscher von H 7 in H 6:*

Ideen, eigener Geschmack, Partnerschaft und Kontakte

werden für die Arbeit und Analyse verwendet. Untergeordnetes oder analytisches Denken. Ausgleich erfolgt über die Arbeit. Die Partnerfindung geschieht entsprechend den Arbeitsverhältnissen. Die Ausbildung von H-7-Fähigkeiten steigert die Wahrnehmungs- und Beobachtungsfähigkeit.

*Herrscher von H 7 in H 7:*

Ideen, eigener Geschmack, Partnerschaft und Kontakte werden für den Ausgleich und für die gemeinsame Durchsetzung verwendet. Actio-reactio-Denken. Die Ausbildung der H-7-Fähigkeiten steigert die Kontaktfähigkeit.

*Herrscher von H 7 in H 8:*

Ideen, eigener Geschmack, Partnerschaft und Kontakte werden für die Entwicklung einer eigenen Meinung verwendet. Man gleicht sich über die Partnerbeziehung und über Vorstellungen[8]) aus. Die Partnerfindung geschieht entsprechend dem Entwicklungsstand des geistigen Besitzes bzw. der eigenen Vorstellung. (So verursacht eine Meinungs- oder Einstellungsänderung dann auch neue Kontakte.) Die Ausbildung von H-7-Fähigkeiten steigert die Beziehungsfähigkeit.

*Herrscher von H 7 in H 9*

Ideen, eigener Geschmack, Partnerschaft und Kontakte werden für die eigene Weltanschauung, Philosophie, Religion oder Sinnfindung verwendet. Liberales Denken. Ausgleich über Reisen und Bildung. Die Partnerfindung geschieht entsprechend dem Entwicklungsstand des geistigen Ausdrucks, entsprechend dem Entwicklungsstand der eigenen Weltanschauung. Die Ausbildung von H-7-Fähigkeiten verbessert den praktischen Vollzug der Partnerschaft.

*Herrscher von H 7 in H 10:*

Ideen, eigener Geschmack, Partnerschaft und Kontakte werden für den Beruf verwendet, um beruflich weiterzukommen, um angesehen zu sein, um anerkannt zu werden (z. B. Kontakte mit Professoren, Ärzten, Politikern, Industriellen etc.). Anerkanntes, normgerechtes Denken. Die H-7-Fähigkeiten werden zur Entdeckung der eigenen Rechte und der eigenen Verantwortung gebraucht. Ausgleich erfolgt über Ehrgeiz, Karriere und Anerkennung. Partnerfindung geschieht entsprechend dem Entwicklungsstand der H-10-Fähigkeiten. Die Ausbildung der Kontakt- und Partnerfähigkeit vollzieht sich über die Norm, über die Vorschriften, über Kontakte mit Elternrollenspielern.

*Herrscher von H 7 in H 11:*

Ideen, eigener Geschmack, Partnerschaft und Kontakte werden für die eigene Emanzipation, aber auch für progressive Bestrebungen (Demonstrationen und Widerstandsbewegungen etc.) verwendet. Revolutionäres oder freiheitliches Denken. Es besteht die Möglichkeit, seine Harmonie über die Freiheit, Freizeit und Emanzipation zu finden.

Die Partnerfindung geschieht entsprechend der Ausbildung der H-11-Fähigkeiten. Die Ausbildung von H-7-Fähigkeiten verbessert die Fähigkeit zur Freiheit.

*Herrscher von H 7 in H 12:*

Ideen, eigener Geschmack, Kontakte und Partnerschaft werden verdrängt. Kontakte und Partnerschaft werden hier meist in der Subkultur, in alternativen Gruppen, in Hippiekreisen oder im Krankenhaus oder über die eigene Helferrolle geschlossen. Alternatives oder nicht anerkanntes Denken. Findet seine Harmonie in der Einsamkeit oder über die Alternativbewegung. Auch kann es sein, daß die Partnerschaft verheimlicht werden muß. Oft nur schwach ausgebildete Kontakt- und Partnerfähigkeit. Die Ausbildung von H-7-Fähigkeiten verbessert die Fähigkeit, die eigenen Rechte und die eigene Verantwortung zu zeigen.

*Beispiel:* ♄ Herrscher von H 7 in H 4

*Hemmung:* Die Hemmung in der Kontakt- und Partnerfähigkeit sowie die Blockade in der Ausbildung der erotischen Fähigkeiten hemmen das eigene Gefühlsleben und die Identitätsfindung.

Die Ideale und Normen in der Partnerschaft erschweren die Entdeckung der seelischen Eigenart. Man zieht einen Elternrollenspieler an, mit dem man das Ideal von Geborgenheit und Familie erfüllen möchte. Die Hemmung von H-7-Fähigkeiten wird über H 4 deutlich.

*Kompensation:* Die Normen und Ideale bezüglich Partnerschaft bedingen eine Idealisierung von Gefühl, Heim und Familie. Die eigene Elternrolle (Führungsrolle) blockiert die Erfüllung des Ideals von Geborgenheit und Familie.

*Erwachsen:* Die Ausgewogenheit der Rechte bei beiden Partnern und die Integration in die Gesetze der Partnerschaft bewirken tiefe Empfindungen und ein Familienleben entsprechend der Zielsetzung der Beteiligten.

### HERRSCHER VON HAUS 8 IN H 1 — 12

Der Herrscher von H 8 symbolisiert den geistigen Besitz, das Wissen, das Leitbild, die eigene Meinung, die Fähigkeit zu planen, die eigenen Vorstellungen[8]), das Machtstreben, den eigenen Weg, aber auch Besitz und Finanzen sowie den Eigenwert, Abgrenzung und Genuß des anderen — und die (feste) Beziehung mit dem Partner, den gemeinsamen Lebensstil, den gemeinsamen Besitz, die gemeinsamen Finanzen.

2 Möglichkeiten (Wechselwirkung):

1. Der geistige Besitz und der gemeinsame materielle Besitz werden für das Haus verwendet, in dem der Herrscher von Haus 8 steht.

2. Die Meinungsbildung, die Fähigkeit, zu planen und eine eigene Vorstellung zu entwickeln, werden über das Haus ausgebildet, in das der Herrscher von H 8 ausgewandert ist.

*Herrscher von H 8 in H 1:*
Wissen, Planungsvermögen, Leitbild, feste Beziehung werden für die eigene Durchsetzung und Selbstbehauptung verwendet.

Besitz und Finanzen des anderen bzw. der gemeinsame Besitz und die gemeinsamen Finanzen werden für Durchsetzung und Selbstbehauptung eingesetzt. Die Ausbildung einer eigenen Vorstellung und die Fähigkeit zu planen werden über Pionierarbeiten, Initiativen, Aktivitäten, Sport oder über eine Führungsrolle erlernt.

*Herrscher von H 8 in H 2:*

Wissen und Planungsvermögen werden für die Ansammlung von Besitz und Finanzen, für die Absicherung, für den eigenen Lebensstil verwendet. Abgrenzung des geistigen Besitzes gegenüber anderen. Besitz und Finanzen des anderen stärken den Eigenwert. Wissen muß sich in materiellem Besitz (z. B. in Form von Büchern, Zeitschriften, Vorlagen, Kochrezepten, Einrichtungsbeispielen etc.) befinden. Über Besitz, Finanzen und politische Bestrebungen wird die Fähigkeit, zu planen, eine eigene Meinung zu bilden sowie sich geistig abzugrenzen, erlernt.

*Herrscher von H 8 in H 3:*

Der geistige Besitz, der Besitz und die Finanzen des anderen, die feste Beziehung oder der gemeinsame Besitz werden für den eigenen Ausdruck und für die Kommunikation verwendet. Wissen, die eigene Vorstellung und Planung werden über Naturwissenschaften, über Technik, Kommunikation (auch: Presse, Rundfunk etc.) erworben.

*Herrscher von H 8 in H 4:*

Die eigene Vorstellung, der geistige Besitz, eigene Pläne werden in Familie, Haus, Wohnung, Heimat und Natur getragen. Ausbildung einer Vorstellung, eines geistigen Besitzes, einer eigenen Meinung stärkt die Identitätsfindung. Über Familie, Haus, Garten oder einen Verein bzw. eine Partei in der Heimat können eine eigene Vorstellung, ein eigener Plan, ein eigener Weg gefunden werden.

*Herrscher von H 8 in H 5:*

Wissen, Planungsvermögen, Besitz und Finanzen des andren oder gemeinsame Finanzen werden für die eigene Unternehmung verwendet. Die feste Beziehung wird zur Stärkung des Selbstbewußtseins gebraucht oder um handlungsfähig und selbständig zu werden. Über das Unternehmen oder über die eigenen Unternehmungen, über Kinder, über Pädagogik wird die Ausbildung einer eigenen Meinung und einer eigenen Vorstellung gefördert oder kann ein gemeinsamer Besitz ausgebildet werden.

*Herrscher von H 8 in H 6:*

Geistiger Besitz, Planung, Vorstellungsvermögen werden für Analyse, Zeigen von Gefühlen, Arbeit, Sparsamkeit, Ökonomie, Haushalt, Nutzung etc. verwendet. Die Fähigkeiten, zu planen, zu systematisieren, eine Vorstellung auszubilden, werden über ein Arbeits- oder Angestelltenverhältnis erlernt. Man braucht eine Vorstellung, ein Leitbild, ein Schema, eine feste Beziehung oder den Lebensstil, Status, Besitz, die Finanzen des anderen, um dafür arbeiten und funktionieren zu können.

*Herrscher von H 8 in H 7:*

Das Wissen, der Plan, die Vorstellung, der geistige Besitz, die geistige Abgrenzungsfähigkeit, die feste Beziehung, der Besitz des anderen werden zum Schließen von Kontakten und für den eigenen Ausgleich verwendet (um sich zu harmonisieren). Die eigene Vorstellung und das eigene Leitbild werden in das Du gezogen. Die Ausbildung einer eigenen Vorstellung und die Fähigkeit zu planen werden über Kontakte, über die Reaktion des anderen und über die eigene Geschmacksfindung erlernt.

*Herrscher von H 8 in H 8:*

Ausbildung von geistigem Besitz und von Vorstellungen über eine feste Beziehung. Entwicklung einer festen Vorstellung von gemeinsamem Lebensstil, von gemeinsamem Besitz und von gemeinsamen Finanzen. Die eigene Vorstellung beeinflußt hier meist den Eigenraum des anderen oder bestimmt dessen Lebensstil.

*Herrscher von H 8 in H 9:*

Die Fähigkeit, zu planen und eine eigene Vorstellung auszubilden, wird für Reisen, für Bildung und Weiterentwicklung der Partnerschaft verwendet. Man bringt seine Vorstellung in die Weltanschauung und in den praktischen Vollzug der Partnerschaft ein. Die gemeinsamen Finanzen werden für Reisen und für Weiterbildung verwendet. Über Reisen, Bildungsveranstaltungen, Bücher, Weltanschauung, Philosophie, Religion wird eine eigene Vorstellung ausgebildet, wird Wissen gesammelt.

*Herrscher von H 8 in H 10:*

Vorstellung, Planungsvermögen, Wissen, geistiger Besitz werden für Beruf und Öffentlichkeit verwendet. Streben nach Anerkennung mit dem eigenen Vorstellungs- und Planungsvermögen. Feste Beziehung oder Besitz des Partners werden für das Streben nach Anerkennung verwendet. Über Beruf und Öffentlichkeit, über Karriere, Elternrolle und Streben nach Anerkennung können eine eigene Vorstellung, Wissen, eine eigene Meinung ausgebildet werden. Die eigene Vorstellung und eigene Meinung fördern die Entdeckung der eigenen Rechte und der eigenen Verantwortung.

*Herrscher von H 8 in H 11:*

Vorstellung, Wissen, geistiger Besitz und die Fähigkeit zu planen werden für Freizeit, Freiheit, Seitensprünge, Unabhängigkeit, für die Unternehmungen des anderen, für gemeinsame Unternehmungen, für die eigene Befreiung oder für kollektive Befreiungs-, Reform- oder Emanzipationsbestrebungen verwendet — aber auch, um sich aus der Masse herauszuheben. Über die Unternehmungen des anderen und über gemeiname Unternehmungen, über Reform und Emanzipationsbestrebungen können eine eigene Vorstellung, eine eigene Meinung, ein eigener geistiger Besitz ausgebildet und die Beziehungsfähigkeit verbessert werden.

*Herrscher in H 8 in H 12:*

Vorstellungsvermögen, geistiger Besitz und die Fähigkeit zu planen werden für die Subkultur, für alternative Bestrebungen oder für die Helferrolle verwendet. U. U. mit der eigenen Meinung und Vorstellung ausgestoßen oder nicht anerkannt. Über Subkultur, Yoga, Klosterleben, Krankenhaus, Einsamkeit, Ausgestoßenheit kann sich eine eigene Vorstellung ausbilden und sich ein geistiger Besitz ansammeln. Die Entwicklung einer eigenen Vorstellung, eigenen Meinung, von geistigem Besitz fördert das Zeigen der eigenen Rechte und der eigenen Verantwortung.

*Beispiel:* ☿ (♐) H v. 8 in Haus 10:

Das Konzept[8]) in bezug auf sprachlichen u. schriftlichen Ausdruck wird für Beruf und Öffentlichkeit verwendet. Intellektuelles Wissen wird für das Streben nach Anerkennung eingesetzt.

Über Beruf u. Öffentlichkeitsarbeit wird ein Konzept für den sprachlichen und schriftlichen Ausdruck erlernt bzw. wird intellektuelles, praktisches oder technisches Wissen angeeignet.

### HERRSCHER VON HAUS 9 IN H 1 — 12

Der Herrscher von H 9 symbolisiert die eigene Weltanschauung, Philosophie, Religion, Reisen, den geistigen Ausdruck, das geistige Leben, die Bildungsfähigkeit, die Weiterbildung, die Weiterentwicklung der Partnerschaft, den Ausdruck des anderen, die partnerschaftliche Kommunikation, die Fähigkeit, Toleranz zu üben, und die Sinnfindung.

2 Möglichkeiten (Wechselwirkung):

1. Bildung, geistiger Ausdruck, Reisen etc. werden zur Ausbildung des Lebenssektors verwendet, in dem der Herrscher von H 9 steht.

2. Bildung, Toleranz, partnerschaftliche Kommunikation etc. werden über das Haus erworben, in dem der Herrscher von H 9 plaziert ist.

*Herrscher von H 9 in H 1:*
Bildung, Weltanschauung, Philosophie, Religion, geistiger Ausdruck, Reisen, der Ausdruck des anderen werden für die eigene Durchsetzung und Selbstbehauptung verwendet. Über Initiativen, Pionierarbeiten, Aktivitäten oder über eine Führungsrolle werden Toleranz, Bildung, Weiterentwicklung und Differenzierung der eigenen Ideen, Weltanschauung, partnerschaftiche Kommunikation ausgebildet. Sinnfindung erfolgt über H 1.

*Herrscher von H 9 in H 2:*
Bildung, Weltanschauung, Philosophie, Religion, geistiger Ausdruck, Reisen, der Ausdruck des anderen werden zur Stärkung und Festigung des Eigenwerts verwendet. Über Besitz und Finanzen, über Abgrenzung und Genuß, über den Lebens-

stil, über politische Bestrebungen können Toleranz und partnerschaftliche Kommunikation sowie die Fähigkeit, die Ideen und die Partnerschaft weiterzuentwickeln und zu differenzieren, erlernt werden. Sinnfindung erfolgt über H 2.

*Herrscher von H 9 in H 3:*
Bildung, Weltanschauung, Philosophie, Religion, Reisen werden für den eigenen Ausdruck und für die Kommunikation verwendet. Über Technik, Handwerk, Naturwissenschaften, Kommunikation (Presse, Rundfunk etc.) werden Bildung erlangt und die Fähigkeit, Ideen weiterzuentwickeln und zu differenzieren, erworben. Sinnfindung erfolgt über H 3.

*Herrscher von H 9 in H 4:*
Bildung, Weltanschauung, Philosophie, Religion, Reisen werden für die eigene Identitätsfindung verwendet. Über Familie, Haus und Garten, Natur sowie über einen Verein oder eine Partei in der Heimat (dort, wo eine seelische Identität besteht) werden Bildung und Toleranz erlangt. Sinnfindung erfolgt über H 4.

*Herrscher von H 9 in H 5:*
Bildung, Weltanschauung, geistiger Ausdruck, Reisen werden für die Ausbildung der Selbständigkeit und Handlungsfähigkeit verwendet. Über ein Unternehmen oder über eigene Unternehmungen, über Kindererziehung und über schöpferische und kreative Tätigkeiten werden Weiterbildung, Weiterentwicklung der Ideen und der Partnerschaft sowie Toleranz erlernt. Sinnfindung erfolgt über H 5.

*Herrscher von H 9 in H 6:*
Bildung, Weltanschauung, Philosophie oder Religion, geistiger Ausdruck werden für das Arbeitsleben oder für Analyse verwendet. Es besteht hier die Tendenz, i. S. einer Weltanschauung, Philosophie oder Religion zu funktionieren. Über das Arbeitsleben, über Beobachtung, Analyse und Anpassung wird Bildung erlangt und die Fähigkeit, Ideen und Partnerschaft weiterzuentwickeln. Sinnfindung erfolgt über H 6.

*Herrscher von H 9 in H 7:*

Bildung, Weiterbildungsveranstaltungen, Reisen, Philosophie, Weltanschauung, Religion werden zum Schließen von Kontakten und für den eigenen Ausgleich verwendet. Die Weltanschauung wird bei dem Kontakt mit anderen eingesetzt. Über den Kontakt mit der Umwelt, über Partnerschaft und Freundeskreis wird Bildung und die Fähigkeit, sich geistig auszudrücken oder zu reisen, erlangt. Sinnfindung erfolgt über H 7.

*Herrscher von H 9 in H 8:*

Bildung, Weltanschauung, Toleranz, Reisen werden zur Weiterentwicklung der Beziehung verwendet. Über die Partnerbeziehung und über Leitbilder können sich eine eigene Weltanschauung und Philosophie entwickeln. Sinnfindung erfolgt über H 8.

*Herrscher von H 9 in H 9:*

Bildung, Weiterbildung, Weltanschauung, Philosophie, Religion, Ausdruck des anderen, Reisen werden für die eigene Sinnfindung verwendet, aber auch zur Ausbildung von Toleranz und für den praktischen Vollzug der Partnerschaft. Sinnfindung erfolgt über H 9.

*Herrscher von H 9 in H 10:*

Bildung, Weltanschauung, Philosophie, geistiger Ausdruck, Ausdruck des anderen, Reisen werden für Beruf und Öffentlichkeit, für das Streben nach Anerkennung oder für die Entdeckung der eigenen Rechte und der eigenen Verantwortung verwendet. Über Beruf und Öffentlichkeit, über den Ehrgeiz und über das Streben nach Anerkennung werden Bildung und die Fähigkeit, sich geistig auszudrücken und sich als Paar ausdrücken zu können, erworben. Sinnfindung über H 10.

*Herrscher von H 9 in H 11:*

Bildung, Weltanschauung, Weiterbildung, Reisen werden zur eigenen Befreiung, für die eigene Unabhängigkeit, für progressive Veranstaltungen, für revolutionäre oder reformerische Bestrebungen verwendet, aber auch, um sich aus der Masse herauszuheben oder sich überlegen fühlen zu können. Über die Unternehmung des anderen, über die gemeinsamen

Unternehmungen, über neue Trends, über reformerische, emanzipatorische oder progressive Bestrebungen kann sich die Fähigkeit ausbilden, Ideen weiterzuentwickeln und zu differenzieren, Toleranz zu üben, sich geistig auszudrücken, sich geistig weiterzuentwickeln. Sinnfindung und Weiterbildung erfolgt über H 11.

*Herrscher von H 9 in H 12:*

Bildung, Weltanschauung, Philosophie, Religion, Ausdruck des anderen, geistiger Ausdruck, geistige Weiterentwicklung und die Weiterentwicklung der Partnerschaft wird in das Haus der Ausgestoßenheit, des Nichtanerkannten, des Unangepaßten, der Unsicherheit, des Scheins, der Illusion, der Transzendenz gezogen: alternative Weltanschauung. Man bildet sich als Autodidakt weiter; oft: Sinnfindung erschwert, da verdrängt. Über das Unkonventionelle, über Krankheit, Leid, Ausgestoßenheit, über das Durchleben von Angst und Einsamkeit, über alternative Bestrebungen, über Yoga und Meditation und über die Helferrolle erfolgen die geistige Weiterentwicklung, die Ausbildung einer eigenen Weltanschauung oder Philosophie, die Weiterentwicklung der Partnerschaft bzw. der Partnerfähigkeit. Sinnfindung erfolgt über H 12.

Beispiel: ♄ Herrscher von H 9 in H 7

Die starre Weltanschauung blockiert die Kontaktfähigkeit. Die Hemmung in der Bildung bedingt eine Suche nach dem Idealpartner, der das Defizit ausgleicht. Durch dieses Ideal wird jedoch die Partnerwahl eingeschränkt. Die hohen Ideale in bezug auf Weltanschauung und Bildung begründen eine Elternrolle in H 7 und hemmen den Partner in der Durchsetzung (H 7 = H 1 des anderen). Die Normen, Gebote und Verbote in der Weltanschauung blockieren die Entwicklung von eigenen Ideen, die Ausgleichsfindung und die Ausbildung eines eigenen Geschmacks. Die spärlichen Kontakte nach außen behindern die geistige Weiterentwicklung.

*Lösungsmöglichkeit:* Die geistigen Gesetzmäßigkeiten begründen eine Ausgewogenheit der Ziele, der Rechte und der Verantwortung bei beiden Partnern. Auch kann dadurch ein

Kompromiß zwischen verschiedenen Bewußtseinsstufen (♄) gefunden werden. Dieses Arrangement mit dem anderen bedingt dann umgekehrt eine geistige Weiterentwicklung. Der Horoskopeigner wird in seiner Sinnfindung nicht mehr eingeschränkt.

## HERRSCHER VON H 10 IN H 1 — 12

Der Herrscher von H 10 ist der Signifikator für die eigene Zielrichtung, für das eigene Ideal, den Beruf, für das Streben nach Anerkennung, für die Norm, für die Verkörperung dessen, womit man anerkannt und »oben« ist. Dort, wo der Herrscher von 10 steht, auf diesem Lebensfeld will man im Mittelpunkt stehen, dort legt man besonderen Ehrgeiz an den Tag, dort will man »wichtig« sein und möchte gerne die Elternrolle einnehmen und — dort heißt es, die eigenen Rechte und die eigene Verantwortung zu entdecken sowie Bewußtsein auszubilden.

2 Möglichkeiten (Wechselwirkung):

1. Das öffentliche Recht bzw. die eigenen Rechte und die eigene Verantwortung werden über das Lebensgebiet erlernt, wo der Herrscher von Haus 10 steht,

2. Die eigenen Rechte und Ziele, Ehre und Auszeichnungen werden für das Haus verwendet, in das der Herrscher von H 10 ausgewandert ist.

*Herrscher von H 10 in H 1:*
Das öffentliche Recht bzw. die eigenen Rechte werden über Initiativen, Pionierarbeiten, Aktivitäten und Sport entdeckt. Die Ideale und Normen, der Beruf, Ehre und Auszeichnungen werden für die Durchsetzung verwendet (z. B. indem jemand seinen Beruf Generaldirektor nennt, gelingt es ihm, sich besser durchzusetzen). Die Zielrichtung verkörpert die Person selbst.

*Herrscher von H 10 in H 2:*
Das öffentliche Recht bzw. die eigenen Rechte werden über Besitz und Finanzangelegenheiten erlernt oder werden für die

eigene Abgenzung und Sicherung verwendet. Der Beruf oder die öffentliche Position, die Auszeichnungen sowie die eigenen Ideale stärken den Eigenwert. Das Lebensziel liegt in H 2.

*Herrscher von H 10 in H 3:*

Das öffentliche Recht bzw. die eigenen Rechte werden über Massenkommunikationsmittel, über Technik und Wissenschaft oder über das Alltagsleben (H 3) erlernt. Der Beruf, die Ideale und Normen werden verbal oder nonverbal zum Ausdruck gebracht. Das Lebensziel liegt in H 3, im praktischen Vollzug.

*Herrscher von H 10 in H 4:*

Die Ideale, die Normen, die Ordnung, die Rechte, der Beruf werden in die eigene Familie, in die Heimat, in die eigene Wohnung gezogen oder werden für heimatliche oder Naturschutz-Bestrebungen verwendet oder darüber erlernt. Manchmal auch: Eltern wohnen im eigenen Haus oder Wohnung bei den Schwiegereltern (4. Haus = 10. Haus des anderen). Das Lebensziel liegt in H 4.

*Herrscher von H 10 in H 5:*

Das öffentliche Recht bzw. die eigenen Rechte werden über das Handeln, über die Unternehmung, über Kinder erlernt. Die Elternrolle wird für die eigene Unternehmung verwendet.

*Herrscher von H 10 in H 6:*

Das öffentliche Recht bzw. die eigenen Rechte werden im Arbeitsleben oder durch Anpassung, Beobachtung, Analyse erlernt. Die Elternrolle, die eigenen Ideale und die eigene Zielrichtung werden für das Arbeitsleben, für Arbeiter und Angestellte verwendet. Die Normen, Gesetze, Verbote und Ideale werden analysiert. Das Lebensziel liegt in H 6.

*Herrscher von H 10 in H 7:*

Das öffentliche Recht bzw. die eigenen Rechte werden über den Kontakt mit anderen und über die Partnerschaft erlernt. Der Beruf oder die öffentliche Position werden zum Schließen von Kontakten verwendet. Das öffentliche Recht, die Gesetze, die Ideale werden den Mitmenschen dargelegt. Elternrolle im Kontakt mit anderen. Das Lebensziel liegt auf dem Sektor von H 7.

*Herrscher von H 10 in H 8:*

Das öffentliche Recht bzw. die eigenen Rechte werden über Leitbilder oder über die Partnerbeziehung, den Besitz des Partners oder den gemeinsamen Besitz und den gemeinsamen Lebensstil erlernt. Die Ideale und Normen werden für die Partnerbeziehung verwendet. Das Lebensziel liegt auf dem Feld 8.

*Herrscher von H 10 in H 9:*

Der Beruf wird zum Ausleben des Expansionsdranges (Reisen) verwendet. Das öffentl. Recht bzw. die eigenen Rechte werden über Religion, Philosophie und Weltanschauung, über Reisen, über Bildungsveranstaltungen und über den praktischen Vollzug der Partnerschaft erlernt. Das Lebensziel liegt auf dem Feld 9.

*Herrscher von H 10 in H 10:*

Die Gesetze, Normen, Gebote, Verbote und Ideale werden für die Entdeckung der eigenen Rechte und der eigenen Verantwortung verwendet. Meist starkes Streben nach Anerkennung und Ehre. Über den Beruf werden die eigenen Rechte erlernt. Das Lebensziel liegt in H 10, also auf dem Sektor der Öffentlichkeit.

*Herrscher von H 10 in H 11:*

Das öffentliche Recht, die Gesetze, die eigenen Rechte werden über progressive und emanzipatorische Bestrebungen, über gemeinsame Unternehmungen und Veranstaltungen, über Antihaltungen, über Reformbewegungen, über Demonstrationen, über revolutionäre Schriften etc. erlernt. Die eigenen Rechte werden für den Ausbau von Freizeit und Freiheit verwendet. Der Beruf wird in die Unabhängigkeit gezogen. Oft außergewöhnlicher Beruf. Das Lebensziel liegt auf dem Sektor von Freiheit und Unabhängigkeit.

*Herrscher von H 10 in H 12:*

Das öffentl. Recht wird für die Ausgestoßenen, Armen, Kranken, Hilfeempfänger verwendet (bei Elternrolle) oder Person ist Hilfeempfänger (Kindrolle). Die eigenen Rechte werden über die Alternativszene, über mystische, esoterische oder transzendente Schriften oder über Minderheiten(gruppen) entdeckt.

Das Lebensziel liegt in H 12 (Zeigen der eigenen Rechte und der eigenen Verantwortung).

*Beispiel:* [Pl.] Herrscher von H 10 in H 7

Die berufliche (H 10) Machtposition ([Pl.]) unterdrückt die reale Kontaktfähigkeit und die Partnerfähigkeit (die Ausgewogenheit, die Gleichberechtigung) (Elternrolle). Das Wissen ([Pl.]) um die Gesetze (H 10), Normen, Gebote und Verbote wird zum Schließen von Kontakten verwendet. Ständige Konfrontation mit der Macht der Vorgesetzten mit der Meinung der Elternrollenspieler oder mit alten Leitbildern (Kindrolle). Das Recht auf eigene Meinung wird im Kontakt mit anderen und in der Partnerschaft vertreten.


HERRSCHER VON H 11 IN H 1 — 12

Beim Herrscher von H 11 geht es um die Fähigkeit, die alten Gebote und Verbote, die Normen und Tabus, die Traditionen und Ideale übertreten zu können, sich von der Vergangenheit zu befreien, von den Eltern(rollenspielern) unabhängig zu werden. Der Herrscher von H 11 ist der Signifikator für die Ansammlung und Sicherung der eigenen Rechte, für die Gestaltung der eigenen Freizeit, für die eigene Befreiung und Emanzipation, für reformerische, progressive oder revolutionäre Bestrebungen und für die eigene Individuation. (Befreiung vom Pauschalen, von Normenkonformität, auch: wie man sich von anderen unterscheidet.)

Bei starker Normenkonformität wird der Herrscher von H 11 fast ausschließlich nur als Extravaganz, Trendbewußtheit, als ein Sich-herausheben-Wollen aus der Masse, als gemeinsame Unternehmungen, als Unternehmung und Kinder des anderen (H 11 = H 5 des anderen) oder als gesellschaftlich anerkanntes Durchbrechen der Norm (Fasching, Volksfest etc.) erlebt.

2 Möglichkeiten (Wechselwirkung):

1. Unabhängigkeit, Freiheit, Freizeit, Emanzipation, Übertritt, revolutionäre Tendenz, Anti- und Trotzhaltung werden für das Haus eingesetzt, in dem der Herrscher von H 11 steht.

2. Über das Haus, in dem der Herrscher von H 11 steht, wird die Fähigkeit zu Freizeit, Freiheit und Emanzipation erlernt.

*Herrscher von H 11 in H 1:*
Unabhängigkeit, Freiheit, Progressivität, Emanzipiertheit, Anti- oder Trotzhaltung werden für die eigene Durchsetzung verwendet. Die Erfahrungen der Befreiung, der Emanzipation und der Individuation sowie die Erfahrungen und Erkenntnisse, die aus reformerischen, progressiven oder revolutionären Büchern und Bestrebungen entnommen wurden, stärken Durchsetzung und Selbstbehauptung. Über Aktivitäten, Pionierarbeiten, Initiativen oder über eine Führungsrolle werden Freiheit, Unabhängigkeit, Freizeit und Gleichberechtigung erworben, oder dadurch unterscheidet man sich von anderen. Individuation erfolgt über H 1.

*Herrscher von H 11 in H 2:*
Unabhängigkeit, Freiheit, Emanzipation, Progressivität und revolutionäre Haltung werden zur Stärkung des Eigenwerts verwendet. Steigerung des Eigenwerts durch Freizeitbeschäftigung, Progressivität und Trendbewußtheit. Über Besitz und Finanzen, über den eigenen Lebensstil, über Politik und Wirtschaft vollziehen sich Emanzipation, Individuation und Befreiung, oder dadurch unterscheidet man sich von anderen.

*Herrscher von H 11 in H 3:*
Unabhängigkeit, Freiheit, Trendbewußtsein, Progressivität, Emanzipiertheit, Antihaltung und Reform werden für den mündlichen, schriftlichen oder körperlichen Ausdruck verwendet. Über Technik, Handwerk, praktische Fähigkeiten, über Naturwissenschaften, über den mündlichen oder schriftlichen Ausdruck erfolgen die eigene Befreiung und Emanzipation. Unabhängig-werden oder Bildung von Trendbewußtsein

über H 3. Man unterscheidet sich von anderen insbesondere auf dem Sektor von H 3.

*Herrscher von H 11 in H 4:*

Unabhängigkeit, Freizeit, gemeinsame Unternehmungen, Freiheit, Gleichheit, Emanzipation, Progressivität, neue Trends werden für die Identitätsfindung, für die Familie, Wohnung, Heim, Garten, für einen Verein oder eine Partei in der Heimat (z. B. Ortsverband oder Bürgerinitiative) verwendet. Sich aus der Masse herausheben über die seelische Eigenart, über das eigene Wesen, über Familie, Stammbaum, Haus, Garten, heimatliche Bestrebungen und Traditionen, über die eigene Natürlichkeit oder über Naturbewegungen. Individuation erfolgt über H 4.

*Herrscher von H 11 in H 5:*

Unabhängigkeit, Freizeit, gemeinsame Unternehmungen, Freiheit, Emanzipation, Progressivität, Übertritte, neue Trends werden zur Stärkung des Selbstbewußtseins und des Selbstvertrauens, für die Verselbständigung, die Kindererziehung, für die Unternehmungen verwendet. H-11-Anlage fließt in das eigene Handeln ein. Über ein Unternehmen, über das Handeln, über die eigenen Unternehmungen (Ausgehen etc.), über die Kinder besteht die Möglichkeit, sich von anderen zu unterscheiden, sich aus der Masse herauszuheben, die eigenen Rechte ansammeln zu lassen, sich zu emanzipieren und zu befreien sowie die alten Normen und Ideale anzuzweifeln und zu übertreten. Individuation erfolgt über H 5.

*Herrscher von H 11 in H 6:*

Freiheit, Unabhängigkeit, Progressivität, Trendbewußtheit, Emanzipation, Individuation und Auflehnung gegenüber Normen und Idealen werden für den Arbeitsprozeß, für Haushalt und Nutzung, für das Zeigen der Gefühle und für die Weiterentwicklung, die Hege und Pflege der eigenen Natur und der Allnatur verwendet. Nutzung der Freizeitbewegung, des Sich-Herausheben-Wollens aus der Masse, von Trends etc.

Emanzipation und Gleichberechtigung sowie die Fähigkeit, sich aufzulehnen und gegen Normen und Traditionen zu protestieren, werden über den Arbeitsprozeß, über Wahrnehmung, Beobachtung und Analyse sowie über das Zeigen von Gefühlen erlernt. Sich über die Arbeit aus der Masse herausheben, sich durch Arbeiten von anderen unterscheiden. Individuation über Arbeit, Analyse und über das Zeigen der seelischen Eigenart.

*Herrscher von H 11 in H 7:*

Freizeitbeschäftigung, Progressivität, Befreiung, reformerische, emanzipatorische oder revolutionäre Bestrebungen, das Unternehmen des anderen, gemeinsame Unternehmungen werden zum Schließen von Kontakten, für die Partnerschaft, für den Ausgleich, für die Entdeckung des eigenen Geschmacks und für die Entdeckung von eigenen Ideen und für die eigene Ausstrahlung verwendet. Über den Kontakt zum Mitmenschen, über den Partner, über die Partnerschaft wird die Fähigkeit erlernt, sich aufzulehnen, sich zu befreien, sich zu emanzipieren, alte Normen zu sprengen und überkommene Traditionen über Bord zu werfen.

*Herrscher von H 11 in H 8:*

Freizeit, gemeinsame Unternehmungen, Freiheit, Unabhängigkeit, Trends, Emanzipation, Progressivität, Individuation werden für die Sicherung und Festigung der Partnerschaft, für den gemeinsamen Lebensstil, für die Ansammlung von Wissen, zur Entwicklung von eigenen Meinungen und zur geistigen Abgrenzung verwendet. Die Unternehmung des Partners wird in die Partnerbeziehung gezogen. Über die Partnerbeziehung, über Ansammlung von Wissen, über den gemeinsamen Lebensstil und Besitz, sowie über Leitbilder vollzieht sich der Emanzipations- und Individuationsprozeß und wird die Fähigkeit erworben, sich aufzulehnen und sich von alten Bewußtseinshaltungen zu befreien.

*Herrscher von H 11 in H 9:*

Freiheit, Unabhängigkeit, Emanzipation, Progressivität, Individuation werden für Reisen, für die Bildung einer eigenen Weltanschauung, für die Weiterentwicklung von Ideen und Partnerschaft, für den gemeinsamen Ausdruck oder für Bildungszwecke verwendet. Über Reisen, Bildung, Weltanschauung, Philosophie, über Bücher, über den Ausdruck des anderen wird die Fähigkeit zu Emanzipation, Auflehnung und Befreiung erworben oder wird erlernt, sich von anderen zu unterscheiden. Befreiung wird über H 9 möglich.

*Herrscher von H 11 in H 10:*

Freizeit, Freiheit, Emanzipation, Individuation, Progressivität, die Erfahrungen, die bei der eigenen Befreiung, bei reformerischen oder revolutionären Bestrebungen gemacht wurden, die gemeinsamen Unternehmungen und die Selbständigkeit des Partners werden für das Streben nach Anerkennung, für die Befriedigung des Ehrgeizes, für Ruhm und Ehre, für den Beruf, für die Elternrolle verwendet oder auf ein Podest gehoben und als Ziel gesteckt. Durch Progressivität, Extravaganz, Trendbewußtheit oder Entwicklung will man anerkannt werden. (Z. B. ein Kind läuft bereits mit 9 Monaten — durch diese Sensation steht es im Mittelpunkt.) Über das Streben nach Anerkennung, über Ehrgeiz und Elternrolle, über Beruf und Öffentlichkeit wird versucht, sich zu emanzipieren, befreien, gleichberechtigt zu werden. Individuation erfolgt über H 10.

*Herrscher von H 11 in H 11:*

Über freiheitliche, progressive, reformerische oder revolutionäre Bestrebungen, über die Freizeitgestaltung, über das Unternehmen des anderen oder über gemeinsame Unternehmungen wird die Fähigkeit erworben, sich zu emanzipieren, sich zu befreien, sich aufzulehnen. Sich aus der Masse herausheben, durch Integration in neue Trends.

*Herrscher von H 11 in H 12:*

Freizeit, Freiheit, Emanzipation, Unabhängigkeit, Individuation, Reform, gemeinsame Unternehmungen werden verdrängt oder für die Helferrolle verwendet. Befreiung, Übertritte, Emanzipation, Auflehnung erfolgen heimlich, im Hintergrund, im Krankenhaus, in einer Anstalt, in der Einsamkeit und Abgeschiedenheit oder über alternative Bestrebungen, über die Subkultur, über Yoga oder über die Hippiebewegung. Befreiung ist über das Zeigen der eigenen Rechte und der eigenen Verantwortung möglich.

Beispiel: ♄ Herrscher von 11 in H 8

Die Hemmung in der Freiheit, Freizeit, Unabhängigkeit, Emanzipation oder Individuation sowie die Hemmung im Unternehmen des anderen und in den gemeinsamen Unternehmungen hemmen die Beziehungsfähigkeit, hemmen die Ansammlung von Wissen, hemmen den Meinungsbildungsprozeß.

Oder: Das Recht auf Freizeit und Unabhängigkeit, auf Widerspruch und Opposition stärkt die Beziehung, das gemeinsame Prestige (den Eigenwert als Paar) und die eigene Meinung sowie den eigenen Weg.

Oder: Die Elternrolle in bezug auf H 11 hemmt die Beziehungsfähigkeit und die Bildung einer eigenen Meinung.

### HERRSCHER VON H 12 IN H 1 — 12:

Der Herrscher von H 12 ist der Signifikator für das Verdrängte, für die Heimlichkeiten, für das Nichtanerkannte (Selbststudium etc.), für die unversteuerten Nebenverdienste, für die Erfahrungen, die im Krankenhaus, im Gefängnis, im Kloster, in der Einsamkeit, in der Ausgestoßenheit, in der Alternativszene, in der Subkultur gemacht wurden, für transzendente Erfahrungen, für die Träume und Illusionen, für die Auflösung von alten Bewußtseinshaltungen sowie für die Bewußtseinserweiterung. Der Herrscher von H 12 zeigt auch an, wo Hilflosigkeit und Schwäche liegen und wozu die Helferrolle, das Ahnungsvermögen und Tränen eingesetzt werden, aber manchmal auch, wo man nicht mit offenen Karten spielt oder wo man u. U. zu unfairen Mitteln greift. Ferner symbolisiert der Herrscher von H 12: das Zeigen der eigenen Rechte und der eigenen Verantwortung, die gemeinsame Seelenreinigung, das gemeinsame Zeigen von Gefühlen.

2 Möglichkeiten (Wechselwirkung):

1. Traum, Illusion, Schein, Lüge, Hintergrund, Ahnungsvermögen, das Illegale, die Helferrolle, Zeigen der eigenen Rechte und der eigenen Verantwortung werden für das Haus verwendet, in dem der Herrscher von H 12 steht.

2. Über das Haus, in das der Herrscher von H 12 ausgewandert ist, wird die Fähigkeit erlernt, die Welt jenseits des-

sen, was anerkannt ist und was dem pauschalen Maßstab entspricht, wahrzunehmen, alte Bewußtseinshaltungen aufzulösen, das Ahnungsvermögen auszubilden, die eigenen Rechte und die eigene Verantwortung weiterzuentwikkeln und auszudrücken.

*Herrscher von H 12 in H 1:*
Heimlichkeit, Lüge, Ahnungsvermögen, Schwäche, Hilflosigkeit, Helferrolle, der Hintergrund, das Selbststudium, das Illegale, Bestechung und Schwindeleien, transzendente Erfahrungen oder Erfahrungen im Krankenhaus, in der Alternativszene oder in der Subkultur werden für die eigene Durchsetzung verwendet. Über Aktivitäten, Pionierarbeiten, Initiativen oder eine Führungsrolle bzw. über die eigene Person wird Verdrängtes oder Hintergründiges sichtbar und werden H-12-Anlagen erlernt. Die Bewußtseinserweiterung vollzieht sich über H 1.

*Herrscher von H 12 in H 2:*
Heimlichkeit, Ahnungsvermögen, Illegalität und Illegimität, Subkultur, Alternativszene, das Jenseits (Transzendenz) werden für die Ansammlung von Besitz und Finanzen, für die Abgrenzung sowie zur Stärkung von Eigenwert verwendet.
Über Besitz und Finanzen, über Politik und Wirtschaft wird H 12 sichtbar oder werden H-12-Anlagen erlernt. Die Bewußtseinserweiterung vollzieht sich über H 2.

*Herrscher von H 12 in H 3:*
Die Erfahrungen, die im Hintergrund, in der Transzendenz, in der Alternativszene, in der Subkultur, in einer Minderheit gemacht werden, oder das Selbststudium, Ahnungsvermögen und die Helferrolle werden für den mündlichen und schriftlichen Ausdruck, für die Kommunikation, für die Informationsaufnahme und -weitergabe, für die Wissenschaften, für die Technik oder für praktische Zwecke verwendet. Über H 3 wird H 12 sichtbar oder werden H-12-Anlagen erlernt. Bewußtseinserweiterung über Haus 3.

*Herrscher von H 12 in H 4:*
Ahnungsvermögen, Selbststudium, Helferrolle, das Alternative, Träume und transzendente Erfahrungen werden für

die Identitätsfindung verwendet. Helferrolle in der Familie oder in der Heimat. Die Bewußtseinserweiterung vollzieht sich über Familie, Heim, Garten, Natur, über das Entdecken der Identität, der seelischen Eigenart. Über Familie, Heim, Heimat, Natur und Gefühlsleben wird die Fähigkeit erlernt, die Welt jenseits dessen, was anerkannt ist, wahrzunehmen bzw. die eigenen Rechte und die eigene Verantwortung zu zeigen.

*Herrscher von H 12 in H 5:*

Ahnungsvermögen, Alternative, Ausgestoßenheit, Minderheiten, Heimlichkeiten, Illegalität und Helferrolle werden für ein Unternehmen, für eigene Unternehmungen, für das Handeln, für die Kindererziehung (z. B. behinderten Kindern helfen), für Spiel und Vergnügen, für die Sexualität (z. B. unangepaßte Sexualität), für die Steigerung von Selbstbewußtsein und Selbstvertrauen verwendet. Über ein Unternehmen, über Kinder, über eigene Unternehmungen, über die Sexualität wird das, was jenseits der Norm ist, bekannt und werden H-12-Anlagen erlernt. Die Bewußtseinserweiterung vollzieht sich über H 5. Über Haus 5 wird das Verdrängte bewußt.

*Herrscher von H 12 in H 6:*

Ahnungsvermögen, Unangepaßtheit, Erfahrungen in der Welt jenseits dessen, was anerkannt ist, in der Alternativbewegung, in der Subkultur, in der Helferrolle werden für Arbeit, Analyse, seelische Reinigung, für das Zeigen von Gefühlen, für den Haushalt, für die Anpassung verwendet. Auch Lüge und Schein werden für die Anpassung verwendet. Über den Arbeitsprozeß, über die Analyse und über das Dienen und Funktionieren werden die Helferrolle, das Ahnungsvermögen, die Auflösung von alten Bewußtseinshaltungen, die Wahrnehmung von Hintergründen erlernt und das Verdrängte bewußt. Bewußtseinserweiterung erfolgt über H 6.

*Herrscher von H 12 in H 7:*

Die Subkultur, die Alternativen, das Unangepaßte, das Verdrängte, das Ausgestoßene, die Esoterik, die Transzendenz werden für den mitmenschlichen Kontakt, für Partnerschaft, für den eigenen Ausgleich verwendet. Über den Kontakt mit anderen, über den Partner, über die Partnerschaft, über die

Entdeckung der geistigen Eigenart wird die Fähigkeit erworben, die Welt jenseits dessen, was anerkannt ist, und das Verdrängte wahrzunehmen, zu helfen und etwas zu erahnen. Bewußtseinserweiterung erfolgt über H 7.

*Herrscher von H 12 in H 8:*
Die Hintergründe, Heimlichkeiten, Ängste, die Unangepaßtheit, die Alternativen, die Auflösung von bisherigen Bewußtseinshaltungen, das Selbststudium werden für die Partnerbeziehung, für den gemeinsamen Lebensstil oder das gemeinsame Vermögen oder für die Ausbildung einer eigenen Meinung oder für therapeutische Zwecke verwendet. Über H 8 wird Verdrängtes bewußt und werden H-12-Anlagen ausgebildet, wird erlernt, die eigenen Rechte und die eigene Verantwortung zu zeigen. Bewußtseinserweiterung vollzieht sich über H 8.

*Herrscher von H 12 in H 9:*
Ahnungsvermögen, Wahrnehmung der Welt jenseits dessen, was anerkannt ist, Transzendenz, Heimlichkeiten, Alternativen, Selbststudium, Helferrolle werden für das Reisen, für die Entwicklung einer eigenen Weltanschauung, für Bildungszwecke, für Weiterbildung, für die Weiterentwicklung der Partnerschaft, für die Sinnfindung verwendet. Über H 9 wird Verdrängtes bewußt und können H-12-Anlagen erlernt werden. Bewußtseinserweiterung vollzieht sich über H 9.

*Herrscher von H 12 in H 10:*
Der Hintergrund, das Verdrängte, die Wahrnehmung, jenseits dessen, was anerkannt ist, das Selbststudium, die Esoterik, das Ahnungsvermögen, die Fähigkeit zu entlarven und aufzudecken, die Transzendenz, die Helferrolle werden für das Streben nach Anerkennung, für den eigenen Ehrgeiz, für Beruf und Öffentlichkeit verwendet. Über Beruf und Öffentlichkeit, über Norm und Gesetz, über die Elternrolle werden Hintergründe transparent, wird die Fähigkeit erlernt, die eigenen Rechte und die eigene Verantwortung zu zeigen, zu entlarven und gemeinsam Gefühle zu zeigen. Die Bewußtseinserweiterung vollzieht sich über die Elternrolle, über Beruf und Öffentlichkeit sowie über den Ehrgeiz, über das Streben nach Anerkennung und über das Entdecken der eigenen Rechte.

*Herrscher von H 12 in H 11:*

Das Ahnungsvermögen, die Wahrnehmung der Welt jenseits dessen, was anerkannt ist, die Helferrolle, die Alternativszene, die Subkultur, Yoga und Meditation werden für die Freizeitbeschäftigung, für die Freiheit, für die Befreiung, Individuation, Emanzipation verwendet, aber auch, um sich aus der Masse herausheben zu können oder sich von anderen unterscheiden zu können. Über reformerische, progressive und freiheitliche Bestrebungen, über Emanzipation und revolutionäre Thesen sowie über Widerstandsbewegungen und oppositionelle Haltungen wird das Verdrängte bewußt oder wird die Fähigkeit erworben, alte Bewußtseinshaltungen aufzulösen und Lüge und Schein zu entlarven. Bewußtseinserweiterung geschieht über H 11.

*Herrscher von H 12 in H 12:*

Durch die Helferrolle oder durch die Schwäche und Hilflosigkeit werden die Welt jenseits dessen, was anerkannt ist, die Subkultur, die Alternativszene, die Minderheiten, die Kranken und Ausgestoßenen, die Wirkungen auf die eigenen oder die gesellschaftlichen Normen und Ideale wahrgenommen. Bewußtseinserweiterung vollzieht sich über H 12.

*Beispiel:* ♄ Herrscher von H 12 in H 5

Die eigene verdrängte Freiheit und Unabhängigkeit erscheinen im Unternehmen, in den eigenen Unternehmungen, in der Sexualität, in der Kindererziehung (z. B. Erzieher[in] für geistig oder körperlich behinderte Kinder). Die Chancen und Intentionen, die jenseits der Norm liegen, werden für H 5 verwendet (z. B. Alternativkindergarten, alternative Kindererziehung, außergewöhnliche Feste, alternative Vergnügungen). Indem die Person sich heimlich oder über die Alternativszene, Subkultur oder über die Helferrolle befreit oder sich durch den Einblick in die Bereiche jenseits der Norm von anderen unterscheidet, wird das Selbstvertrauen gestärkt. Über ein Unternehmen, über Kindererziehung, über das eigene Handeln werden die Chancen und Möglichkeiten außerhalb der Norm augenscheinlich.

# Bibliographie

1) EKKEHARD V. BRAUNMÜHL: Die Gleichberechtigung des Kindes, Fischer TB 6338, Frankfurt am Main 1976, S. 19

2) WALTER J. SCHRAML: Einführung in die Tiefenpsychologie für Pädagogen u. Sozialpädagogen, Ernst Klett Verlag, Stuttgart 1971, S. 153

3) HERMANN MEYER: Astrologie und Psychologie — eine neue Synthese, Hugendubel Verlag, München 1981

4) WILHELM REICH: Christusmord, Walter Verlag, Olten und Freiburg im Breisgau, 1978, S. 33

5) LEONHARD SCHLEGEL: Grundgriß der Tiefenpsychologie, Band V, Francke-Verlag München 1979, S. 133

6) H. E. RICHTER: Patient Familie, Rowohlt TB 6772, Reinbek bei Hamburg 1970

7) ERIC BERNE: Was sagen Sie, nachdem Sie »Guten Tag« gesagt haben?, Kindler TB 2192, München 1975

8) WOLFGANG DÖBEREINER: Skorpion, Wilhelm-Heyne Verlag, München 1974, S. 24/25

9) PETER LAUSTER: Lassen Sie sich nichts gefallen, Rowohlt TB 7176, Reinbek bei Hamburg 1978, S. 108

10) HEINZ HEMLING: Partnerwahl — Partnerschaft, Humboldt TB 312, München 1977

11) HELMUT OSTERMEYER: Ehe — Isolation zu zweit?, Fischer TB 3403, Frankfurt am Main 1979

12) RAINER TAÊNI: Das Angst-Tabu und die Befreiung, Rowohlt TB 7426, Reinbek bei Hamburg 1981

13) NENA U. GEORGE O'NEILL: Die offene Ehe, Rowohlt TB 6891 Reinbek bei Hamburg 1975

14) H. E. RICHTER: Der Gotteskomplex, Rowohlt Verlag, Reinbek bei Hamburg 1979

15) ALEXANDER LOWEN: Bio-Energetik, Rowohlt TB 7233, Reinbek bei Hamburg 1979, S. 293, 294

16) DIETER DUHM: Veröffentlichung in Psychologie heute Nr. 3/82

17) ARTHUR JANOV: Der Urschrei, Fischer TB 6286, Frankfurt 1973

18) K. E. LOTZ: Willst du gesund wohnen?, Eigenverlag, Biberach/Riss 1975, S. 13, 147/148

19) ARBEITSGRUPPE GESUNDES BAUEN — GESUNDES WOHNEN-: Gesundes Bauen, Gesundes Wohnen, AGBW Selbstverlag 1974

20) GION CONDRAU: Medizinische Psychologie, Kindler-Verlag, München 1976, S. 131/132

21) CHARLOTTE McLEOD: Praktische Astrologie, Albert Müller Verlag, Rüschlikon-Zürich, 1975

22) ISSELS: Mehr Heilungen von Krebs, Helfer-Verlag, Bad Homburg

23) FRITZ RIEMANN: Was der Mensch braucht (Hrsg. H. J. Schultz), Kreuz Verlag, Stuttgart 1977

24) WOLF SCHNEIDER: Glück — was ist das?, Piper u. Co.-Verlag, München 1978, S. 31

25) PRENTICE MULFORD: Der Unfug des Lebens und des Sterbens, Govarts Krüger Stahlberg Verlag GmbH, Stuttgart

26) ERICH FROMM: Psychoanalyse und Ethik, Verlag Ullstein, Frankfurt/M. 1978, S. 205

27) Blumen des Glücks mußt Du selber pflanzen, Herder, Freiburg 1978

28) ERNESTO GRASSI: Aristoteles Metaphysik, Rowohlt TB 205—208, 1966 München

29) RONALD GROSSARTH-MATICEK: Krankheit als Biographie, Kiepenheuer u. Witsch, Köln 1979

30) MAX KARLHUBER: Astrologische Deutungsrichtlinien, Baumgartner-Verlag, Warpke-Billerbeck (Hannover), 1954